華商律師 | 文库 |
CHINA COMMERCIAL LAW FIRM

1993-2023
30TH ANNIVERSARY

婚姻家庭继承法律实务问答

Q&A OF LEGAL PRACTICE IN MARRIAGE, FAMILY AND INHERITANCE

华商律师事务所婚姻家事与财富规划法律专业委员会 / 编
易　丽 / 主编
吴　浪　陈海燕　周丽琴 / 副主编

法律出版社 LAW PRESS · CHINA
北京

图书在版编目(CIP)数据

婚姻家庭继承法律实务问答／华商律师事务所婚姻家事与财富规划法律专业委员会编；易丽主编. -- 北京：法律出版社，2024

ISBN 978-7-5197-8561-1

Ⅰ. ①婚… Ⅱ. ①华… ②易… Ⅲ. ①婚姻法－中国－问题解答②继承法－中国－问题解答 Ⅳ. ①D923.05

中国国家版本馆CIP数据核字(2023)第218845号

婚姻家庭继承法律实务问答

HUNYIN JIATING JICHENG FALÜ SHIWU WENDA

华商律师事务所婚姻家事与财富规划法律专业委员会　编

易　丽　主编

策划编辑　邢艳萍

责任编辑　张　颖

装帧设计　臧晓飞

出版发行 法律出版社

编辑统筹 法律应用出版分社

责任校对 朱海波

责任印制 刘晓伟

经　　销 新华书店

开本 710毫米×1000毫米　1/16

印张 26.75　**字数** 463千

版本 2024年1月第1版

印次 2024年1月第1次印刷

印刷 三河市兴达印务有限公司

地址：北京市丰台区莲花池西里7号(100073)

网址：www.lawpress.com.cn

投稿邮箱：info@lawpress.com.cn

举报盗版邮箱：jbwq@lawpress.com.cn

销售电话：010-83938349

客服电话：010-83938350

咨询电话：010-63939796

书号：ISBN 978-7-5197-8561-1　　**定价**：98.00元

凡购买本社图书，如有印装错误，我社负责退换。电话：010-83938349

谨以此书献给华商律师事务所成立三十周年

华商律师文库
编审委员会

本书编委会

主　编　易　丽

副主编　吴　浪　陈海燕　周丽琴

成　员（以姓氏笔画为序）

叶苏梅　任　英　周　洁　高瑞琼

黄乐乐　辜林燕　傅江斓　焦少波

1993-2023

30TH ANNIVERSARY

编委介绍

易　丽

华商律师事务所合伙人律师，华商律师事务所婚姻家事与财富规划法律专业委员会执行主任、家族办公室执行主任。专注于婚姻家事与财富规划、民商事诉讼法律事务，尤其擅长婚姻家事法律服务。

吴　浪

华商律师事务所高级合伙人律师、婚姻家事与财富规划法律专业委员会主任。专业领域包括婚姻与继承纠纷、高端商事争议解决、家族财富传承、私人常年法律顾问、公司法律顾问、保险合同纠纷。

陈海燕

华商律师事务所律师，广东省涉外律师先锋人才库成员。主要业务领域为境内及跨境婚姻与继承、家族财富规划、资产隔离、股权纠纷等，致力于粤港澳大湾区婚姻家事法律衔接，跨境婚姻家事、财富规划研究与实务。

周丽琴

华商（珠海）律师事务所合伙人律师、副主任，横琴珠港澳（涉外）公共法律服务中心涉外律师。主要业务领域为民商事争端解决、婚姻家事，致力于粤港澳大湾区婚姻家事法律融合、法律实务研究。

叶苏梅

华商律师事务所合伙人律师，华商律师事务所婚姻家事与财富规划法律专业委员会秘书，主要业务领域为婚姻家事、金融不良资产处置等各类民商事诉讼及仲裁。

任　英

华商律师事务所合伙人律师，从事律师工作20年，具有丰富的律师实务经验和扎实的法学理论。主要业务领域为商业银行诉讼及非诉讼法律业务、房地产及土地转让并购及投融资等非诉讼法律事务。

周　洁

华商律师事务所合伙人律师，深圳市未成年人救助保护中心法律顾问。多年研究并实际操作婚姻家事案件，曾代理多起监护救助案件，对未成年人监护权案件颇有研究。

高瑞琼

华商(龙岗)律师事务所合伙人律师，执业以来办理各类民商事、婚姻家事案件逾千起，曾获深圳市“优秀法律援助人员”、龙岗区“专业示范律师”“优秀社区法律顾问”等荣誉称号。

黄乐乐

华商律师事务所合伙人律师，深圳都市频道《第一现场》《法观天下》等节目嘉宾律师，《南方都市报》点评律师，深圳市南山区人民法院、前海合作区人民法院特邀调解员，深圳市首批“遗产管理人”律师库成员。

辜林燕

华商律师事务所律师，从业以来专攻婚姻家事诉讼及非诉业务，擅长离婚纠纷、离婚后财产纠纷、继承纠纷、家庭财富规划与传承等民商事案件。

傅江斓

华商律师事务所律师、华商律师事务所婚姻家事与财富规划法律专业委员会副秘书长、深圳市前海合作区人民法院特邀调解员，曾获2021年度深圳前海合作区人民法院“优秀调解员”、2020年度维德十佳志愿律师等荣誉称号，擅长处理婚姻家事及公司法律事务，尤其擅长个性化设计各类财产协议、财富管理及传承方案。

焦少波

华商（北京）律师事务所合伙人律师，“五四团队”负责人，长期专注于婚姻家事和公司法领域的争议解决，尤其擅长为在婚姻生活中处于弱势地位的一方提供有针对性的法律服务。

总　序

弹指之间，华商律师事务所（以下简称华商）已行三十载。三十载风雨征程，我们从初心开始书写答卷。这份答卷以一书一卷开始，向具有前沿视野的国际型律所演进，从深圳强所到聚焦国际，华商厚植专业根基，目前已有48家分支机构，我们始终上下求索、攀登不息，不断丰富诠释华商“法律创造价值”的职业价值观。

三十年间，华商以创业者的探索、勇敢者的担当、改革者的步伐，逐步成长为从区域迈向全国乃至全球的规模律师事务所，并在律师事业升级与融合的发展变革中，成就了不少亮眼成绩。

千帆竞渡争卓越，前沿视野创一流。近年来，面临百年未有之大变局，在全球化趋势反复拉锯的过程中，行业也迎来了前所未有的新形态与新问题。越是不确定，华商越是坚定信心，越是沉着勇毅，在时代的风云中屹立不倒，敢于亮剑，敢于前进，志所向，皆可往，路虽远，行必达。华商以适度规模化、深度专业化、重推国际化的前沿发展战略稳步迈入高质量发展阶段！

经多个专业委员会、多个专业团队和多位专业律师构思、策划、组织和编撰，这套涵盖公司、国企改革、东南亚国家投资法、婚姻家庭继承、证券、合规体系、基金法律、土地开发、尽职调查等热门领域的华商律师事务所三十周年实务丛书与读者见面。作为华商三十周年献礼，本套丛书的问世将是华商专业化建设的又一次具有重要理论和现实意义的里程碑，更是百年华商征程中的专业与文化积淀。

新时代赋予律所新的使命，华商肩鸿任钜，法治的道路不断延伸，华商不会停下脚步。就像我曾经写过的一首诗,“风不顾一切,时光勇往直前,我,我们,跟着一路长跑”。

是为序。

目录

第一章 婚前

第二章 结婚

第三章 离婚

第四章 子女抚养权和抚养费

第六章 收养和赡养

第七章 监护

第八章 法定继承

第九章 遗嘱继承

第十章 家族财富保障与传承

第十一章 跨境婚姻家事

第一章

婚前

1

分手后，可否主张“青春损失费”“分手费”？

案 例

2014 年，大洪和小雯经朋友介绍认识，很快就坠入爱河并开始同居。因为双方在一起的这段时间，大洪的事业正值上升期，两人商量好待大洪的公司年营业额突破 1 亿元之后再结婚。在此期间，小雯共五次怀孕并被迫人工流产。

2018 年，双方发生纠纷，二人和平分手。分手时，双方口头约定大洪给小雯 100 万元现金和一套三居室的房产作为分手补偿。当天，大洪如数将 100 万元转账给小雯。因为房产过户需要时间办理相关手续，在等待办理过户手续的过程中，大洪生意失败，公司倒闭。

为了筹集重新创业的启动资金，大洪向小雯提出，将上述房产变卖后给大洪创业用，但是，这一提议遭到了小雯的拒绝。

因为大洪不再配合办理将房产过户给小雯的手续，为了顺利拿到房产，小雯以同居期间多次做人工流产等原因影响身体健康为由，一纸诉状将大洪起诉至法院，要求男方赔偿，并将上述房产判归小雯所有。

大洪见小雯完全不顾念旧情，于是，他也向法院提出判令小雯返还已支付完毕的 100 万元“分手费”。

请问：在无书面合同约定，大洪又不承认口头约定的情况下，小雯能够取得“分手费”吗？大洪已经支付的 100 万元“分手费”会被判令返还吗？

律师解答

“青春损失费”“分手费”本质上是恋爱关系的善后补偿,如果恋爱分手必须支付费用,意味着恋爱分手有成本,是对婚恋自由的限制。但关系破裂后自愿对对方进行弥补,法律也不禁止,且该行为一旦落实就受到法律保护,不能再行反悔。所以小雯不能索要“分手费”,但是大洪已经支付的100万元“分手费”也不会被判令返还。

法院裁判

男女双方恋爱期间,自愿共同居住生活,双方在同居生活过程中,发生多次做人工流产等情形属于同居造成的后果,以此为由要求赔偿无法律依据,人民法院不予支持。同居关系不受法律保护,女方主张“青春损失费”“分手费”不予支持。对于大洪已经支付的“分手费”系双方的意思自治,也不侵害任何第三人的利益,该行为合法有效,判决不予返还。

律师评析

情到浓时不管不顾,为了爱情可以奉献自己的一切,不管是放弃事业、学业,还是同居、怀孕都无所谓。一旦分手,有人(多数是女方)就会向对方索要“青春损失费”“分手费”等,理由一般也多是我为他付出了这么多年的青春,还不值这几个钱吗?

当然值,青春是无价的,青春自然远比“几个钱”贵重得多。但是,男女双方的寿命也是有限的,都有青春啊。再者说,谁的青春更值钱?谁的青春值多少钱?这些又哪里有一个明确的标准可以量化呢?

那么,是不是所有的“青春损失费”“分手费”都得不到法院的支持呢?已经支付的相关费用能不能主张返还呢?

这些问题不能一概而论。通常,恋爱分手时的补偿,法院依照“自然债务”的原则进行处理。即一方要求对方赔偿其“青春损失费”“分手费”,法院不会支持;但一方已经自愿支付这笔费用,且不损害国家、社会或任何其他第三人的利益,法律也不禁止这种行为。尤其是在这笔费用已经实际支付完毕的情况下,以“青春损失费”

“分手费”不受法律保护为由要求返还，也不会得到法院的支持。但如果属于以结婚为目的赠与对方的大额财产，属于可返还的彩礼的，或者有可撤销赠与的情形的，则需要返还。

法律规定

《中华人民共和国民法典》

第六百五十七条　赠与合同是赠与人将自己的财产无偿给予受赠人，受赠人表示接受赠与的合同。

第六百五十八条　赠与人在赠与财产的权利转移之前可以撤销赠与。

经过公证的赠与合同或者依法不得撤销的具有救灾、扶贫、助残等公益、道德义务性质的赠与合同，不适用前款规定。

律师提示

日常生活中，很多男女朋友同居时其生活状态与夫妻婚姻生活状态高度相似，但同居毕竟不同于婚姻，在同居的过程中，很多受到损害的权益是很难得到法律保护的。因此，恋爱很美好，同居须谨慎，大家还是要多多注意相应的法律风险。

2

同居期间的财产应如何分割?

案 例

阿星是医院的医生,平时比较忙,也没有时间交女朋友,在过了35岁生日后,更加地渴望婚姻。于是,就托媒人给自己介绍了一位同为医生的小花。因为专业相同的缘故,二人很聊得来,不久就确定了关系,并开始了同居生活。

几个月后,双方决定结婚。为了筹备婚礼,双方一起选定了婚纱、婚车、酒店等,为了以后生活得更有质量,双方更是共同出资在工作的城市买了一套房和一辆车,都登记在阿星名下。

就在双方紧锣密鼓地筹备婚礼时,小花的姥姥因病过世。按照老家的风俗,双方一年内不能办婚礼。于是,双方的结婚登记、婚礼均被按下了暂停键。好不容易一年的时间快要过去,阿星的爷爷又因病去世。

在等待婚礼的两年时间里,阿星和小花继续同居生活。但渐渐地,两个人的工作越来越忙,忙碌带来了疲惫,带来了对身边人的无礼和指责,尤其是小花认为之所以发生两位老人相继离世无法结婚的情况,就是天意认为他们二人不应当结婚,一旦他们结婚,老天爷就会给他们身边的亲人带来灾祸。为了打消小花的顾虑,阿星尝试了各种方法,始终没有起到好的结果,在相爱相杀了一段时间之后,二人的感情被消磨殆尽,最终走向了分手。分手时,双方对房子和车子属于共同购买不持异议,但对相应的划分方案分歧很大,双方都想要房子,最终小花将阿星起诉至法院,请求法院依法分割相关财产。

请问:二人同居期间取得的财产,究竟该如何分割呢?

律师解答

根据相关法律和司法解释的规定,对于未婚同居期间双方取得的财产,如果双方有协议,按照协议处理;如果没有协议,有相关出资情况证明,如发票、付款记录等,则按照双方的出资情况进行分割;如果以上都没有,通常会进行平均分割。

法院裁判

阿星和小花未办理结婚登记而以夫妻名义同居生活,同居期间双方出资购买的案涉房屋和汽车为双方同居期间共有财产。

本案中,阿星和小花并没有就相关财产的权属问题达成过任何协议。但是,双方向法院提供了当时出资情况的相关记录,且能够证明是为房子和车子出资,最终法院判决房子所有权归阿星,阿星给小花补偿当初出资的款项及与该款项相应的增值部分。车子因系小花全额出资,归小花所有。

律师评析

同居,通常是指男女双方未办理结婚登记手续而居住在一起。同居的情侣之间虽然没有领证,相处模式却形同夫妻:一起生活,一起承担同居开支,共同购置房产,共同进行生产经营,财务高度混同。同居恋人分手,不需要办理法律手续来解除关系,但同居期间的财产纠纷法院是管的。只是,现行法律法规对同居期间财产、债务应如何处理并未作明确规定。

同居关系结束后,分割共同财产的难度不亚于离婚时的财产分割。因为同居与婚姻在本质上有区别,因此不能直接适用离婚制度的相关原则,如照顾无过错方、照顾女方、经济帮助、经济补偿、损害赔偿等。相关的案件,往往需要针对具体的案情,具体分析,不能一概而论。

法律规定

《中华人民共和国民法典》

第二百九十八条　按份共有人对共有的不动产或者动产按照其份额享有所有权。

第三百零八条　共有人对共有的不动产或者动产没有约定为按份共有或者共同共有，或者约定不明确的，除共有人具有家庭关系等外，视为按份共有。

第三百零九条　按份共有人对共有的不动产或者动产享有的份额，没有约定或者约定不明确的，按照出资额确定；不能确定出资额的，视为等额享有。

律师提示

我国法律对不同的男女关系适用不同的财产制度：婚姻关系受法律保护，双方财产适用混同制度；同居关系不受法律保护，个人财产归个人所有。如果想二人不分彼此，达到“你的就是我的”的效果，还是尽早结婚为宜。如果想两人的关系更纯粹化，各自经济独立，选择同居关系就更合适。

此外，有配偶者与他人同居的，或者在我国关于婚姻的各项制度完善之前形成“事实婚姻”的，其财产分割问题又另当别论。

3/

婚前财产协议有效吗？

案　例

小殊与霓裳在相互认识之前，都有过一段失败的婚姻。小殊与前妻育有两个儿子，离婚后孩子随前妻生活；霓裳与前夫育有一个女儿，女儿随霓裳生活。

2018 年，小殊和霓裳通过婚介所认识，彼此都很符合对方的择偶要求，于是，两人很快确立了恋爱关系，并开始同居生活。

二人在一起后，很快就开始谈婚论嫁。霓裳就提出要小殊买一套房之后才可以结婚。因为小殊一直没有购房资格，双方最终商定由小殊负责全部房款，房屋登记在霓裳名下。

2019 年 3 月，小殊和霓裳登记结婚，婚前双方签署了《婚前财产约定协议》，该协议主要内容为：双方同意小殊以霓裳的名义购买房屋一套，登记在霓裳名下，购房款 380 万元全部由小殊负责出资。房屋虽登记在霓裳名下，但该房屋的所有权归小殊个人所有，该房屋可作为结婚用房，双方婚后可在该房屋内居住。

婚后，小殊和霓裳经常因为小殊投资、炒股等问题产生矛盾和冲突，最终，二人感情破裂。于是，小殊提出离婚，并要求霓裳及其女儿搬离自己的房屋。但霓裳不同意，她认为该房屋系其婚前购买，登记在其个人名下，是自己的房子，自己和女儿有权利居住，应当搬走的是小殊。

为了维护自身的合法权益，小殊在万般无奈之下，向法院提起离婚诉讼和房屋确权纠纷诉讼。

请问：双方签署的协议有效吗？案涉房屋的所有权归谁所有？

律师解答

小殊和霓裳签署的《婚前财产约定协议》系二人的真实意思表示，该协议既不违背社会的善良风俗，又不违反法律的强制性规定，其合法有效，应当受到法律保护。根据协议，案涉房屋应当归小殊所有。

法院裁判

结合小殊和霓裳签署的《婚前财产约定协议》及小殊支付房款的凭证，法院认为双方签署的这份协议具有法律效力，房屋应归小殊个人所有，与霓裳无关。

律师评析

婚前协议并不适合所有人，通常，在以下几种情况下，有必要签署婚前财产协议：

1. 双方的婚前财产悬殊，且婚后容易发生混同；

2. 一方婚前有较多债务，另一方不希望承担对方的债务；

3. 一方承诺婚后把自己婚前财产作为夫妻共同财产；

4. 财产的出资来源与登记人不一致的，例如，一方(或一方父母)出资购房，登记在了对方的名下；

5. 双方希望婚后实行“AA 制”或者部分“AA 制”的；

6. 其他需要保障个人财产权益的情况。

法律规定

《中华人民共和国民法典》

第一千零六十二条　夫妻在婚姻关系存续期间所得的下列财产，为夫妻的共同财产，归夫妻共同所有：

(一)工资、奖金、劳务报酬；

(二)生产、经营、投资的收益；

(三)知识产权的收益；

(四)继承或者受赠的财产，但是本法第一千零六十三条第三项规定的除外；

(五)其他应当归共同所有的财产。

夫妻对共同财产，有平等的处理权。

第一千零六十三条　下列财产为夫妻一方的个人财产：

(一)一方的婚前财产；

(二)一方因受到人身损害获得的赔偿或者补偿；

(三)遗嘱或者赠与合同中确定只归一方的财产；

(四)一方专用的生活用品；

(五)其他应当归一方的财产。

第一千零六十五条　男女双方可以约定婚姻关系存续期间所得的财产以及婚前财产归各自所有、共同所有或者部分归各自所有、部分共同所有。约定应当采用书面形式。没有约定或者约定不明确的,适用本法第一千零六十二条、第一千零六十三条的规定。

夫妻对婚姻关系存续期间所得的财产以及婚前财产的约定,对双方具有法律约束力。

夫妻对婚姻关系存续期间所得的财产约定归各自所有,夫或者妻一方对外所负的债务,相对人知道该约定的,以夫或者妻一方的个人财产清偿。

律师提示

签署婚前财产协议需要注意以下几点:

1. 婚前财产协议必须双方亲笔签名、按手印后才生效,为了防止被篡改,最好每一页都签字、按手印。

2. 协议约定的内容必须合法,不得违反法律、侵犯社会公共利益。

3. 协议不得侵害第三人财产权益和社会公共利益,不得处分他人名下财产,不得以逃避债务为目的。

4. 协议书的内容应包含:当事人的姓名、性别、职业、住址等个人基本情况;财产的名称、数量、价值、状况、归属;上述婚前财产的使用、维修、处分的原则等。

4

婚前应该做哪些背景调查？

案例

大瑶与东子是通过相亲交友软件认识的，在网络上聊了一年多，双方觉得对方各方面都比较合适，就约定了线下见面。见面后他们发现对方的长相也都挺符合自己的要求，于是，二人在线下见面的第二天就登记结婚了。

婚后大概三个月的时候，东子就开始接到各种催收电话，原来大瑶是一名“月光族”，平时花钱大手大脚，工作多年，不仅没有任何积蓄，还欠着银行30多万元的贷款。平时大瑶的生活就是靠各种贷款拆东墙补西墙维持。在负债的事情被发觉后，大瑶大言不惭地要求东子共同还债。

对于妻子的欺骗和无理要求，东子深感无法接受，于是，东子向法院提起离婚诉讼。庭审中，大瑶主张东子对其负债承担还款责任。

请问：大瑶隐瞒自己婚前负债的行为违法吗？东子有义务替大瑶还债吗？

律师解答

我国法律没有强制性地要求双方一定要在婚前袒露各自的经济情况。本案中，大瑶的行为并不违法，但东子没有替大瑶还款的义务。

法院裁判

双方婚前缺乏了解，婚后共同生活时间短，未曾建立起深厚的感情，准予离婚。大瑶的负债都是其婚前个人债务，东子无须对此承担还款责任。

律师评析

婚姻是可以直接影响人几年乃至几十年生活状态的大事,不可不慎重。所以对于一些重要因素的婚前检查是十分有必要的,在合理合法的前提下,婚前检查可以从以下几个方面来进行:

1. 婚前体检

建议去正规有资质的医院进行检查,检查的内容应当有:严重遗传性疾病、指定传染病、有关精神病等。尤其是近年来曝出“无性婚姻”“不孕不育”类的新闻,由此类疾病导致家庭矛盾,乃至离婚的情形也屡见不鲜。因此,最好对这一方面做系统全面的检查。

2. 查询对方征信

常见的查询对方征信的方法有三种:其一,通过“中国裁判文书网”查看对方有没有涉及关键问题的判决书,如有无刑事犯罪等;其二,通过“中国执行信息公开网”查询对方是不是“老赖”;其三,可以和对方一起去中国人民银行当地分行打印征信报告。

查询对方征信主要是看对方有无逾期记录、网贷记录等,为了避免被对方的婚前债务拖累以后的正常婚姻生活质量。毕竟如果有这方面记录,会影响以后购房、购车、经营等贷款的。

3. 查询对方的婚姻情况

可以去民政局查询婚姻登记档案,核实对方的婚姻状况。

若对方有过婚史,如果对方是协议离婚,要看下对方的“离婚协议书”,看下子女的抚养、财产的分割等事项,以及是否还有未支付给前妻或前夫的大额赔偿金。如果对方是诉讼离婚,一定要看下对方的“离婚判决书”,除了上述项目外,判决书中往往还会载明对方离婚的原因。

4. 查询对方的房产信息

通常,每个人的征信报告里就可以体现自身的房产信息,但是,征信报告里的信息并不完整。这时就需要去当地房屋管理局打印双方名下的房产登记信息。如果是暂时无法办理产权登记的房屋,可以看一下对方的购房合同、支付购房款的银行流水和收据等购房凭证。

查询这一项目,是为了看清楚对方口中的房产是否真的登记在其个人名下,也是为了评估“房贷”等必要支出会对自己以后的家庭生活质量产生多大的影响。

5. 查询对方的家暴情况

目前,浙江义乌首创涉家庭暴力人员婚姻登记可查询制度,婚前可以查询对方的家暴记录。未建立查询制度的地方只能通过查询对方之前配偶的报警记录等,进行侧面了解。

法律规定

《中华人民共和国民法典》

第一千零五十三条　一方患有重大疾病的,应当在结婚登记前如实告知另一方;不如实告知的,另一方可以向人民法院请求撤销婚姻。

请求撤销婚姻的,应当自知道或者应当知道撤销事由之日起一年内提出。

律师提示

婚前对结婚对象的基本信息进行调查固然很重要,但一定要采取合法合规的手段,尽可能通过合法的公开渠道查询。个别内容单方无法查询的,可以说服对方自行查询。

最要紧的是,我们所做的一切调查都是为了婚姻幸福,在这个过程中一定要注意方式方法,万万不可为了查询个别的信息引发感情问题。

5/

婚前给的财产都属于彩礼吗？

案 例

润生和红梅是中学同学，上学期间彼此都有好感，但双方一直都是暗恋，并没有明确地表白过，更没有在一起过。时间一晃就是十年，二人年届三十，都架不住家里的催婚而去相亲。2021 年 3 月，在一次婚介组织的相亲活动中，二人很巧合地相遇了。这次见面两个人就像多年未见的老同学一样，互相道了一句好久不见之后，就开始了叙旧。润生主动说起了学生时代暗恋红梅的往事，说起自己记忆里关于红梅的点点滴滴，红梅听了非常感动，决定给润生一个机会。于是，在没有充足的再次了解的情况下，二人就确定了恋爱关系。

双方确认情侣关系后，润生就经常送红梅一些衣服、首饰、名牌包等，等到过节的时候，更是经常给红梅发数额为“5200”“1314”的红包。

2021 年 6 月 6 日，润生和红梅在双方父母的主持下，举行了订婚仪式。仪式上，润生向红梅赠送了价值 8 万元的钻戒一枚，同时润生父母以现金形式送给红梅彩礼 16 万元。

2021 年 8 月 8 日，润生和红梅举行了婚礼。婚后，红梅发现润生不再是记忆里那个穿着白衬衣打篮球的阳光少年了，润生也发现红梅不是那些年那个栀子花一样的女孩了。大学四年再加上工作的时间，将近十年的时间，彼此都变得与记忆中的样子不同了。所以双方经多次沟通后，作出了分手的决定。

这时，润生提出二人共同生活时间短，婚前给红梅的财物都是为了结婚给的彩礼，现在二人分手，要红梅返还给他。遭到红梅拒绝后，润生一纸诉状将红梅告到了法院。

请问：润生婚前给予红梅的财物都是彩礼吗？

律师解答

情侣之间有相互赠送礼物的需要，虽然都是为了彼此的感情服务的，但并不代表情侣之间婚前给付的财物都是彩礼。一定要结合各方面综合因素，最终予以确认。润生婚前给予红梅的财物不全是彩礼。

法院裁判

关于16万元彩礼部分，因为双方结婚时间较短，法院酌定判令红梅返还润生彩礼10万元；其余衣服、首饰、名牌包、红包等都是润生自愿支付，且没有任何附加条件的赠与，红梅无须返还。

律师评析

彩礼，又称财礼、聘礼、聘财等。千百年来，一直都有男方在婚约初定之时，向女方赠送聘金、聘礼的习俗，这种聘金、聘礼就是大家俗称的“彩礼”。现如今，男方给女方的彩礼一般就是钱财，各地基本都是如此，区别仅仅在于金额的多少。但这绝不意味着跟婚礼有关的钱款往来都是彩礼，这个必须结合特定的情形，具体情况具体分析。

法律规定

《中华人民共和国民法典》

第六百五十七条　赠与合同是赠与人将自己的财产无偿给予受赠人，受赠人表示接受赠与的合同。

第一千零四十二条　禁止包办、买卖婚姻和其他干涉婚姻自由的行为。禁止借婚姻索取财物。

禁止重婚。禁止有配偶者与他人同居。

禁止家庭暴力。禁止家庭成员间的虐待和遗弃。

律师提示

彩礼,是男女双方在缔结婚约的过程中,由男方赠与女方的财物,彩礼本质上是一种附条件的赠与。一项财物能够被认定为“彩礼”,应当从以下几个方面来综合判断:

1. 金额的大小并非认定彩礼的主要因素

彩礼具有较强的风俗习惯内涵,待婚男女及双方家庭均会按照各地的发展情况、民间风俗、家庭经济情况等不同,商定彩礼金额、财物内容,从几万元到百万元不等,实践中不可仅凭借数额来确定是否属于彩礼的范围。“彩礼”本质上是一种附条件的赠与行为,具有身份属性,是以缔结婚姻关系为目的的特殊民事合同,不同于一般赠与。

2. 婚前男方给女方的财物,并不都属于彩礼

现实生活中,彩礼多以现金及贵重财物为主,现金多为一次性支付,个别分期的情形一般也数额较大且具有一定的规律。也就是说,男女双方在恋爱期间的小笔且频繁的钱款往来,如具有特殊含义的“520”“1314”等,均属于婚前一方对另一方的赠与行为,而非彩礼。男女双方为促进感情所赠送的衣物、普通首饰等也非彩礼。

3. 并非所有为结婚支出的花费都属于彩礼

实践中,男女双方均会为婚庆、酒店、红包等支出不少的款项,但这些属于结婚所必要的支出,而不属于给予女方的财物,也就更加不是彩礼了。

6

哪些情况下，女方可以不退还彩礼？

案例

2015年3月，大伟和小芳经单位组织的相亲大会相识，几次约会后，二人迅速进入恋爱期，恋爱三个月后，双方在亲朋好友的见证下，举行了盛大的结婚典礼。婚后二人开始幸福甜蜜的生活，且于2016年6月生育一子。

按照祖祖辈辈传下来的习俗，彩礼、嫁妆是新婚夫妻成婚时不可缺少的礼节。在二人谈婚论嫁期间，大伟家一共给付小芳家彩礼88万元、黄金6两以及其他物品，婚礼期间大伟家办了36桌婚宴，准备了210条香烟。同时，小芳是家里的独生女，作为父母的千金爱女，小芳家为了让女儿在婆家更有地位，也是出了价值30万元的木制家具、床上用品等作为陪嫁，借此祝福小两口可以过上幸福生活。

可惜的是，恋爱的热情退却之后，生活里只剩下家长里短。很快，双方都受不了对方身上的缺点，二人都认为对方不是适合陪伴自己到老的那个人。两人的关系还是走到了分手的地步。

简单的地方是，由于双方并未办理结婚登记，所以不需要办理正式的离婚手续；复杂的地方是，双方婚嫁期间那丰厚的彩礼该如何处理，双方对此有不同的看法。大伟家认为应该全额退还，毕竟大伟以后还要再成家，还要用钱。但小芳却认为自己陪伴大伟那么久，而且已经生育一子，已为大伟留下了一脉香火，对于大伟家作出了突出的贡献，因此彩礼钱都是其应当得到的，一分钱也不该退。

请问：大伟和小芳已举办婚礼但未登记结婚，彩礼需要返还吗？

律师解答

法律规定双方未办理结婚登记手续应当返还彩礼，但这并不意味着只要男女双方没有办理结婚登记，二人分手时就需要全额返还彩礼。是否全额返还彩礼，还是要综合考量双方有没有办婚礼、有没有以夫妻名义共同生活、有无生育子女等因素。本案中，二人虽未办理结婚登记，但以夫妻名义共同生活，综合各种情况，小芳退还部分彩礼，较为合适。

法院裁判

本案在审理过程中，法院充分考虑了大伟和小芳共同生活的时间、已生育一子的事实、彩礼的数额以及使用情况、男方家庭的经济状况等因素，法院酌定判令小芳应当向大伟返还彩礼 23 万元。

律师评析

在一定的情形下，女方可以不退还彩礼，除了个别的例外情况，大致可以划分为以下四种情形：

1. 已经登记结婚并共同生活的。

2. 男女双方未办理结婚登记手续而同居生活时间较长的，一般至少共同生活三年，且有证据证明彩礼已全部用于双方同居生活期间的支出。

这里有两个要点：一是接受的彩礼已经在共同生活中花掉了，其权利的客体已经不存在，属于返还不能；二是彩礼用于共同生活时，与男女双方的共同财产相混同，也不应当返还。

3. 男女双方未办理结婚登记手续而在同居生活期间生育子女的，且有证据证明彩礼已全部用于双方同居生活支出。

4. 在婚约存续期间，婚约当事人死亡的。

法律规定

《最高人民法院关于适用〈中华人民共和国民法典〉婚姻家庭编的解释（一）》

第五条　当事人请求返还按照习俗给付的彩礼的，如果查明属于以下情形，人民法院应当予以支持：

（一）双方未办理结婚登记手续；

（二）双方办理结婚登记手续但确未共同生活；

（三）婚前给付并导致给付人生活困难。

适用前款第二项、第三项的规定，应当以双方离婚为条件。

律师提示

现实生活中，男方向女方给付了彩礼，但发生了法定的可以退还彩礼的情形，男方要求女方返还彩礼的事情是很常见的。

从男方的角度来看，若要主张返还彩礼，男方需要证明其向女方给付彩礼的事实。因此，男方在给付彩礼时，建议注意以下几点：

1. 彩礼需要在办理结婚登记前给付；

2. 彩礼款项最好集中，一两次最好，不要分太多次；

3. 给付彩礼时，最好有中间人或媒人在场，通过银行转账的方式给付，且可以备注彩礼。

从女方的角度来看，若彩礼已用于双方共同的合理消费，如双方举办婚礼，购买结婚所用物品，一起旅行游玩，或者女方怀孕生子等，女方可以保留或收集相关的消费凭证，主张从彩礼总额中予以扣除。

7

女方的嫁妆属于夫妻共同财产吗?

案 例

大雄与小雪是同一家单位的同事,做同事一段时间后二人确立了恋爱关系。因为都是大龄青年,双方父母在得知二人恋爱后,就频繁地催二人结婚。架不住父母的催婚,在确定恋爱关系的当年年底,二人开始谈婚论嫁。婚前,小雪父亲将自己名下一套房屋过户至小雪名下,算是送给女儿的新婚礼物。结婚登记前几天,小雪父亲更是为了二人以后上下班方便,带大雄去4S店购买了当年新款的奔驰轿车,且将该车辆登记在大雄名下。

婚礼的前期筹备工作做好之后,很快两人就登记结婚,并在当地举办了盛大的婚礼。婚礼上,小雪父母当场表示将为小两口的小家庭提供500万元的幸福基金。婚后,小两口将500万元交给大雄父亲理财,每年收取一次收益。

结婚的第二年,二人生育一子。因为孕期及产后小雪情绪不太稳定,时常作出一些任性的举动,小雪的种种行为引起了大雄的反感。小雪坐月子期间,二人偶然发生一次争吵,大雄在几次向小雪道歉,均未求得原谅后,无奈之下,大雄搬出家门,正式与小雪分居。

双方分居后,二人为了复合也做了许多努力,但均没有很好的效果。在一次又一次尝试和好失败后,小雪毅然决然地向法院提起离婚诉讼,要求判决离婚及获得孩子的抚养权,此外,还要求大雄归还奔驰轿车、500万元现金及理财收益等。小雪认为,这些财产都属于其个人财产。但大雄认为,奔驰轿车是婚前购买,登记在自己名下,就是女方父亲赠与自己的,是自己个人财产;500万元现金及理财收益属于双方共同财产。

请问:奔驰轿车应当归谁所有?500 万元现金及理财收益是不是夫妻共同财产?

律师解答

婚前一方父母对一方的赠与,属于其个人财产;婚后,除非有明确约定,父母给予的财物属于对双方的赠与。小雪父亲为大雄购买奔驰轿车并登记在大雄名下,视为小雪父亲对大雄的赠与,奔驰轿车应当归大雄所有;登记结婚后,小雪父母给予大雄和小雪的 500 万元是对夫妻二人的赠与,所以 500 万元现金及理财收益是夫妻共同财产。

法院裁判

关于奔驰轿车,法院认为,婚前女方父亲与男方一起提车,并将车辆登记在男方名下,是对准女婿的高度认可,应当视为对男方的个人赠与。

500 万元的现金是女方父亲在婚后转给小两口,在没有特殊约定的情况下,属于对双方的赠与,500 万元本金及其理财收益均属于夫妻共同财产。

律师评析

"娶媳妇,送彩礼;嫁闺女,陪嫁妆",是我们千百年来的民间风俗。固然,每一笔彩礼都价值不菲,但很多嫁妆也十分丰厚,尤其是近年来,陪嫁车、陪嫁房、陪嫁金银首饰的事情屡见不鲜。那么,这些嫁妆是夫妻共同财产吗?离婚的时候,女方可以带走吗?

当前的法律中暂时没有对嫁妆的性质作出明确的规定。嫁妆属于婚前个人财产还是婚后共同财产取决于获得时间、赠与人赠与时的真实意愿、赠与财产登记在谁的名下等因素,而不是笼统地归为婚前财产或者婚后财产。

嫁妆的性质,通常可以分为三种情况:其一,若是结婚登记前赠与,则是女方的个人财产;其二,若是结婚登记后赠与,且父母明确约定只赠与女方,则属于女方个人财产；其三，若是结婚登记后赠与，且无明确约定，通常认定为夫妻共同财产。

实践中，离婚分割财产时，不仅会考虑财产获得时间，还会综合考虑财产的来源、各方面贡献、嫁妆实际用途、婚姻存续时间长短、离婚具体原因等因素。

法律规定

《中华人民共和国民法典》

第一千零六十三条　下列财产为夫妻一方的个人财产：

（一）一方的婚前财产；

（二）一方因受到人身损害获得的赔偿或者补偿；

（三）遗嘱或者赠与合同中确定只归一方的财产；

（四）一方专用的生活用品；

（五）其他应当归一方的财产。

律师提示

父母给付的嫁妆的种类、登记方式等不同也会导致不同的法律后果，比如：

1. 婚前一方父母赠与的财产（房产、车辆等）登记在对方名下，大概率被认定为父母对对方的赠与；

2. 婚后父母赠与的钱款未明确赠与子女一方，可能被认定为对夫妻的共同赠与；

3. 无法证明原始来源的金币和金器，法院可能不会处理。

其他诸如定制钻戒、有明确归属的大额保单等会被认定为是一方的个人财产。

8

分手后,如何处理恋爱账单?

案例

大山和小水是通过一次剧本杀的聚会认识的。一起玩过几次游戏后,二人均感觉对方还不错,不久后就确立了恋爱关系。在恋爱期间,他们经常约会,一起吃饭、看电影,过节的时候经常互相赠送一些小礼物,大山常常带小水在国内外旅游。两人恋爱期间的消费,双方都有承担,但初期确实大山承担比较多。二人恋爱一年以后,大山创业失败,公司倒闭,名下所有资产都被法院查封冻结。大山公司倒闭后,小水就主动承担起了二人之间的开支,大到上万元的旅游消费,小到几十元的一包烟,都是小水付账。甚至,那段时间大山所有的生活费都是跟小水借的,多的时候小水会给大山转账几万元,少的时候转账几千元。这样的状态持续了将近五年的时间。

在这段艰难的日子里,小水一直自愿陪着大山过苦日子,也愿意给大山一切能给予的支持,希望大山有一天可以东山再起,但这个过程中,大山却喜欢上了别的女孩子,并向小水提出了分手。

大山的行为让小水伤心欲绝,一气之下,小水一纸诉状将大山起诉至法院,要求大山返还借款100万元。其中,小水给大山银行转账58笔,共计82万元。微信红包、微信转账、支付宝红包、支付宝转账等小额款项上千笔,共计18万元。

请问:情侣之间的共同消费,算另一方的借款吗?情侣之间的借款,需要返还吗?

律师解答

情侣一方请恋人看电影、吃饭、逛街、旅游、送礼物等恋爱支出，是具有日常性、即时性消费特点的“恋爱经济账”，仅具有道德意义，属于一般的赠与，赠与方无权随意撤销赠与，收受一方可不予返还；双方达成借款合意的转账行为，属于典型的民间借贷，应当予以返还。

法院裁判

法院在审理本案时，被告大山接到法院的开庭通知后，拒绝出庭。最终，本案在大山不在场的情况下，缺席审理。法院仔细审阅了二人之间的消费及转账记录，还翻阅了大山主动向小水借生活费的微信聊天记录，最终法院判决大山向小水借的生活费共计 82 万元属于民间借贷，应当予以返还。其他费用属于恋爱期间的一般赠与，大山无须返还。

律师评析

恋爱期间的消费或者账单，通常是男女双方为了表达爱意的正常社交支出，系双方完全自愿支出，一方在付款时就应明白其行为相当于已经作出了愿意承担全部费用的承诺。所以这部分款项不能视为借给对方的款项，在二人分手时，也无权要求返还。

法律规定

《中华人民共和国民法典》

第六百五十七条　赠与合同是赠与人将自己的财产无偿给予受赠人，受赠人表示接受赠与的合同。

第六百六十三条　受赠人有下列情形之一的，赠与人可以撤销赠与：

（一）严重侵害赠与人或者赠与人近亲属的合法权益；

（二）对赠与人有扶养义务而不履行；

（三）不履行赠与合同约定的义务。

赠与人的撤销权，自知道或者应当知道撤销事由之日起一年内行使。

律师提示

除了日常小额消费性支出，恋爱期间可能引发分手后纠纷的支出还有如下几种：

1. 红包往来

区分红包是赠与还是借贷，要看这些红包有没有特殊的含义，比如，用“520”红包表达“我爱你”，用“1314”红包表达“一生一世”，这类红包就是赠与，不用返还。其他类型的红包要结合具体情况，一般没特别说明的话，大多也会被认为是赠与。

2. 恋爱期间赠送的房产车辆

这一类大额消费多数是为了将来共同生活，进行消费的一方有与对方缔结婚姻、组建家庭的期待。

通常，法院将其视为附带解除条件的赠与，并非一般性赠与，即如果恋爱中的双方结婚，赠与协议所附加解除条件不再生效，赠与无须返还。反之，就应当予以返还。

3. 恋爱期间的转账

恋爱期间若有无缘无故的较大金额的转账，这时候，为了区分相关转账的性质，就需要根据双方当时的沟通记录等多种因素对转账进行定性，如是民间借贷、赠与还是不当得利、刑事诈骗等。赠与方应先定性，而后决定维权的方法和途径。

9/

婚前男方借钱给付彩礼，女方婚后是否需要共同偿还？

案例

丁香与罗成通过共同的亲戚介绍认识，两人性格合拍，也有很多共同的兴趣爱好，自身各方面条件也比较匹配，所以二人很快就准备结婚了。罗成是某大型网络公司的中层，收入其实很高，但为了买房把所有存款都花干净了，一时之间，手头没有太多钱用于支付结婚的相关开销。于是，罗成找到自己的朋友小马借了 30 万元，作为给丁香的彩礼钱。之后，丁香和罗成结婚了。

二人结婚后不久，丁香家人生了重病，二人婚后赚的钱都拿去当作住院费。于是，罗成就没能在约定的时间将钱还给小马。很快，罗成和丁香同时收到了法院的传票，原来是小马将二人一起告上了法庭，要求返还 30 万元借款。丁香觉得，这笔借款是罗成婚前的个人债务，与自己无关，凭什么要自己承担还款责任呢？

请问：在法律上，丁香有义务偿还罗成的债务吗？

律师解答

夫妻一方的婚前债务，通常是不需要配偶一起偿还的。但如果能证明这笔钱用于婚后夫妻共同生活，则夫妻二人都有偿还的义务。

法院裁判

罗成借钱虽然是为了给丁香彩礼,但并没有证据可以证明,二人将这笔钱用于共同生活,所以,不能要求丁香一起承担还款义务。

律师评析

婚前一方为结婚所欠的外债,是否属于夫妻共同债务,要充分考虑借款的用途。比如,借钱是用来举办婚礼,或者是用于婚后双方买家具、家电,那么就可以认定是用于共同生活,是可以要求夫妻二人一起偿还的。

法律规定

《中华人民共和国民法典》

第一千零六十四条　夫妻双方共同签名或者夫妻一方事后追认等共同意思表示所负的债务,以及夫妻一方在婚姻关系存续期间以个人名义为家庭日常生活需要所负的债务,属于夫妻共同债务。

夫妻一方在婚姻关系存续期间以个人名义超出家庭日常生活需要所负的债务,不属于夫妻共同债务;但是,债权人能够证明该债务用于夫妻共同生活、共同生产经营或者基于夫妻双方共同意思表示的除外。

《最高人民法院关于适用〈中华人民共和国民法典〉婚姻家庭编的解释(一)》

第三十三条　债权人就一方婚前所负个人债务向债务人的配偶主张权利的,人民法院不予支持。但债权人能够证明所负债务用于婚后家庭共同生活的除外。

律师提示

夫妻共同债务大致可以划分为“基于夫妻双方合意的夫妻共同债务、基于家庭日常生活需要的夫妻共同债务、基于共同生活和共同生产经营的夫妻共同债务”三种,夫妻共同债务的认定涉及债权人以及夫妻双方的切身利益,近年来,

现实生活中夫妻一方举债,连累配偶的情况多有发生,为规避此类风险,新婚夫妻非常有必要明晰一些概念,比如:

一般认为,家庭日常生活需要是夫妻双方及其共同生活的未成年子女必要的家庭日常消费支出,包括衣食消费、日用品购买、子女教育支出、医疗保健、娱乐文化消费等。

“夫妻共同生活需要”的概念比“家庭日常生活需要”的概念更为广泛,包括夫妻双方共同消费支配产生的支出、形成夫妻共同财产所产生的支出或基于夫妻共同利益管理共同财产所产生的支出等。

夫妻共同生产经营所负的债务,包括夫妻双方经营性负债,即由夫妻双方共同决定生产经营事项所负的债务,如夫妻一方经营性负债,即夫妻一方从事生产经营但另一方进行了授权或所得利益用于夫妻共同生活所负的债务。

就债权人而言,当准备出借款项时,首先明确债务是个人债务还是夫妻共同债务。当确定为夫妻共同债务时,在考察该债务人自身的偿还能力的同时,还要考察该债务人的婚姻情况、家庭情况、经济能力等。为防范风险,最稳妥的方式是让举债人夫妻双方“共签共认”。

对于一些关系比较要好的亲友来说,让夫妻一方或双方签署借款协议是非常困难的事情。往往到了诉讼阶段,想追加借款人的配偶作为共同债务人,就需要证明借款人的实际借款用途,这在实践中有一定难度。因此,在借款人借款之初,出借人就要做好保存聊天记录、保存通话录音的工作,以免后期起诉时出现对自己不利的情况。

10

彩礼是否属于夫妻共同财产，可以要求返还彩礼的情形有哪些？

案例

2016年7月，大陈与小婷在去西藏旅游的路上偶然结识，一见钟情，在旅行的过程中就确立了恋爱关系。旅行结束后，大陈甚至没有直接回自己家，而是直接以“准女婿”的身份拜访了小婷的父母。之后，二人之间的各项成婚流程快速推进。举行婚礼时，二人认识还不到两个月。

为了婚礼的进行，尽管大陈家境一般，大陈父母还是给予小婷家38万元彩礼以及五金首饰一套。小婷家陪嫁现金10万元，以及其他床上用品若干。可以说，双方父母都在自己能力范围内尽力地为小两口的婚后生活打基础。

但是，从认识到结婚两个月的时间还是短了一点。婚后不久，二人就作息习惯、饮食习惯等爆发出了很多矛盾。经双方家长多次劝说后，也没能改变双方要分手的决定。

大陈父母提出，双方根本没办理结婚登记，不算结婚，彩礼应当全额返还。由于当地存在早婚、闪婚的陪嫁物品忌讳由女方取回的风俗，所以小婷家的陪嫁物品将不予返还；小婷却认为，自己是真心想跟大陈一起生活的，只是大陈自己不争气，导致感情破裂，因此，彩礼不应当返还。

双方为彩礼的事情争执不下，谁也说服不了谁，于是，大陈向法院起诉要求小婷返还彩礼。

请问：大陈与小婷已举办婚礼，但未登记结婚，彩礼需要返还吗？

律师解答

当事人请求返还按照习俗给付的彩礼的,如果查明属于以下情形,人民法院应当予以支持:(1)双方未办理结婚登记手续的;(2)双方办理结婚登记手续但确未共同生活;(3)婚前给付并导致给付人生活困难。大陈和小婷已举办婚礼,但未登记结婚,符合以上规定的第一个情形,彩礼应当予以返还。

法院裁判

法院在审理本案时综合考虑大陈和小婷共同生活的时间、彩礼的数额,以及大陈家庭的经济状况,以及当地对于早婚、闪婚的陪嫁物品忌讳由女方取回的风俗。综合考虑小婷家陪嫁折抵,法院酌定判令女方向男方返还彩礼 20 万元。

律师评析

彩礼究竟是否属于夫妻共同财产,我们需要具体情况具体分析。

从赠与彩礼的时间来看:婚前承诺婚前给付的彩礼,属于接受彩礼一方的婚前个人财产,这一点基本没有争议;婚前承诺婚后给付的彩礼,主要体现在男女双方先行办理结婚登记后赠与彩礼的情形中,这时我们就要回归事情的本质,即彩礼主要是赠与方以结婚为目的向受赠方赠与的财物,是附条件和目的的赠与行为,属于"赠与合同中确定只归一方所有的财产",因此,无论是何时赠与的彩礼,都不是夫妻共同财产。

当然,凡事总有例外。如果双方婚后把彩礼和其他夫妻共同财产放在一起,形成事实上的财产混同,无法区分哪些是夫妻共同财产、哪些是彩礼的情况下,只能全部按照夫妻共同财产处理。

彩礼的返还,也是很多人关心的问题。司法实践中,关于彩礼的返还,除了法定的三种情形外,法院通常还会考虑以下因素:

1. 考虑双方是否登记结婚,同时也会考量是否实际形成了婚姻关系。也就是说,有的"夫妻"虽然没有办理结婚登记,但是他们按照传统习俗的方式完成了订婚、彩礼、婚礼、陪嫁等仪式,二人以夫妻名义共同生活并生儿育女。这种情况下,就不能"一刀切"地判决全额返还彩礼,而应当综合考量。

2. 考虑是否共同生活。男女双方结婚、组建自己的小家庭，是为了长久地共同生活在一起。因此，是否共同生活与共同生活的时间长短是影响彩礼能否返还以及返还多少的重要因素。

3. 考虑双方经济状况。结婚不是一件容易的事，往往会涉及准备婚房、婚车、婚礼等，一整套完整的婚礼流程下来，是对双方家庭经济情况的一项重大考验。很多时候，男方父母为了孩子的婚礼所背负的借款，往往需要数年的时间才能还清。如果男女双方很快离婚，女方又不退还彩礼，男方数年内是没有能力另行组建家庭的，因此法院审查时会考虑当事人的经济状况，酌定女方适当返还彩礼。

4. 考虑当地的风俗习惯。十里不同风，百里不同俗，有的地区彩礼数额较大，从几万元到几十万元不等；有的地区则根本没有婚前赠与彩礼的风俗。所以，很多婚前赠与不会被认定为是彩礼，也更谈不上是否返还彩礼了。

法律规定

《中华人民共和国民法典》

第一千零六十三条　下列财产为夫妻一方的个人财产：

（一）一方的婚前财产；

（二）一方因受到人身损害获得的赔偿或者补偿；

（三）遗嘱或者赠与合同中确定只归一方的财产；

（四）一方专用的生活用品；

（五）其他应当归一方的财产。

《最高人民法院关于适用〈中华人民共和国民法典〉婚姻家庭编的解释（一）》

第五条　当事人请求返还按照习俗给付的彩礼的，如果查明属于以下情形，人民法院应当予以支持：

（一）双方未办理结婚登记手续；

（二）双方办理结婚登记手续但确未共同生活；

（三）婚前给付并导致给付人生活困难。

适用前款第二项、第三项的规定，应当以双方离婚为条件。

律师提示

彩礼返还适用三年诉讼时效。符合彩礼返还情形的,也不是任何时候主张都会得到法院的支持。通常来说,如果男女双方没有缔结婚姻关系,彩礼给付方就应当及时行使自己的权利,尽早地向对方主张返还彩礼。若对方拒绝,诉讼时效从对方拒绝时开始起算。

如果男女双方已经办理离婚登记手续,那么诉讼时效的起算时间为:民政部门办理离婚登记之日或者法院判决离婚之日。如果双方不能协议离婚,在诉讼离婚时,可以一并主张返还彩礼。

11

赠与、彩礼、借婚姻索取财物有何区别?

案 例

大强和小甜于 2018 年 5 月在一次朋友聚会上认识,而后很快确立了恋爱关系。

2019 年 5 月 20 日,大强和小甜在双方父母的主持下,举行了订婚仪式。仪式上,大强向小甜赠送了价值 1 万元的项链一条,同时大强父母以现金形式送给小甜彩礼 6 万元。

2019 年 6 月 6 日,大强和小甜举行婚礼。婚礼当天,小甜父母提出了要 18 万元的"下车钱",同时小甜父母还提出,不给"下车钱"就不让双方结婚。大强一家人都很不愿意,但婚礼的宾客均已到场,并且婚礼酒席等花费均已支付,无奈之下,只能按要求向小甜母亲支付"下车钱"。

2019年6月底，大强和小甜登记结婚。婚后，两人发现彼此婚前都对另一方缺乏了解，对方身上都有很多自己无法接受的缺点。2020年8月，两人的婚姻走到了尽头。

本来双方计划到民政局办理离婚手续，但就财产问题发生争议，最终大强到法院提起离婚诉讼。

庭审中，法官问双方的争议焦点在哪里。大强说，他认为原来的《婚姻法》与刚颁布实施的《民法典》均禁止借婚姻索取财物，所以，项链、6万元彩礼、18万元"下车钱"，都得返还。而小甜认为，这些都属于大强对其的赠与，不需要返还。

请问：他们谁说得对？怎样区分赠与、彩礼、借婚姻索取财物？

律师解答

1万元的项链是主动给予的，属于赠与，不用返还；6万元彩礼不符合法定的各项返还条件，无须返还；18万元"下车钱"是借婚姻索取财物，应予返还。

法院裁判

因为双方都同意离婚，故准许原被告离婚。

18万元的"下车钱"系索取方趁特殊的时间、特殊的场合，提出的不合理的要求，给予方并非自愿，故应当予以返还。

赠与和彩礼的返还均须符合特定的情形，本案的情况并不符合，因此关于这部分的诉讼请求法院予以驳回。事后，大强提起了上诉，最终二审法院维持原判。

律师评析

日常生活中，很多人分不清楚赠与、彩礼、借婚姻索取财物，其实，想分清楚也很简单，那就是从这三者的概念和含义入手。

赠与，就是赠与人赠送东西给受赠人，一般是自愿的、不附加条件的行为。赠与别人的东西一般不用返还。

彩礼,是我国的一种民间风俗,是一种特殊的赠与,是一种附条件的法律行为。出赠方(一般是男方)赠送彩礼的目的是与受赠方(一般为女方)结为夫妻,受赠方一旦接受了彩礼,即表示同意与出赠方结婚。如果给付彩礼后出现了双方未办理结婚登记手续、双方办理结婚登记手续但确未共同生活、婚前给付并导致给付人生活困难的情况,则彩礼应予返还,其中后两种情况应当以双方离婚为返还条件。

借婚姻索取财物,是指婚姻当事人一方(或其父母等第三人)向另一方索要一定财物,以此作为婚姻条件的违法行为。该部分财物是收取方强行索要的,给付方一般不情愿给付,数额或价值也超过正常合理的"彩礼"。借婚姻索取财物的,一般应予返还。

法律规定

《中华人民共和国民法典》

第六百六十三条　受赠人有下列情形之一的,赠与人可以撤销赠与:

(一)严重侵害赠与人或者赠与人近亲属的合法权益;

(二)对赠与人有扶养义务而不履行;

(三)不履行赠与合同约定的义务。

赠与人的撤销权,自知道或者应当知道撤销事由之日起一年内行使。

第一千零四十二条　禁止包办、买卖婚姻和其他干涉婚姻自由的行为。禁止借婚姻索取财物。

禁止重婚。禁止有配偶者与他人同居。

禁止家庭暴力。禁止家庭成员间的虐待和遗弃。

《最高人民法院关于适用〈中华人民共和国民法典〉婚姻家庭编的解释(一)》

第五条　当事人请求返还按照习俗给付的彩礼的,如果查明属于以下情形,人民法院应当予以支持:

(一)双方未办理结婚登记手续;

(二)双方办理结婚登记手续但确未共同生活;

(三)婚前给付并导致给付人生活困难。

适用前款第二项、第三项的规定,应当以双方离婚为条件。

律师提示

1.实践中，对取得财物的性质是索取还是赠与难以认定的，可按赠与处理。当一方主张另一方借婚姻索取财物的证据不足，事实模糊时，法院一般会认定为赠与，另一方不需要返还。若被迫给付财物一方手中有证据（如微信聊天记录、短信、邮件、录音录像、证人证言等）能够证明这些财物是另一方借婚姻索取财物的，给付方有权要求返还。

2.很多时候，男女双方结婚时，往往比较年轻，刚刚参加工作，没什么经济实力。结婚时，被借婚姻索取的财物往往由一方父母或家人所有，一旦被索取人起诉要求返还财物，法院一般会支持。一方借婚姻关系索取另一方的财物，离婚时，如结婚时间不长，或者因索要财物造成另一方生活困难的，可酌情返还。

第二章

结婚

12

未亲自到民政局办理结婚登记，婚姻是否有效？

案例

冒先生与薛女士于2021年下半年相识，同年12月15日，双方未亲自到民政部门而由他人代为领取了结婚证。2022年，双方举办结婚仪式，后来生下一子取名为小冒。婚后，薛女士由于受伤不能从事体力劳动，也没有收入来源，不能得到冒先生的体谅。冒先生常年在外务工，多年未将工资收入用于家庭生活，为此双方经常争吵。现在薛女士诉至法院，要求确认其与冒先生的婚姻无效。

请问：冒先生与薛女士未亲自到结婚登记机关进行结婚登记，他们之间的婚姻关系是否有效呢？

律师解答

《民法典》第1051条规定了婚姻无效的三种情形，即重婚、有禁止结婚的亲属关系和未到结婚法定年龄。若夫妻双方不存在该条规定的婚姻无效情形，仅仅是一方或双方没有亲自到民政部门办理结婚登记，则属于结婚登记的程序瑕疵，并不构成婚姻无效。

法院裁判

法院经审理后认为，薛女士虽称未亲自办理结婚登记，但结婚登记书中存有其与冒先生的合影，办理结婚登记后双方举办结婚仪式，以夫妻名义共同生活，并生有一子,可认定薛女士自愿与冒先生缔结婚姻,故未亲自到民政部门办理结婚登记不影响婚姻的成立和效力,即双方虽未亲自办理结婚登记,但是符合结婚登记有效的实质条件,婚姻成立且有效。

律师评析

正所谓,家是最小国,国是千万家。在家庭中,最重要的就是婚姻状况。婚姻是社会关系的重要影响因素,以婚姻关系为基础,可以向社会辐射出各种其他关系,如果随意否认这种身份关系,不仅会对家庭产生负面影响,还会对其辐射的社会关系产生一系列影响。

我国《民法典》第1051条穷尽式列举了婚姻无效的三种情形,排除任何否定婚姻关系的其他事由。只有存在《民法典》第1051条规定的婚姻无效事由,即重婚、有禁止结婚的亲属关系或未到结婚法定年龄,婚姻才能被认定无效。

《民法典》规定结婚登记双方要亲自到场,是为了践行婚姻自由自愿原则,便于民政部门审核双方结婚是否自愿结婚。一方或双方未亲自到婚姻登记机关办理结婚登记,属于结婚登记程序瑕疵。《民法典》并未规定结婚登记程序瑕疵属于婚姻无效情形,因此当事人仅以未亲自办理结婚登记这一程序瑕疵主张婚姻无效,不能得到支持。

未亲自到民政部门登记结婚的一方,可通过行政复议、行政诉讼要求撤销结婚登记,能否撤销需根据双方是否有结婚的真实意思表示、是否实际以夫妻名义生活等具体情况确定。

法律规定

《中华人民共和国民法典》

第一千零四十九条　要求结婚的男女双方应当亲自到婚姻登记机关申请结婚登记。符合本法规定的,予以登记,发给结婚证。完成结婚登记,即确立婚姻关系。未办理结婚登记的,应当补办登记。

第一千零五十一条　有下列情形之一的,婚姻无效:

(一)重婚;

(二)有禁止结婚的亲属关系;

(三)未到法定婚龄。

《最高人民法院关于适用〈中华人民共和国民法典〉婚姻家庭编的解释(一)》

第十七条　当事人以民法典第一千零五十一条规定的三种无效婚姻以外的情形请求确认婚姻无效的,人民法院应当判决驳回当事人的诉讼请求。

当事人以结婚登记程序存在瑕疵为由提起民事诉讼,主张撤销结婚登记的,告知其可以依法申请行政复议或者提起行政诉讼。

律师提示

1. 男女双方亲自到民政部门办理结婚登记,有助于增进双方感情,留下美好生活回忆,更能确保结婚登记程序合法。

2. 一方或双方未亲自到民政部门办理结婚登记,仅属于结婚登记程序瑕疵,并不必然导致婚姻无效。如果双方达到法定婚龄,没有禁止结婚的亲属关系,不存在重婚情形,则婚姻有效。

3. 未亲自到民政部门办理结婚登记的一方,想要撤销婚姻登记,应依法提起行政复议或行政诉讼。

13

被他人冒用身份证登记结婚,该如何维权?

案例

2021年5月20日,潘女士与其未婚夫潭先生前往当地民政局登记结婚,却被工作人员告知:2015年,潘女士已在另一县区与一男士陈先生办理了结婚登记。潘女士十分惊讶,并称其并不认识陈先生。之后,潘女士前往该结婚登记地民政局,查询相关结婚登记档案,这才知道,原来潘女士多年前丢失的身份证被他人盗用,并被冒用身份与陈先生办理了结婚登记。

请问:潘女士被他人冒用身份证办理了结婚登记,潘女士应该如何维权?

律师解答

结婚登记属于婚姻登记机关利用其职权实施的具体行政行为,如果当事人认为结婚登记程序存在瑕疵,主张更正或者撤销结婚登记的,可以请求婚姻登记机关予以更正或撤销婚姻登记。在婚姻登记机关不予更正或不予撤下的情况下,既可以提起行政复议或行政诉讼要求婚姻登记机关履行法定职责,也可以在请求婚姻登记机关予以更正或撤销婚姻登记之前,直接提起行政复议或者行政诉讼。

法院裁判

因原被告双方对案件事实争议较大,法院行政合议庭经评议认为,结婚申请材料是否为潘女士本人办理,系本案的关键所在,随即启动司法鉴定程序。经鉴定,该申请材料上潘女士签名处的指纹确实不属于潘女士本人。经质证,原被告双方对鉴定意见书均无异议。法院公开审理并当庭宣判该案,鉴于本案事实清楚,证据确实充分,合议庭根据《民法典》以及《行政诉讼法》的相关规定,当庭判决撤销该民政局颁发的涉案结婚证。

律师评析

结婚登记是走进婚姻殿堂的必经之路,是涉及当事人的财产权与人身关系的大事。我国的婚姻制度建立在男女双方完全自愿的基础上,冒用他人身份证进行结婚登记,既不符合《民法典》关于结婚完全自愿的原则与结婚登记程序条件,又侵害了当事人的婚姻自主权。

我国《民法典》第1046条规定:“结婚应当男女双方完全自愿,禁止任何一方对另一方加以强迫，禁止任何组织或者个人加以干涉。”即我国结婚登记的基础就是男女双方完全自愿，冒用他人身份证进行结婚登记，违背了被冒名者真实的结婚登记意愿。

《民法典》第1049条规定：“要求结婚的男女双方应当亲自到婚姻登记机关申请结婚登记……”冒用他人身份证进行结婚登记，被冒用者未亲自去民政部门申请结婚登记，违反了结婚登记的程序条件，使婚姻登记出现严重程序瑕疵。被冒用者可以依据《民法典》相关司法解释以及《行政诉讼法》相关规定对婚姻登记机关提起行政诉讼或者提出行政复议。

法律规定

《中华人民共和国民法典》

第一千零四十九条　要求结婚的男女双方应当亲自到婚姻登记机关申请结婚登记。符合本法规定的，予以登记，发给结婚证。完成结婚登记，即确立婚姻关系。未办理结婚登记的，应当补办登记。

《最高人民法院关于适用〈中华人民共和国民法典〉婚姻家庭编的解释(一)》

第十七条第二款　当事人以结婚登记程序存在瑕疵为由提起民事诉讼，主张撤销结婚登记的，告知其可以依法申请行政复议或者提起行政诉讼。

律师提示

1. 结婚登记同时影响当事人的人身权与财产权。如果在办理结婚登记时，发现自己的身份证被他人冒用，一定要及时拿起法律武器，依法向民政部门申请撤销婚姻登记，或依法提起行政复议、行政诉讼，维护自身的合法权益。

2. 结婚登记存在程序瑕疵属于行政复议和行政诉讼受案范围，如果当事人以结婚登记程序存在瑕疵为由提起民事诉讼，将会被法院驳回起诉。

14

婚外生子是否构成重婚?

案例

被告人蔡女士与查先生于2011年9月结婚,婚后蔡女士经常外出居住,2013年2月蔡女士育有一女小查。2014年被告人蔡女士与韩先生共同设立一家建筑公司,韩先生任公司董事长,被告人蔡女士任公司财务,后该公司经营地转移。在此期间,有人看见被告人蔡女士早晨穿睡衣在门边梳头,还经常与韩先生同进同出。

查先生对蔡女士经常外出居住的行为感到不安,怀疑其早已出轨,于是与小查进行了亲子鉴定,发现二人不存在生物学上父女的可能性。查先生十分愤怒,遂诉至法院,请求否认其与小查的亲子关系。2021年10月,基于查先生与小查的亲子鉴定排除了双方存在生物学父女的可能性,法院判决查先生与小查没有生物学上的父女关系。

之后当地检察院指控被告人蔡女士有配偶仍与他人以夫妻名义共同生活,应当以重婚罪追究其刑事责任,提请法院依照《刑法》的规定对被告人蔡女士定罪处罚。

请问:蔡女士在与查先生的婚姻关系存续期间与他人生子,是否构成重婚?

律师解答

法院认定重婚的关键条件为是否构成另一夫妻关系,包括法律婚姻与事实婚姻两种情形。法律婚姻,即有配偶的人或者明知他人有配偶与他人到婚姻登记机关登记结婚。事实婚姻,即有配偶的人或明知他人有配偶与他人对外以夫妻名义共同生活。

本案中蔡女士未与他人再登记结婚,也无证据证明蔡女士与他人对外以夫妻名义共同生活,所以其不构成重婚罪。故有配偶的人婚外生子,未与他人登记结婚或者以夫妻名义共同生活,尚不构成重婚罪。

法院裁判

法院经审理后认为,被告人蔡女士是该建筑公司的财务,其与公司老板韩先生同处公司经营地并有同进同出现象存在非法同居之外的可能性,即使其曾被发现有早晨穿睡衣出现在公司门口的情况,也不能确切证明是与韩先生以夫妻名义公开同居。被告人蔡女士在与查先生结婚后所生女儿与查先生无血缘关系,由此一般可以判断蔡女士与他人有过婚外情。然而,重婚罪的行为对象不包括非法同居,更不包括通奸。根据查先生陈述,其本人以前一直认为蔡女士的女儿是自己的女儿。显然,蔡女士与他人孕育女儿,不是公然与他人以夫妻名义共同生活状态下的结果。故小查非查先生亲生的事实也不能证明被告人蔡女士与他人以夫妻名义共同生活。综上,法院认为公诉机关指控被告人蔡女士犯重婚罪的证据不足,据此,判决被告人蔡女士无罪。

律师评析

一夫一妻制度是我国重要的婚姻制度之一,重婚则是对一夫一妻制度的严重破坏,重婚的婚姻自始无效。我国《刑法》第 258 条规定重婚的情形主要有以下几种:第一,有配偶又和他人登记结婚的;第二,有配偶又和他人对外以夫妻名义共同生活的;第三,明知他人有配偶,又与之登记结婚的;第四,明知他人有配偶,又与他人对外以夫妻名义共同生活的。

对于对外以夫妻名义共同生活,除了当事人之间承认,还需要周围群众、当事人的其他亲朋好友也认为当事人是夫妻才可认定。本案中,蔡女士不存在与他人登记结婚,也不存在与他人对外以夫妻名义共同生活,仅存在婚外生子这一情形,一般会认定为婚内出轨,但不构成重婚。

婚外生子虽不构成重婚罪,但根据《民法典》“夫妻应当互相忠实”之规定,婚外生子严重违反了夫妻之间的忠实义务,另一方如在婚姻中无过错,则起诉离婚时可主张法院在分配财产时予以照顾,同时也可以向婚外生子一方主张损害赔偿。

法律规定

《中华人民共和国刑法》

第二百五十八条　有配偶而重婚的,或者明知他人有配偶而与之结婚的,处二年以下有期徒刑或者拘役。

《中华人民共和国民法典》

第一千零四十二条第二款　禁止重婚。禁止有配偶者与他人同居。

第一千零四十三条　家庭应当树立优良家风,弘扬家庭美德,重视家庭文明建设。

夫妻应当互相忠实,互相尊重,互相关爱;家庭成员应当敬老爱幼,互相帮助,维护平等、和睦、文明的婚姻家庭关系。

第一千零五十一条　有下列情形之一的,婚姻无效:

(一)重婚;

(二)有禁止结婚的亲属关系;

(三)未到法定婚龄。

第一千零五十四条第一款　无效的或者被撤销的婚姻自始没有法律约束力,当事人不具有夫妻的权利和义务。同居期间所得的财产,由当事人协议处理;协议不成的,由人民法院根据照顾无过错方的原则判决。对重婚导致的无效婚姻的财产处理,不得侵害合法婚姻当事人的财产权益。当事人所生的子女,适用本法关于父母子女的规定。

第一千零七十九条第三款　有下列情形之一,调解无效的,应当准予离婚:

(一)重婚或者与他人同居;

(二)实施家庭暴力或者虐待、遗弃家庭成员;

(三)有赌博、吸毒等恶习屡教不改;

(四)因感情不和分居满二年;

(五)其他导致夫妻感情破裂的情形。

第一千零九十一条　有下列情形之一，导致离婚的，无过错方有权请求损害赔偿：

（一）重婚；

（二）与他人同居；

（三）实施家庭暴力；

（四）虐待、遗弃家庭成员；

（五）有其他重大过错。

律师提示

1. 夫妻之间应相互忠诚，相互扶持。婚外生子这一行为严重违背了夫妻之间的忠实义务，不仅严重破坏夫妻感情，导致家庭矛盾，还会伤害无辜的子女。

2. 若当事人在合法婚姻之外，没有与他人登记结婚，也没有与他人以夫妻名义共同生活，仅有婚外生子这一情形，不足以认定为重婚。但婚外生子的一方，对夫妻感情破裂存在严重过错，另一方作为无过错方起诉离婚时，可主张法院在分割夫妻共同财产时予以照顾，同时要求婚外生子一方承担损害赔偿。

15

哪些亲属关系不能登记结婚？

案例

赵先生于2021年1月检查时发现自己患了肝癌，随即做了肝癌切除手术。在赵先生癌症开始扩散、病情加重且无法站立和说话的情况下，赵先生的表妹葛女士隐瞒血亲关系,要求婚姻登记处于2021年3月24日到病房办理了自己与赵先生的结婚登记。不久后赵先生因病去世,赵先生的女儿小赵起诉到法院,请求法院确认并宣告葛女士与赵先生的婚姻无效。

葛女士辩称,葛女士虽是赵先生的表妹,但为了能以妻子的身份请假照顾他,也为了满足亲朋好友的愿望,与赵先生办理了结婚登记。现赵先生已于2021年8月16日去世,他们的婚姻关系已经因赵先生的去世而自然消失,法定的无效婚姻情形已经消失,人民法院应依法驳回小赵的诉讼请求。

请问:赵先生与葛女士是否属于禁止结婚的亲属关系?双方婚姻关系是否有效?

律师解答

《民法典》规定直系血亲或者三代以内的旁系血亲属于禁止结婚的亲属关系。旁系血亲的计算根据旁系血亲之间的同源关系确定世代,同源于父母的为二代以内旁系血亲,同源于祖父母、外祖父母的,为三代以内旁系血亲。

赵先生与葛女士是表兄妹,双方同源于外祖父母,具有三代以内的旁系血亲关系,属于法律禁止结婚的亲属关系。双方婚姻关系无效。

法院裁判

赵先生与葛女士是表兄妹,双方具有三代以内的旁系血亲关系,属于法律禁止结婚的情形,婚姻无效。小赵作为赵先生的女儿,申请宣告其父的婚姻无效,应予准许。葛女士与赵先生的配偶关系虽因赵先生的死亡而终止,但双方三代以内旁系血亲的亲属关系永远不会改变,故葛女士"法定的无效婚姻情形已经消失"的辩称不能成立。法院依法判决赵先生与葛女士的婚姻无效并收缴结婚证。

律师评析

近亲结婚会提高孩子遗传病的发病率,导致下一代患病的概率增加,因此近亲结婚不利于人口的优生优育，在一定程度上也会影响我国社会伦理关系和道德。所以我国法律规定直系血亲和三代以内旁系血亲禁止结婚，除此之外的亲属关系登记结婚则不被禁止。

直系血亲是指自己的父母、祖父母、外祖父母、曾祖父母以及自己的子女、孙子女、曾孙子女等和自己有直接血缘关系的亲属。旁系血亲根据旁系血亲之间的同源关系确定世代，同源于祖父母、外祖父母的，为三代以内旁系血亲，如兄弟姐妹、堂兄弟姐妹、表兄弟姐妹等，超出这个范围，就不属于三代以内旁系血亲，不属于禁止结婚的亲属关系。

法律规定

《中华人民共和国民法典》

第一千零四十八条　直系血亲或者三代以内的旁系血亲禁止结婚。

第一千零五十一条　有下列情形之一的，婚姻无效：

（一）重婚；

（二）有禁止结婚的亲属关系；

（三）未到法定婚龄。

第一千零五十四条第一款　无效的或者被撤销的婚姻自始没有法律约束力，当事人不具有夫妻的权利和义务。同居期间所得的财产，由当事人协议处理；协议不成的，由人民法院根据照顾无过错方的原则判决。对重婚导致的无效婚姻的财产处理，不得侵害合法婚姻当事人的财产权益。当事人所生的子女，适用本法关于父母子女的规定。

《最高人民法院关于适用〈中华人民共和国民法典〉婚姻家庭编的解释（一）》

第九条　有权依据民法典第一千零五十一条规定向人民法院就已办理结婚登记的婚姻请求确认婚姻无效的主体，包括婚姻当事人及利害关系人。其中，利害关系人包括：

（一）以重婚为由的，为当事人的近亲属及基层组织；

（二）以未到法定婚龄为由的，为未到法定婚龄者的近亲属；

（三）以有禁止结婚的亲属关系为由的，为当事人的近亲属。

律师提示

1. 我国法律禁止结婚的亲属关系包括直系血亲以及三代以内旁系血亲。如果隐瞒禁止结婚的亲属关系登记结婚，当事人及其近亲属均有权请求人民法院依法确认婚姻无效。

2. 无效婚姻自始没有法律效力，当事人之间不具有夫妻的权利和义务，双方属于同居关系，同居期间的财产分割，如果双方不能协商一致，人民法院将按照照顾无过错方的原则分割。

16

未到法定婚龄结婚，婚姻是否有效？

案例

侯女士与白先生于1998年认识，后于1999年1月10日在乡人民政府办理了结婚登记。当时侯女士未到法定婚龄，所以自行修改年龄与白先生办理结婚登记。结婚证上载明侯女士的出生日期为1978年9月20日（该日期有涂改痕迹），侯女士的身份证复印件上的出生日期为1982年10月5日。按照身份证复印件上载明的出生日期计算，侯女士登记结婚时未到法定婚龄。双方婚后共同生育了两个儿子，长子取名大白，次子取名小白。双方共同生活期间因家庭琐事产生纠纷，经调解未果，侯女士起诉到法院要求与白先生离婚。

请问：侯女士未到法定结婚年龄与白先生登记结婚，双方之间的婚姻是否有效？

律师解答

《民法典》第1051条虽规定未到法定婚龄属于婚姻无效情形之一，但《最高人民法院关于适用〈中华人民共和国民法典〉婚姻家庭编的解释（一）》第10条又规定当事人请求确认婚姻无效的，法定的无效婚姻情形在提起诉讼时已经消失的，人民法院不予支持，即未到法定婚龄的结婚效力视当事人提起诉讼时具体情况确定。提起诉讼时，双方年龄已经达到法律关于结婚年龄的要求，婚姻则为有效。侯女士提起诉讼时已经达到《民法典》关于结婚年龄的要求，此时无效情形已经随着时间消失，两人的婚姻有效。

法院裁判

未到法定婚龄登记结婚的，其婚姻无效。在提起诉讼时，侯女士未到法定婚龄的无效情形消失，其婚姻应为有效。关于本案，侯女士登记结婚时未到法定婚龄，通过更改年龄办理了结婚证，其与白先生的婚姻在侯女士未到法定婚龄前应属无效婚姻。现侯女士年龄已到法定婚龄，导致其婚姻无效的情形已消失，其与白先生的婚姻应为有效。

律师评析

我国虽规定婚姻自由，但也并不是每一个自然人都可以成为结婚的主体，只有达到法律规定结婚年龄的人，才能登记结婚。我国关于结婚年龄的规定，并非一成不变。从原《婚姻法》（1950年）规定男子不得早于20周岁，女子不得早于18周岁，到原《婚姻法》（1980年），考虑适当提高法定婚龄有利于青年的工作学习以及计划生育工作，遂将法定婚龄修改为男子不得早于22周岁，女子不得早于20周岁。至今《民法典》沿用原《婚姻法》（1980年）的法定婚龄，并同时规定未到法定婚龄属于婚姻无效情形之一。

在实务中，未达到法定婚龄登记结婚的是否无效，不能一概而论。当事人一方或者双方在结婚登记时未达到法定婚龄，但双方关于婚姻效力发生争议时，已经达到法定婚龄的，婚姻有效。这是因为法定婚姻无效情形已经消失，为了维护婚姻关系以及社会关系，没有必要再确认婚姻无效。

法律规定

《中华人民共和国民法典》

第一千零四十七条　结婚年龄,男不得早于二十二周岁,女不得早于二十周岁。

第一千零五十一条　有下列情形之一的,婚姻无效:

(一)重婚;

(二)有禁止结婚的亲属关系;

(三)未到法定婚龄。

第一千零五十四条　无效的或者被撤销的婚姻自始没有法律约束力,当事人不具有夫妻的权利和义务。同居期间所得的财产,由当事人协议处理;协议不成的,由人民法院根据照顾无过错方的原则判决。对重婚导致的无效婚姻的财产处理,不得侵害合法婚姻当事人的财产权益。当事人所生的子女,适用本法关于父母子女的规定。

婚姻无效或者被撤销的,无过错方有权请求损害赔偿。

《最高人民法院关于适用〈中华人民共和国民法典〉婚姻家庭编的解释(一)》

第九条第(二)项　有权依据民法典第一千零五十一条规定向人民法院就已办理结婚登记的婚姻请求确认婚姻无效的主体,包括婚姻当事人及利害关系人。其中,利害关系人包括:

(二)以未到法定婚龄为由的,为未到法定婚龄者的近亲属。

第十条　当事人依据民法典第一千零五十一条规定向人民法院请求确认婚姻无效,法定的无效婚姻情形在提起诉讼时已经消失的,人民法院不予支持。

律师提示

1. 未到法定婚龄登记结婚,婚姻无效。但在请求法院确认婚姻效力时,双方已经达到法律规定的结婚年龄,婚姻无效情形消失,婚姻效力则为有效。

2. 未到法定婚龄情形持续存在的,婚姻当事人以及未到法定婚龄者的近亲属均有权向人民法院以此为由申请确认婚姻无效。

17

结婚后发现配偶婚前隐瞒了重大疾病，该怎么办？

案例

2015 年 8 月 5 日陈先生在 A 市某医院被诊断为妄想状态，后续一直进行药物治疗，但并未好转，甚至更加严重。2021 年 5 月朱女士与陈先生通过相亲认识，后于 2021 年 8 月 6 日登记结婚，婚后未生育子女。

2021 年 10 月，陈先生病情复发，再次变得敏感多疑。晚上不睡觉，大喊大叫，骂人，冲动，打人。陈先生与朱女士吵架，陈先生被其母等人带离住所，其父母要求其吃药，其拒绝吃药，陈先生父母即报警称陈先生因精神上有问题求助民警劝陈先生吃药。派出所民警到现场后，陈先生将药服下。

对于报警服药的事，朱女士最初并不知情，还以为是陈先生家里的矛盾，直到 2022 年 4 月通过法院获取到陈先生的病历后才确切知晓陈先生患病。朱女士遂向法院申请撤销其与陈先生的婚姻。

请问：陈先生是否属于婚前隐瞒重大疾病？如果是，朱女士应当怎样维护自己的权益？

律师解答

根据司法实践，陈先生患有的精神性疾病属于足以影响另一方当事人决定结婚的自由意志或者是否对双方婚后生活造成重大影响的重大疾病。《民法典》第 1053 条规定："一方患有重大疾病的，应当在结婚登记前如实告知另一方；不如实告知的，另一方可以向人民法院请求撤销婚姻。请求撤销婚姻的，应当自知道或者应当知道撤销事由之日起一年内提出。"

陈先生在结婚登记前应当向朱女士如实告知，但其隐瞒患病事实。婚后朱女士才知道陈先生患有重大精神类疾病，陈先生构成婚姻可撤销事由中的婚前隐瞒重大疾病，朱女士可在知道该撤销事由之日起一年内向法院申请撤销双方的婚姻。

法院裁判

根据陈先生在A市某医院治疗期间住院病案现病史的描述，陈先生所患偏执型精神分裂症具有长期性、反复性等特征，并需长期服药控制，停药后容易复发，在发病期间伴有暴力行为，自主服药意愿差，多次出现自行停药行为，故陈先生所患精神疾病对其日常正常生活存在较为严重的影响，发病时需要亲属进行必要看护，容易对另一方的正常生活产生不利影响及额外的精神压力，该情况对准备缔结婚姻的另一方而言，明显属于足以影响其是否继续缔结婚姻的重要考量因素，亦会对婚后生活造成重大影响，综上陈先生所患偏执型精神分裂症属于《民法典》第1053条中所称"重大疾病"，且朱女士无法仅依据陈先生的简单告知即在2021年10月初得知陈先生患病情况，或者视为朱女士应当知道陈先生的患病情况，故朱女士起诉要求撤诉婚姻，并未超过一年的除斥期间，判决撤销朱女士与陈先生之间的婚姻。

律师评析

《民法典》将"疾病婚"从原《婚姻法》规定的婚姻无效情形变更为可撤销婚姻，一方面，系对婚姻自由原则的贯彻，允许患有重大疾病的自然人结婚；另一方面，明确要求患有重大疾病的一方在办理结婚登记前秉持诚实信用原则履行如实告知义务，否则其婚姻将面临被撤销的风险。《民法典》将婚前婚姻当事人患有重大疾病告知义务固化为法定义务，是对强制婚检制度退出历史舞台后如何保证婚姻质量和家庭幸福的法律补位，尊重和保障另一方的知情权。

对于重大疾病的具体范围，《民法典》未作明确规定。司法实践中一般以足以影响另一方当事人决定结婚的自由意志或者是否对双方婚后生活造成重大影响为标准。参照《母婴保健法》第8条的规定，包括：(1)严重遗传性疾病；(2)指定传染病；(3)有关精神病。

不知情者在知道或者应当知道对方婚前隐瞒重大疾病之日起一年内可以向人民法院请求撤销双方的婚姻。人民法院判决撤销婚姻的，无过错方有权向对方请求损害赔偿。

法律规定

《中华人民共和国民法典》

第一千零五十三条　一方患有重大疾病的,应当在结婚登记前如实告知另一方;不如实告知的,另一方可以向人民法院请求撤销婚姻。请求撤销婚姻的,应当自知道或者应当知道撤销事由之日起一年内提出。

第一千零五十四条　无效的或者被撤销的婚姻自始没有法律约束力,当事人不具有夫妻的权利和义务。同居期间所得的财产,由当事人协议处理;协议不成的,由人民法院根据照顾无过错方的原则判决。对重婚导致的无效婚姻的财产处理,不得侵害合法婚姻当事人的财产权益。当事人所生的子女,适用本法关于父母子女的规定。

婚姻无效或者被撤销的,无过错方有权请求损害赔偿。

律师提示

1. 夫妻一方婚前隐瞒重大疾病的,另一方有权在知道或者应当知道该事由之日起一年内向人民法院请求撤销婚姻。一年属于除斥期间,不能中止、中断或延长。

2. 婚姻被撤销的,自始没有法律约束力,双方属于同居关系,同居期间所得的财产由当事人协商处理,协商不成的,由人民法院根据照顾无过错方的原则判决,并且无过错方有权请求损害赔偿。

18

被胁迫结婚，该如何维权？

案例

易女士与李先生通过互联网认识并建立恋爱关系。后易女士以性格不合多次提出分手，均遭李先生拒绝。李先生对易女士采取多种人身自由控制措施，且将易女士的手机、身份证、户口簿等重要物件扣押，并多次口头威胁易女士的生命安全。为达到结婚的目的，李先生还在办理登记结婚前向易女士出具了协议一份："承诺 1. 不准让任何人知道（除了双方当事人）我们拿了结婚证的事实。2. 不准以结了婚为由要易女士生孩子。3. 不能涉及房产及经济上所有问题。4. 拿了结婚证后三个月拿离婚证，决不变卦双方互不干扰……"迫于威胁，易女士与李先生登记结婚。

婚后，易女士仍单独居住，未与李先生共同生活。但李先生多次以言语或暴力手段对易女士进行威胁，导致易女士无法正常生活。易女士向公安机关报案后诉至法院，请求撤销与李先生之间的婚姻关系。

请问：易女士被李先生胁迫结婚，该如何维权？

律师解答

《民法典》第 1052 条规定："因胁迫结婚的，受胁迫的一方可以向人民法院请求撤销婚姻。请求撤销婚姻的，应当自胁迫行为终止之日起一年内提出。被非法限制人身自由的当事人请求撤销婚姻的，应当自恢复人身自由之日起一年内提出。"李先生控制易女士的人身自由、扣押其身份证件以及多次口头威胁迫使易女士与其登记结婚,属于因胁迫结婚,被胁迫的易女士可以自胁迫行为终止之日一年内向人民法院请求撤销婚姻。

法院裁判

法院经审理后认为,受胁迫的婚姻一般具有以下几个要件:(1)非法性,包括非法的手段和目的;(2)以胁迫使行为人产生恐惧而作出意思表示的故意;(3)胁迫的行为;(4)被胁迫人因胁迫行为而产生恐惧并因此作出意思表示,二者具有因果关系。易女士与李先生相识于网络,易女士出示的协议、报警回执以及双方微信聊天记录,结合双方并未共同生活的事实,可以证实李先生使易女士感到“恐惧害怕”而违背其真实意思与之建立婚姻关系,故法院认定易女士与李先生的婚姻符合胁迫婚姻构成要件,依法予以撤销。

律师评析

婚姻自由是法律赋予公民的权利。保护婚姻自由是建立和维护平等、和睦、文明家庭关系的重要前提条件。在当事人因受胁迫而作出不真实的结婚意思表示之时,赋予被胁迫一方以撤销婚姻的权利,依法保护婚姻自由,维护社会稳定。

在司法实践中,认定被胁迫结婚的主要标准是被胁迫人因胁迫行为产生恐惧并基于恐惧心理作出违背其自身真实意思的结婚表示。“胁迫行为”的对象包括对被胁迫者或其亲朋好友的人身、财产、名誉等威胁,对其他第三人的人身、财产、名誉等威胁,甚至胁迫者自身的生命、名誉等。

因受胁迫而登记结婚的,受胁迫者可以自胁迫行为终止之日起一年内向人民法院申请撤销婚姻,如果被非法限制人身自由的,可以自恢复人身自由之日起一年内向人民法院申请撤销婚姻。婚姻被撤销的,无过错的受胁迫者有权请求损害赔偿。

法律规定

《中华人民共和国民法典》

第一千零五十二条 因胁迫结婚的,受胁迫的一方可以向人民法院请求撤销婚姻。

请求撤销婚姻的，应当自胁迫行为终止之日起一年内提出。

被非法限制人身自由的当事人请求撤销婚姻的，应当自恢复人身自由之日起一年内提出。

第一千零五十四条　无效的或者被撤销的婚姻自始没有法律约束力，当事人不具有夫妻的权利和义务。同居期间所得的财产，由当事人协议处理；协议不成的，由人民法院根据照顾无过错方的原则判决。对重婚导致的无效婚姻的财产处理，不得侵害合法婚姻当事人的财产权益。当事人所生的子女，适用本法关于父母子女的规定。

婚姻无效或者被撤销的，无过错方有权请求损害赔偿。

律师提示

1. 只有受胁迫的当事人有权以受胁迫为由向人民法院请求撤销婚姻，其他任何人无权请求人民法院撤销受胁迫者的婚姻。

2. 当事人因受胁迫请求撤销婚姻的，应当自受胁迫终止之日起一年内向人民法院请求撤销婚姻；被非法限制人身自由的，自人身自由恢复之日起一年内向人民法院请求撤销婚姻。一年属于除斥期间，不能中止、中断或延长。

3. 被胁迫结婚的当事人，有权请求胁迫方支付损害赔偿。

19

婚姻无效或被撤销，子女如何安排？

案 例

瞿先生与杨女士系表兄妹，从小青梅竹马，感情甚好。2007 年两人隐瞒亲属关系登记结婚，并于 2008 年 6 月 13 日生育男孩小瞿。现儿子小瞿已满 14 周岁不满 18 周岁，随瞿先生在浙江求学。法院已认定瞿先生与杨女士的婚姻无效，双方就小瞿抚养问题产生纠纷，诉至法院。

请问：瞿先生与杨女士的婚姻被认定为无效，双方共同生育的儿子小瞿的抚养问题应当如何安排？

律师解答

《民法典》第 1054 条第 1 款规定："无效的或者被撤销的婚姻自始没有法律约束力，当事人不具有夫妻的权利和义务……当事人所生的子女，适用本法关于父母子女的规定。"即婚姻无效或者被撤销的，其所生子女与婚生子女遵照同等规定。《民法典》第 1084 条第 3 款规定："离婚后，不满两周岁的子女，以由母亲直接抚养为原则。已满两周岁的子女，父母双方对抚养问题协议不成的，由人民法院根据双方的具体情况，按照最有利于未成年子女的原则判决。子女已满八周岁的，应当尊重其真实意愿。"

依照前述法律规定，本案中瞿先生与杨女士关于小瞿的抚养问题应先进行协商，协商不成的，鉴于小瞿已满 14 周岁，应在尊重其真实意愿的基础上，由人民法院按照最有利于未成年子女的原则进行判决。

法院裁判

法院认为小瞿现随父瞿先生在浙江共同生活并在当地就学，瞿先生亦有一份相对比较稳定的工作与收入。况且，小瞿已年满 14 周岁，有一定的辨识能力，自愿选择与父亲共同生活。因此，根据有利于未成年人的生活、学习与健康成长的原则，判决小瞿由其父亲瞿先生直接抚养。

律师评析

婚姻被宣告无效或者被撤销之后，当事人所生子女适用本法关于父母子女的规定，即非婚生子女与婚生子女适用同样规定。

《民法典》关于父母对子女抚养权的相关规定主要按子女年龄分别处理。分为子女不满 2 周岁、已满 2 周岁不满 8 周岁、已满 8 周岁三种情形。子女不满 2 周岁原则上由母亲直接抚养。子女处于 2 周岁至 8 周岁，父母双方进行协议，协议不成的，由法院根据双方实际情况，按照最有利于未成年子女的原则判决。子女已满 8 周岁的，尊重子女的真实意愿。

子女不满 2 周岁，男方主张抚养权的，可以提供女方具有患有久治不愈的传染性疾病或其他严重疾病、子女不宜与女方共同生活、女方有抚养条件不尽抚养义务等证据，证明子女确实无法或不宜随女方生活。

子女已满 2 周岁不满 8 周岁的，父母双方均要求直接抚养子女的，可从以下几个方面收集证据：(1)具有优先直接抚养的条件。根据《最高人民法院关于适用〈中华人民共和国民法典〉婚姻家庭编的解释(一)》第 46 条的规定：对 2 周岁以上的未成年子女，优先直接抚养的条件包括以下情形：①一方已做绝育手术或因其他原因丧失生育能力的；②子女随其生活时间较长，改变生活环境对子女健康成长明显不利；③一方无其他子女，而另一方有其他子女；④子女随其生活对子女成长有利，而另一方患有久治不愈的严重疾病或其他不利于子女身心健康的情形。(2)自己具有抚养能力，主要指经济收入、居住条件以及自己对子女的教育能力和时间等。(3)对方具有不宜抚养子女的情形，如对方存在家庭暴力、酗酒、赌博等不利于子女成长的情形。

法律规定

《中华人民共和国民法典》

第一千零五十四条 无效的或者被撤销的婚姻自始没有法律约束力,当事人不具有夫妻的权利和义务。同居期间所得的财产,由当事人协议处理;协议不成的,由人民法院根据照顾无过错方的原则判决。对重婚导致的无效婚姻的财产处理,不得侵害合法婚姻当事人的财产权益。当事人所生的子女,适用本法关于父母子女的规定。

婚姻无效或者被撤销的,无过错方有权请求损害赔偿。

第一千零八十四条第三款 离婚后,不满两周岁的子女,以由母亲直接抚养为原则。已满两周岁的子女,父母双方对抚养问题协议不成的,由人民法院根据双方的具体情况,按照最有利于未成年子女的原则判决。子女已满八周岁的,应当尊重其真实意愿。

《最高人民法院关于适用〈中华人民共和国民法典〉婚姻家庭编的解释(一)》

第四十六条 对已满两周岁的未成年子女,父母均要求直接抚养,一方有下列情形之一的,可予优先考虑:

(一)已做绝育手术或者因其他原因丧失生育能力;

(二)子女随其生活时间较长,改变生活环境对子女健康成长明显不利;

(三)无其他子女,而另一方有其他子女;

(四)子女随其生活,对子女成长有利,而另一方患有久治不愈的传染性疾病或者其他严重疾病,或者有其他不利于子女身心健康的情形,不宜与子女共同生活。

律师提示

1. 婚姻无效或被撤销后,子女仍是父母双方的子女,父母对于子女仍然有抚养、教育、保护的权利和义务。

2. 子女抚养问题,双方能够协商一致,按照协商结果处理,不能协商一致的,由法院按照“最有利于未成年子女”原则判决。不满 2 周岁的子女,原则上由母亲抚养,已满 8 周岁的未成年子女,应当尊重其真实意愿。

20

婚姻无效或被撤销,财产如何处理?

案 例

李女士系吴先生的表妹,双方自2006年8月开始恋爱,2009年11月生育一女大吴,2011年10月生育一子小吴,2012年2月13日领取结婚证。婚后,吴先生与案外人张女士同居近4年,并生育一女。吴先生与李女士的婚姻因存在禁止结婚的亲属关系,已被法院确认为无效婚姻。

现双方继续要求法院依法处理共同生活期间财产纠纷。涉案财产有:(1)市区房屋一套(尚欠银行贷款本金30万元)。庭审中,双方对房屋价值协商确定为100万元。(2)共同购置的轿车一辆,双方协商确定该车现值8万元。(3)客户姓名为吴先生的资金账号上的股票权益及资金余额,合计5万元。(4)吴先生为某有限公司的股东,出资额登记为215万元,占出资比例43%;2022年8月15日该公司填报的资产负债表载明所有者权益或股东权益468万元。债务有:吴先生陈述的公司债务120万元、共同债务93万元;李女士陈述的家庭开支欠债5万元。但双方均未提供相应的证据证明其所承担的债务用于共同的经营、共同生活。

请问:吴先生与李女士的婚姻被宣告无效,双方同居期间的财产如何处理?

律师解答

本案中,吴先生与李女士的婚姻被法院宣告无效。在分割双方同居期间的财产时，法院应考虑吴先生婚内与他人同居生子存在严重过错，综合考虑双方实际情况以及照顾妇女的利益，对李女士予以适当照顾。

法院裁判

吴先生与李女士的婚姻关系已被法院宣告无效。无效的婚姻自始无效，当事人不具有夫妻的权利和义务。同居期间所得的财产，按共同共有处理；但有证据为当事人一方所有的除外。同居期间所得的财产，由当事人协议处理；协议不成时，由人民法院根据照顾无过错方的原则判决；并考虑财产的实际情况和双方的过错程度，应照顾妇女的利益，妥善分割。

本案中，对于双方共同生活期间共同创建的房产，吴先生在调解中同意归李女士所有，考虑李女士的居住问题及归还贷款的便利、吴先生的驾驶技能及经营所长等因素，并鉴于吴先生与李女士共同生活期间又与他人同居生子，给李女士造成了伤害，法院在确定财产分割时，对李女士予以适当照顾。

法院最终判决房屋归李女士所有，贷款由李女士归还；轿车归吴先生所有；股票权益及资金余额归吴先生所有；登记于某公司的吴先生名下股东权益归吴先生享有；吴先生向李女士给付补偿款 90 万元。对于共同债务，因双方互不承认对方所举债务为共同债务，且直至法庭辩论终结前，双方均未向法庭提供相应的证据证明其所承担的债务用于共同的经营、共同生活。法院对双方主张的共同债务均不予认定。

律师评析

依据《民法典》第 1054 条之规定，婚姻无效或者被撤销的，当事人之间的婚姻自始没有法律效力，当事人不具有夫妻的权利和义务。双方共同生活期间的关系定性为同居关系，同居期间所得财产的处置，首先尊重当事人的自由，由双方协议处理；不能达成协议的，人民法院在判决时，根据照顾无过错方的原则进行。

当事人同居期间所得财产，首先需要区分个人财产与共同财产。除有证据证明为当事人一方所有的外，按共同共有处理。其次，共同财产可以分为积极共同财产和消极共同财产两部分。积极共同财产指同居期间的增长性财产，消极共同财产指共同债务。虽无效或被撤销的婚姻自始没有效力，但双方共同生活过的事实不能改变。在共同生活过程中所得的积极共同财产以及消极共同财产，双方不能达成协议的，由法院依法判决。

"无过错方"指对造成婚姻无效或者被撤销没有过错的一方，如在被胁迫的婚姻中被胁迫的一方；重婚情形中，不知道对方已登记结婚的一方；隐瞒重大疾病中，被隐瞒的一方。无过错方的损害赔偿请求权只存在于一方为过错方，一方为无过错方的情形，如果婚姻无效或被撤销，双方都明知、积极参与，都为过错方，或者双方都不知情的，都为无过错方，均不具有向对方请求损害赔偿的权利。

法律规定

《中华人民共和国民法典》

第一千零五十四条　无效的或者被撤销的婚姻自始没有法律约束力，当事人不具有夫妻的权利和义务。同居期间所得的财产，由当事人协议处理；协议不成的，由人民法院根据照顾无过错方的原则判决。对重婚导致的无效婚姻的财产处理，不得侵害合法婚姻当事人的财产权益。当事人所生的子女，适用本法关于父母子女的规定。

婚姻无效或者被撤销的，无过错方有权请求损害赔偿。

《最高人民法院关于适用〈中华人民共和国民法典〉婚姻家庭编的解释（一）》

第二十二条　被确认无效或者被撤销的婚姻，当事人同居期间所得的财产，除有证据证明为当事人一方所有的外，按共同共有处理。

律师提示

1. 婚姻无效或被撤销后，双方当事人对同居期间财产可以先协商，协商不成的，由人民法院根据照顾无过错方的原则判决。

2. 被确认无效或者被撤销的婚姻，当事人同居期间所得的财产，除有证据证明为当事人一方所有的外，按共同共有处理。

第三章

离婚

21

无民事行为能力人或限制民事行为能力人能办理离婚登记吗？

案 例

唐先生与第三人谢女士系夫妻关系，婚后家庭美满幸福，并育有一子。可谢女士嫌弃唐先生智力不全，并于2020年7月14日哄骗唐先生到被告民政局办理离婚登记。民政局工作人员便按普通流程进行了离婚登记。2020年11月4日，唐先生之弟唐龙委托某司法鉴定所对唐先生的精神状态及民事行为能力进行了鉴定。2020年11月16日，该所出具了唐先生系“边缘智力，具有限制民事行为能力”的司法鉴定意见。唐先生之弟唐龙代理唐先生于2020年12月2日向法院起诉要求撤销被告民政局于2020年7月14日为唐先生和谢女士办理的离婚登记。

请问：无民事行为能力人或限制民事行为能力人办理的离婚登记的效力如何，其法定代理人能否向法院起诉要求撤销离婚登记？

律师解答

无民事行为能力人和限制民事行为能力人，不能完全辨认自己的行为。无民事行为能力人应由其法定代理人代理实施民事法律行为，而限制民事行为能力人只能进行与其年龄、智力和精神健康状况相适应的民事法律行为。无民事行为能力人或限制民事行为能力人办理的离婚登记无效，其法定代理人有权向法院起诉要求撤销离婚登记。

法院裁判

法院经审理后认为，民政局在办理案涉离婚登记时，虽然按照法定程序对唐先生和谢女士是否患有精神方面疾病、是否能正常理解询问内容以及离婚意思表示是否真实等事项分别进行了询问，已尽到了合理审慎义务，不存在过错，但根据司法鉴定所出具的鉴定意见，唐先生自幼患边缘智力，虽然可以料理自身日常生活，可以结婚，照料家庭和小孩，但受智力缺损所限，不能完全辨认自己的行为，不能完全保护自己的合法权益，不能完全具有独立判断是非和理智处理自己事物的能力，系限制民事行为能力人。故应视唐先生独自作出的对其合法权益产生重大影响的离婚意思表示，不具有客观性和真实性，民政局据此作出的案涉离婚登记，存在主要证据不足，依法应予撤销。最终法院判决撤销民政局于2020年7月14日为唐先生和谢女士办理的离婚登记。

律师评析

作为婚姻登记机关，在受理当事人的离婚登记申请之后，要详细调查确认双方当事人的真实意思表示。本案中，民政局的工作人员对唐先生与谢女士提供的资料进行了审查，并分别进行了询问和风险告知，已尽到审慎的义务。但是，限制民事行为能力人只能从事纯获利益或与其智力、年龄、精神健康等相适应的民事活动，其余民事行为须得到法定代理人的追认。离婚的意思表示是对自身重大权益的处置，并不属于限制民事行为能力人可以从事的民事活动。即使民政局得到唐先生明确的意思表示，也因该意思表示未得到法定代理人的追认而不具有法律效力。此外，在诉讼程序上，民政局虽对司法鉴定意见书有异议，但由于作出该鉴定意见书的鉴定机构和鉴定人员均具有相应的资质，鉴定材料及程序也并无不当，同时民政局也未提交足以推翻该份鉴定意见书的证据，亦未申请重新鉴定。所以，法院最终采信了该司法鉴定意见书，并以此认定唐先生为限制民事行为能力人，从而撤销民政局办理的离婚登记。

法律规定

《婚姻登记条例》

第二条　内地居民办理婚姻登记的机关是县级人民政府民政部门或者乡（镇）人民政府，省、自治区、直辖市人民政府可以按照便民原则确定农村居民办理婚姻登记的具体机关。

第十条第一款　内地居民自愿离婚的,男女双方应当共同到一方当事人常住户口所在地的婚姻登记机关办理离婚登记。

第十一条　办理离婚登记的内地居民应当出具下列证件和证明材料:

(一)本人的户口簿、身份证;

(二)本人的结婚证;

(三)双方当事人共同签署的离婚协议书。

办理离婚登记的香港居民、澳门居民、台湾居民、华侨、外国人除应当出具前款第(二)项、第(三)项规定的证件、证明材料外,香港居民、澳门居民、台湾居民还应当出具本人的有效通行证、身份证,华侨、外国人还应当出具本人的有效护照或者其他有效国际旅行证件。

离婚协议书应当载明双方当事人自愿离婚的意思表示以及对子女抚养、财产及债务处理等事项协商一致的意见。

第十二条　办理离婚登记的当事人有下列情形之一的,婚姻登记机关不予受理:

(一)未达成离婚协议的;

(二)属于无民事行为能力人或者限制民事行为能力人的;

(三)其结婚登记不是在内地办理的。

律师提示

离婚登记注意事项:

1. 男女双方需要亲自到一方当事人常住户口所在地的婚姻登记机关办理离婚登记。在办理离婚登记的过程中,当事人应当如实回答婚姻登记机关提出的有关问题。办理离婚登记应当携带双方的身份证、结婚证以及离婚协议。

2. 一方为无民事行为能力人或限制民事行为能力人的,可以诉讼离婚,但不能办理协议离婚手续。协议离婚要求双方均是完全民事行为能力人,无民事行为能力人或限制民事行为能力人协议离婚申请时,婚姻登记机关依法应不予受理。当事人可以根据《民法典》的相关规定,向法院起诉离婚。

22

配偶重婚或者与他人同居，法院会判离婚吗？

案例

刘先生与白女士于2009年4月30日登记结婚。结婚后，刘先生在婚姻关系存续期间多次出轨，与他人同居并使他人怀孕、流产。2020年7月5日刘先生与白女士签订协议书一份，该协议书载明“男方多次出轨不知悔改，与第三者保持不正当关系，今年又外遇与第三者以夫妻之名长时间同居，导致第三者怀孕、流产”。2020年8月，白女士向法院起诉离婚，刘先生因此在2020年8月7日、8月28日向白女士出具保证书，该保证书载明：“保证不会再打骂白女士，伤害白女士或孩子，不会再有任何外遇行为，否则自愿承担法律责任。”经法院主持调解，后白女士向法院申请撤诉。但在撤诉之后刘先生违背其所书写的保证书的承诺，依旧与第三者同居。因此白女士再次提出离婚。

请问：配偶长期在外与他人同居，法院会判离婚吗？

律师解答

认定夫妻感情破裂是法院判决离婚的标准。男女其中一方多次出现婚外情并与他人长期在外以夫妻名义同居而且屡教不改，导致男女双方关系恶劣的，属于夫妻感情破裂没有可能和好的情形，一方向法院起诉离婚，证据充分的，法院可能会判决离婚。另外，男女一方因重婚、与他人同居等重大过错导致双方离婚的，无过错方有权向过错方请求损害赔偿。

法院裁判

法院认为，刘先生与白女士婚后未能正确处理夫妻矛盾，白女士屡次起诉要求离婚，且刘先生亦表示同意离婚，经本院调解双方仍无法和好，应当认定夫妻感情确已破裂，应准予离婚。2020 年 7 月 5 日双方签订的协议书、2021 年 8 月 7 日及 8 月 28 日刘先生向白女士出具的保证书，可以认定刘先生在双方婚姻关系存续期间存在过错。上述协议书系双方的真实意思表示，不违反法律法规的强制性规定，不损害国家、集体、第三人利益，合法有效，其效力依法应予保护。现白女士起诉要求刘先生按照协议书约定支付其 50,000 元精神损害抚慰金，事实清楚，证据确实充分，应予支持。最后法院判决准予白女士与刘先生离婚，并且刘先生应向原告支付精神损害赔偿 50,000 元。

律师评析

忠实义务是婚姻关系的本质，一方重婚或者与他人同居属于违反忠实义务即构成对他方配偶权的侵害，特别是多次出轨，导致夫妻感情不和的，夫妻和好的可能性极小，这也是认定夫妻感情破裂的相关标准之一。本案中，白女士提交的证据显示刘先生多次出轨与他人同居并导致第三人流产的严重后果，且不知悔改，足以证明夫妻感情已完全破裂，法院应当判决离婚，关于白女士主张的精神损害赔偿金，因刘先生存在家庭暴力行为，对白女士的身心均造成了损害，理由正当、证据充分，依法应得到法院的支持。

法律规定

《中华人民共和国民法典》

第一千零七十九条第一款、第二款、第三款　夫妻一方要求离婚的，可以由有关组织进行调解或者直接向人民法院提起离婚诉讼。

人民法院审理离婚案件，应当进行调解；如果感情确已破裂，调解无效的，应当准予离婚。

有下列情形之一，调解无效的，应当准予离婚：

（一）重婚或者与他人同居；

（二）实施家庭暴力或者虐待、遗弃家庭成员；

（三）有赌博、吸毒等恶习屡教不改；

（四）因感情不和分居满二年；

（五）其他导致夫妻感情破裂的情形。

第一千零九十一条　有下列情形之一，导致离婚的，无过错方有权请求损害赔偿：

（一）重婚；

（二）与他人同居；

（三）实施家庭暴力；

（四）虐待、遗弃家庭成员；

（五）有其他重大过错。

律师提示

若发现配偶在婚姻关系存续期间有重婚或者和第三人同居等情形的，在启动离婚诉讼前建议先咨询专业律师，并在律师的建议下收集相关证据：

1. 配偶一方或第三者作出的书面材料以及微信聊天记录等通信记录。

（1）双方往来的微信聊天记录等可以坐实婚外情事实的书面材料。如果能清晰完整地反映案件事实，可以取得较好的证明效果。但需要注意的是，微信聊天记录一般难以提供原件供法庭核对，也难以证明微信聊天主体的身份，实践中民事案件一般也无法向腾讯公司司法协查中心调取微信聊天记录。

（2）当婚外情突然被曝光或因此造成家庭矛盾激化之时，有婚外情的配偶一方或第三者写下的“保证书”“承诺书”等书面材料。

如果在法庭上，有婚外情的配偶没有充分证据推翻该书面材料是出自己真实意愿的表示，则一般会被法官采信，作为认定婚外情的关键证据。

2. 婚外情的配偶与第三者举止亲昵的照片及视频，也能证明配偶与他人有不正当男女关系。

自家合理范围内安装监控设备以及其他拍摄到配偶与第三者举止亲昵的照片及视频，也可以证明配偶与他人有不正当男女关系。

23

配偶实施家庭暴力，法院会判离婚吗？

案例

原告宗女士与被告卡先生于 1997 年 12 月 30 日依法登记结婚，婚后生育两个子女。因婚前缺乏了解，婚后宗女士发现卡先生具有严重的大男子主义，对家庭和孩子不负责，经常辱骂殴打宗女士。2022 年 6 月 24 日，被告卡先生再次对宗女士施暴，造成宗女士身上多处损伤住院治疗。于是，宗女士向法院起诉要求离婚。

请问：法院会支持宗女士的请求判决离婚吗？

律师解答

家庭暴力属于准予离婚的法定情形之一，被家暴方应及时收集相关证据，在诉讼时举证证明对方实施家暴行为的，人民法院会依法判决双方离婚。另外，因实施家暴行为导致双方离婚的，被家暴方可以向家暴方主张损害赔偿。

法院裁判

法院认为，夫妻感情是婚姻存续的基础。庭审中，宗女士向法庭出示照片证明卡先生家暴，也向法庭出示手机视频及照片证明卡先生与其他异性聊天暧昧，对自己实施家暴行为。卡先生的行为已严重伤害了夫妻感情，达到感情破裂的程度，难以和好。最后法院判决解除宗女士与卡先生的婚姻关系。

律师评析

家庭暴力,是指家庭成员之间以殴打、捆绑、残害、限制人身自由以及经常性谩骂、恐吓等方式实施的身体、精神等侵害行为。本案中,卡先生多次对宗女士施以家庭暴力,造成宗女士身上多处损伤住院治疗,给宗女士身体和心理造成极大的伤害,严重影响夫妻感情,基本可以认定双方感情无再和好的可能,法院应判决离婚,另外,卡先生作为婚姻关系中的过错方,应对宗女士所受到的伤害进行赔偿。

法律规定

《中华人民共和国民法典》

第一千零七十九条第一款、第二款、第三款　夫妻一方要求离婚的,可以由有关组织进行调解或者直接向人民法院提起离婚诉讼。

人民法院审理离婚案件,应当进行调解;如果感情确已破裂,调解无效的,应当准予离婚。

有下列情形之一,调解无效的,应当准予离婚:

(一)重婚或者与他人同居;

(二)实施家庭暴力或者虐待、遗弃家庭成员;

(三)有赌博、吸毒等恶习屡教不改;

(四)因感情不和分居满二年;

(五)其他导致夫妻感情破裂的情形。

第一千零八十二条　女方在怀孕期间、分娩后一年内或者终止妊娠后六个月内,男方不得提出离婚;但是,女方提出离婚或者人民法院认为确有必要受理男方离婚请求的除外。

第一千零九十一条　有下列情形之一,导致离婚的,无过错方有权请求损害赔偿:

(一)重婚;

(二)与他人同居;

(三)实施家庭暴力;

(四)虐待、遗弃家庭成员;

(五)有其他重大过错。

《中华人民共和国反家庭暴力法》

第二条 本法所称家庭暴力,是指家庭成员之间以殴打、捆绑、残害、限制人身自由以及经常性谩骂、恐吓等方式实施的身体、精神等侵害行为。

第十三条第一款、第二款 家庭暴力受害人及其法定代理人、近亲属可以向加害人或者受害人所在单位、居民委员会、村民委员会、妇女联合会等单位投诉、反映或者求助。有关单位接到家庭暴力投诉、反映或者求助后,应当给予帮助、处理。

家庭暴力受害人及其法定代理人、近亲属也可以向公安机关报案或者依法向人民法院起诉。

律师提示

1. 怀孕、坐月子期间,被家暴可以申请离婚吗?

虽然法律规定女方在怀孕期间男方不可以提出离婚,但法律给予了女方可以提出离婚的权利。女方在怀孕、坐月子期间遭受家庭暴力的,是可以与男方协议离婚的;如果协议不成的,可以提起离婚诉讼。

2. 如何收集家暴证据?

(1)向公安机关报警或者向居委会等单位反映以取得第三方组织的见证,形成并收集书面证据;

(2)有伤情应及时到医院就诊,向医生陈述伤情的由来,保留病历、就诊小票等资料;

(3)及时保存涉及家暴的沟通记录,及时拍摄身体的受伤部位、医嘱、家暴第一现场以及财产受损情况等。

3. 被家暴后有哪些救济途径?

在遭受家暴后,应立即逃离第一现场并及时向公安机关报警,也可向居民委员会、村民委员会、妇女联合会等单位投诉、反映或者求助。

4. 什么是人身安全保护令?

人身安全保护令是人民法院为了保护家庭暴力受害人及其子女和特定亲属的人身安全、确保婚姻案件诉讼程序的正常进行而作出的民事裁定,是一种民事强制措施。人身安全保护令可以包括下列措施：

(1)禁止被申请人实施家庭暴力；

(2)禁止被申请人骚扰、跟踪、接触申请人及其相关近亲属；

(3)责令被申请人迁出申请人住所；

(4)保护申请人人身安全的其他措施。

5. 哪些情况可以申请人身安全保护令？

当事人因遭受家庭暴力或者面临家庭暴力的现实危险，向人民法院申请人身安全保护令的，人民法院应当受理。当事人是无民事行为能力人、限制民事行为能力人，或者因受到强制、威吓等原因无法申请人身安全保护令的，其近亲属、公安机关、妇女联合会、居民委员会、村民委员会、救助管理机构可以代为申请。

24

配偶经常赌博，法院会判离婚吗？

案例

2015 年 12 月 31 日，原告顾女士与被告陈先生登记结婚。婚前，陈先生就有赌博史。2018 年 4 月，顾女士怀孕 4 个月左右，发现陈先生又去赌博且已欠有大额赌债。陈先生请求顾女士帮他贷款归还赌债，并承诺因此产生的所有贷款由陈先生个人承担，且承诺不再赌博。顾女士看在肚子里孩子的份上，同意帮陈先生贷款还债。结婚至今，陈先生不仅未承担起作为丈夫和父亲的责任，且在顾女士代其归还几十万元赌债后，屡教不改，至今还沉迷赌博。现双方分床已达两年之久。

请问：顾女士可以起诉离婚吗？

律师解答

赌博属于准予离婚的法定情形之一。一方应及时收集相关证据，在诉讼时举证证明对方沉迷赌博屡教不改的，人民法院会依法判决双方离婚。另外，因一方沉迷赌博行为导致双方离婚的，另一方可以主张损害赔偿。

法院裁判

法院认为，顾女士、陈先生双方婚后夫妻关系逐渐恶化，矛盾至深，感情确已破裂。另外，顾女士提交与陈先生达成的“赌债”协议等，可以证实在双方婚姻关系存续期间，陈先生确实存在赌博的行为，该行为系为妨害婚姻家庭关系的过错行为，结合并无在案证据显示顾女士存在过错，现顾女士作为非过错方要求陈先生就此过错行为向其赔偿，于法有据，法院予以支持。最终法院判决准予顾女士与陈先生离婚，并支持了顾女士的损害赔偿请求。

律师评析

不良恶习包括赌博、吸毒、酗酒等，当事人要证明一方有不良恶习比较容易，但要证明达到屡教不改的程度难度很大。一般而言，当事人如果证明一方有赌博恶习，不尽夫妻义务，不承担家庭责任，并且长期背负赌债，因此导致夫妻之间关系恶化的，法院都会判决准予双方离婚。本案中，陈先生先后多次承认了自己的赌博行为，并承诺赌债由自己承担。可见，陈先生沉迷赌博已经达到屡教不改的程度，法院因此认定夫妻感情破裂，解除双方婚姻关系并无不当。此外，赌博属于其他重大过错行为，无过错方还可以向过错方主张损害赔偿。

法律规定

《中华人民共和国民法典》

第一千零六十四条第二款 夫妻一方在婚姻关系存续期间以个人名义超出家庭日常生活需要所负的债务，不属于夫妻共同债务；但是，债权人能够证明该债务用于夫妻共同生活、共同生产经营或者基于夫妻双方共同意思表示的除外。

第一千零七十九条第一款、第二款、第三款 夫妻一方要求离婚的，可以由有关组织进行调解或者直接向人民法院提起离婚诉讼。

人民法院审理离婚案件，应当进行调解；如果感情确已破裂，调解无效的，应当准予离婚。

有下列情形之一，调解无效的，应当准予离婚：

（一）重婚或者与他人同居；

（二）实施家庭暴力或者虐待、遗弃家庭成员；

（三）有赌博、吸毒等恶习屡教不改；

（四）因感情不和分居满二年；

（五）其他导致夫妻感情破裂的情形。

第一千零九十一条 有下列情形之一，导致离婚的，无过错方有权请求损害赔偿：

（一）重婚；

（二）与他人同居；

（三）实施家庭暴力；

（四）虐待、遗弃家庭成员；

（五）有其他重大过错。

《最高人民法院关于适用〈中华人民共和国民法典〉婚姻家庭编的解释（一）》

第三十四条第二款 夫妻一方在从事赌博、吸毒等违法犯罪活动中所负债务，第三人主张该债务为夫妻共同债务的，人民法院不予支持。

律师提示

1. 如何收集赌博的证据?

一般而言,证明有赌博行为的证据有赌博借钱的欠条或财产抵押协议、通话录音以及证人证言等。如果涉及行政处罚、刑事犯罪的,可以提交有关行政处罚决定或刑事判决。

2. 赌债是否属于夫妻共同债务?

根据《最高人民法院关于适用〈中华人民共和国民法典〉婚姻家庭编的解释(一)》第34条的规定,赌债不属于夫妻共同债务。夫妻共同债务指的是为满足夫妻共同生活而背负的债务,夫妻共同生活具体表现为共同从事生产、经营活动;抚养子女或赡养老人等。即使夫妻一方以个人名义背负债务,但只要是为了夫妻的共同生活而背负的债务,也应当认定为夫妻共同财产债务。另外,夫妻共同债务的重要认定条件之一是双方合意。夫妻双方共同签名确认的债务,理所应当是夫妻共同债务;即使只有一方签名,但事后得到另一方的追认,也应当认定为夫妻共同债务。常见的是夫妻双方通过协议将一方名义下的债务约定为夫妻共同债务。

25

配偶爱好吸毒,法院会判离婚吗?

案 例

原告杨女士与被告张先生登记结婚。由于婚前缺乏了解,感情基础较差,婚后双方未建立起夫妻感情,且婚后因性格不合经常为家务琐事争吵。另外,婚后张先生逐渐暴露出吸毒等不良习惯，2015年张先生因吸毒被西虹市某局罚款500元，2017年张先生因吸毒被东虹市某局行政拘留十日并责令社区戒毒三年，2021年5月又因吸毒被东虹市某局强制戒毒二年。因此杨女士向法院起诉要求与张先生离婚。

请问：法院是否支持杨女士的诉讼请求？

律师解答

吸毒属于离婚的法定情形之一，当事人可以收集吸毒的相关证据，在诉讼时证明对方多次吸毒且屡教不改，在证据充分的前提下，人民法院会依法判决解除双方婚姻关系。另外，吸毒导致离婚不是离婚损害赔偿的法定事由，所以无法主张损害赔偿。

法院裁判

法院认为，夫妻感情是夫妻关系存续的基础，夫妻感情确已破裂是判决离婚的法定条件。因张先生在婚后多次吸毒且屡教不改，致原被告的夫妻感情彻底破裂，原告杨女士要求与被告张先生离婚，理由正当、证据充分，法院对原告的诉讼请求依法予以支持。最后法院判决准予杨女士与张先生离婚。

律师评析

当事人想以吸毒的法定事由通过首次诉讼解除婚姻关系的，较为稳妥的方法是收集配偶多次吸毒的证据。假如吸毒只有一次，后面戒毒并未继续吸毒的，第一次法院可能会判决不准离婚。在本案中杨女士提交的多份行政处罚决定，足以证明张先生吸毒成瘾，屡教不改，因此法院认定夫妻感情彻底破裂，判决准予双方离婚。但由于吸毒导致离婚并不是离婚损害赔偿的法定事由，所以即使张先生多次吸毒，杨女士也没法向张先生主张离婚损害赔偿。

法律规定

《中华人民共和国民法典》

第一千零七十九条第一款、第二款、第三款　夫妻一方要求离婚的，可以由有关组织进行调解或者直接向人民法院提起离婚诉讼。

人民法院审理离婚案件，应当进行调解；如果感情确已破裂，调解无效的，应当准予离婚。

有下列情形之一，调解无效的，应当准予离婚：

（一）重婚或者与他人同居；

（二）实施家庭暴力或者虐待、遗弃家庭成员；

（三）有赌博、吸毒等恶习屡教不改；

（四）因感情不和分居满二年；

（五）其他导致夫妻感情破裂的情形。

《中华人民共和国禁毒法》

第二条第一款　本法所称毒品，是指鸦片、海洛因、甲基苯丙胺（冰毒）、吗啡、大麻、可卡因，以及国家规定管制的其他能够使人形成瘾癖的麻醉药品和精神药品。

《中华人民共和国刑法》

第三百四十八条　非法持有鸦片一千克以上、海洛因或者甲基苯丙胺五十克以上或者其他毒品数量大的，处七年以上有期徒刑或者无期徒刑，并处罚金；非法持有鸦片二百克以上不满一千克、海洛因或者甲基苯丙胺十克以上不满五十克或者其他毒品数量较大的，处三年以下有期徒刑、拘役或者管制，并处罚金；情节严重的，处三年以上七年以下有期徒刑，并处罚金。

律师提示

当事人可以通过对吸食工具、配偶的身体症状等方面来判断配偶是否有吸毒的行为，如发现锡纸、注射器等吸食工具，或者配偶身上有大量的注射针眼。一旦发现配偶的吸毒行为，应及时拍摄照片或视频保存证据，并及时向公安机关或街道办等相关部门举报，形成书面的报案笔录。在有关部门介入调查之后，会出具相关的处罚决定，国家机关制作的公文证书的证明力一般大于其他书证。如果配偶持有毒品过多，也有可能涉嫌非法持有毒品罪。

26

夫妻分居满二年，法院会判离婚吗？

案 例

2006年陈先生和王女士经他人介绍相识建立恋爱关系，后登记结婚，生育一子小陈。婚后，陈先生和王女士由于缺乏有效沟通，未能正确处理夫妻关系，夫妻之间产生矛盾后未能积极寻求合适的方法妥善化解夫妻矛盾。王女士于2017年年初带婚生子小陈离开家庭独自生活，至今未归。2022年，陈先生诉至法院要求与王女士离婚。陈先生向法院提出诉讼请求：(1)依法判决双方离婚；(2)婚生子小陈随陈先生生活并由王女士承担抚养费用。

请问：陈先生和王女士因感情不和已分居满二年，法院会判离婚吗？

律师解答

根据《民法典》的规定，夫妻因感情不和分居满二年，调解无效的，应当准予离婚。陈先生和王女士因感情不和分居已远超二年，现陈先生起诉至法院要求离婚，法院依法应当判决离婚。

法院裁判

法院经审理后认为，婚姻自由包含结婚自由与离婚自由。原被告双方因感情不和持续分居满二年以上，且互不履行夫妻义务，依法应当认定原被告夫妻感情已经彻底破裂，无和好可能，故原告要求与被告离婚的诉讼请求，法院予以支持。判决准予原告陈先生与被告王女士离婚。

律师评析

从诉请离婚的理由来看，夫妻一方以分居作为离婚的理由起诉要求离婚的情况比较常见。在离婚诉讼中，人民法院判决因夫妻分居导致离婚的法定条件有：夫妻双方感情不和；夫妻双方在感情不和期间分居满二年；人民法院认定夫妻分居导致感情确已破裂；人民法院作出的调解归于无效以及首次判决不准离婚后又分居满一年。本案中，陈先生和王女士有家庭矛盾而无法解决，一直处于感情不和的状态，之后王女士又因感情不和离开和陈先生的共同居所，至陈先生起诉时，分居已满二年，法院据此认定双方感情确已破裂，无和好可能，判决双方离婚，符合法律的规定。

法律规定

《中华人民共和国民法典》

第一千零七十九条　夫妻一方要求离婚的，可以由有关组织进行调解或者直接向人民法院提起离婚诉讼。

人民法院审理离婚案件，应当进行调解；如果感情确已破裂，调解无效的，应当准予离婚。

有下列情形之一，调解无效的，应当准予离婚：

（一）重婚或者与他人同居；

（二）实施家庭暴力或者虐待、遗弃家庭成员；

（三）有赌博、吸毒等恶习屡教不改；

（四）因感情不和分居满二年；

（五）其他导致夫妻感情破裂的情形。

一方被宣告失踪，另一方提起离婚诉讼的，应当准予离婚。

经人民法院判决不准离婚后，双方又分居满一年，一方再次提起离婚诉讼的，应当准予离婚。

律师提示

1. 在离婚诉讼中，夫妻双方因长期分居诉求离婚的较为普遍，但是并不是夫妻双方长期分居就可以被判令离婚，认定夫妻分居导致离婚不仅要考虑夫妻分居的生活形态，还要考虑夫妻分居的现实原因，尤其要满足法定的时间标准和调解程序。

2. 在目前我国没有相关夫妻分居登记制度的现实下，离婚诉讼中，如何证明夫妻双方因感情不和分居已满二年？

（1）根据《民事诉讼法》和《最高人民法院关于适用〈中华人民共和国民事诉讼法〉的解释》（法释〔2020〕17号）的相关规定，如果在作出判决前，当事人未能提供证据或者证据不足以证明其事实主张的，由负有举证证明责任的当事人承担不利的后果。对于夫妻一方因感情不和分居满二年提出离婚诉讼的，其应当同时举证证明感情不和以及感情不和致使分居且已满二年，而因工作、学习、住院、出国等原因而分居不能作为感情不和、感情破裂的判断标准。

（2）收集双方均不愿意共同生活而分别居住在不同房屋且满足法定二年或一年时间的证据，如夫妻双方签订分居协议、居住在不同住处且互不来往证据、租房合同、租金支付记录、水电燃气缴费记录等。

27

夫妻一方不愿意生孩子，法院会判离婚吗？

案 例

王女士今年32岁，已经和丈夫何先生结婚五年了。结婚前，由于看到很多女人生孩子之后就开始被孩子拖累直至终老，王女士决定这辈子不生孩子，并将自己的想法向丈夫作出了说明。何先生思量再三，最后还是向王女士求婚，承诺尊重她的选择。但结婚五年后，公公婆婆开始打起心理战，动摇了老公做丁克的决心，夫妻间开始矛盾重重。何先生还曾暴脾气说是王女士让他断子绝孙，让他一辈子都抬不起头，随后就要求离婚。王女士感到非常委屈，觉得丈夫婚前曾经答应过自己丁克的条件，不应再以此为由提出离婚，因而不同意离婚。随后，何先生向法院起诉离婚。

请问：随着生活节奏加快，育儿成本和生活压力增大，有些育龄女性会选择推迟生育或者不生育，有的夫妻也会因为生育理念不合而闹离婚。那么妻子不愿生育，能成为丈夫起诉离婚的理由吗？法院会判离吗？

律师解答

男性、女性都有生育权，公民的生育权是一项基本的人权。作为人的基本权利，生育权与其他由宪法、法律赋予的政治权利不同，是任何时候都不能剥夺的。根据目前法律规定，没有明确的关于因为夫妻一方不愿意生孩子导致离婚，法院应当判决离婚的规定，但根据目前的司法实践，生育权并不是法定离婚的理由，因为生育权导致夫妻感情彻底破裂才是法院判决的依据。

法院裁判

法院在审理案件过程中组织双方就是否生育子女问题进行调解。虽然法院做了大量努力,但是王女士表示两个人的生活很好,坚决不愿意生育子女。最终法院认为,因双方在生育子女问题上分歧无法调和,导致夫妻感情破裂,遂判决准予双方离婚,并对双方共同财产进行了分割。

律师评析

《妇女权益保障法》第 51 条第 1 款体现了法律对妇女生育权的规定。但在婚姻中,不论哪一方,其生育孩子的期许都是合理的,夫妻之间的生育权是平等的,都享有自由而负责地决定生育子女的时间、数量和间隔的权利、自由地决定是否生育的权利。法律虽只规定了妇女的生育权,但在婚姻中夫妻之间的生育权是平等的。本案中,陈先生愿意生育,但王女士却不愿意生育,双方之间没有调和的可能性,已经严重影响到夫妻感情,这种情形属于《民法典》第 1079 条规定的“其他导致夫妻感情破裂的情形”。因此法院判决准予双方离婚是正确的。

法律规定

《中华人民共和国民法典》

第一千零七十九条第一款、第二款、第三款　夫妻一方要求离婚的,可以由有关组织进行调解或者直接向人民法院提起离婚诉讼。

人民法院审理离婚案件,应当进行调解;如果感情确已破裂,调解无效的,应当准予离婚。

有下列情形之一,调解无效的,应当准予离婚:

(一)重婚或者与他人同居;

(二)实施家庭暴力或者虐待、遗弃家庭成员;

(三)有赌博、吸毒等恶习屡教不改;

(四)因感情不和分居满二年;

(五)其他导致夫妻感情破裂的情形。

《最高人民法院关于适用〈中华人民共和国民法典〉婚姻家庭编的解释(一)》

第二十三条 夫以妻擅自中止妊娠侵犯其生育权为由请求损害赔偿的,人民法院不予支持;夫妻双方因是否生育发生纠纷,致使感情确已破裂,一方请求离婚的,人民法院经调解无效,应依照民法典第一千零七十九条第三款第五项的规定处理。

律师提示

1. 男方不能强迫女方怀孕生子

《人口与计划生育法》虽然规定了生育权是公民的基本权利,但男方不得以任何理由强迫女方怀孕生子。夫妻双方都享有生育的自由,男方强迫女方怀孕生子,不仅侵犯了女方的生育权,而且还可能出现违反妇女意志的情形。《刑法》第236条规定了强奸罪的构成要件,即强奸罪的核心是违反了妇女的意志,实施主体既可以是婚外男性,也可以是婚内男性。所以,男方强迫女方怀孕生子,违反了妇女的意志,可能涉嫌强奸罪。

2. 男方不能以配偶不愿生育主张赔偿

《最高人民法院关于适用〈中华人民共和国民法典〉婚姻家庭编的解释(一)》第23条规定:"夫以妻擅自中止妊娠侵犯其生育权为由请求损害赔偿的,人民法院不予支持……"因此,妻子可以单方中止妊娠,这并不侵犯丈夫的生育权,丈夫也就不能据此主张赔偿。

3. 如果夫妻双方达成了离婚协议,协议中约定再婚后不得生育子女,这是否有效

生育权是法律规定的公民人身权利,在不违反国家相关计划生育法律法规的前提下,公民享有生育与不生育子女的自由,不因与他人的协商行为而受到限制。离婚协议中约定的禁止生育条款,是对公民生育权的人为限制,违反了公民享有生育权的法律规定。所以,离婚协议中相关禁止生育的条款是无效的。

28

夫妻一方患癌症，在离婚时可以要求另一方给予经济帮助吗？

案例

1991年廖先生和肖女士相识后恋爱结婚，婚后生育长女廖大及次女廖二。婚后两人经常会因为一点琐碎问题争吵不休并大打出手，2014年开始，肖女士多次向廖先生提出离婚。2020年1月7日廖先生向法院提起离婚诉讼后提出撤诉。撤诉后，双方感情持续恶化，夫妻关系已名存实亡，为了解除这桩痛苦的婚姻，廖先生向人民法院再次提起离婚诉讼，请求判决离婚。庭审中，肖女士称：双方至今已结婚近三十年，感情尚未破裂，2021年3月肖女士被诊断患有乳腺癌，需固定时间做化疗，廖先生应履行互相扶养的义务。肖女士不同意离婚，并提出现其因患病需定期化疗，此时非常需要廖先生进行精神上和经济上的帮助。

请问：夫妻一方患癌症，在离婚时可以要求另一方给予经济帮助吗？

律师解答

根据《民法典》的规定，夫妻双方在离婚时，如果一方生活困难，有负担能力的另一方应当给予适当帮助。具体办法由双方协商；协商不成的，由人民法院判决。肖女士被诊断患有乳腺癌，每周需做两次化疗，生活困难，离婚时廖先生应在能力范围内提供必要的经济帮助。

法院裁判

法院认为,夫妻之间应互相关爱、互相支持、互相理解、互相体谅。廖先生与肖女士结婚多年有较好的感情基础,现在孩子均已成家立业,本应珍惜多年的夫妻感情,然而廖先生并不愿意与肖女士共同生活,特别是在 2019 年起诉离婚后继续与肖女士分居两地,至庭审时已届满二年,两人矛盾突出,并未能维持稳定的夫妻感情。且廖先生多次起诉要求离婚,肖女士虽表示不同意离婚,但是廖先生表示坚决不愿意调解和好,鉴于此法院认为双方夫妻感情已经彻底破裂,准予廖先生与肖女士离婚。另外,因肖女士患右乳腺恶性肿瘤,生活困难,依据《民法典》第 1090 条“离婚时,如果一方生活困难,有负担能力的另一方应当给予适当帮助。具体办法由双方协议;协议不成的,由人民法院判决”的规定,法院酌定应由廖先生向肖女士支付帮助款项 20,000 元。

律师评析

离婚经济帮助在《民法典》有所规定,但同时也附加了限定条件,那就是经济困难必须存续于离婚时。如果一方在离婚时没有生活困难,而是离婚过了一段时间后才出现生活困难,那么另一方也没有给予适当帮助的义务。至于经济帮助的表现形式,既可以是金钱,也可以房屋的所有权或居住权等。本案中,肖女士在离婚时身患癌症,属于法律规定的情形,因此法院判决有负担能力的廖先生支付帮助款项符合规定。

法律规定

《中华人民共和国民法典》

第一千零九十条　离婚时,如果一方生活困难,有负担能力的另一方应当给予适当帮助。具体办法由双方协议;协议不成的,由人民法院判决。

律师提示

如果双方当事人是通过协议离婚的，也就是在民政局登记离婚，那么可以在离婚协议上对经济帮助的金额进行约定；该协议对双方当事人都具有约束力，一方不履行的另一方可以向法院起诉要求履行。在有协议约定的前提下，法院通常会尊重双方当事人的意思表示，支持协议上约定的经济帮助金额。

如果双方当事人是通过诉讼离婚的，那么主张经济帮助的一方当事人应当举证证明离婚时自身存在生活困难的事实。"生活困难"的事实会根据请求方的个人收入、离婚分割所得的财产以及婚后的居住情况等来认定。请求方难以举证证明的，法院将不予支持。在双方当事人没有协议约定一致的前提下，法院酌情判决的经济补助金额会比较低。

29

婚内一方抚育子女、照料老年人较多的，起诉离婚时可以要求经济补偿吗？

案例

原告胡女士与被告陈先生自由恋爱，于1998年10月16日登记结婚。双方于1998年2月15日生育大儿子胡某志（已年满18周岁）；于2010年12月11日生育小儿子胡某勇（已年满8周岁）。婚后二人居住在原告父母名下的自建房屋内，无共同财产、无共同债务。婚后夫妻二人因家庭琐事等问题发生矛盾，长期分居生活。被告陈先生在与原告胡女士共同生活的过程中，对家庭承担了较多的义务。胡女士曾于2019年6月10日起诉过离婚，经判决不准离婚后,双方未共同生活,也未有效沟通,原告认为夫妻感情已完全破裂,遂再次诉至法院。

请问:婚内一方抚育子女、照料老年人承担较多义务的,起诉离婚时可以要求经济补偿吗?

律师解答

《民法典》中明确规定了,一方“因抚育子女、照料老年人、协助另一方工作等负担较多义务的”,有权向另一方主张经济补偿。夫妻一方因投入家务劳动较多而使自己牺牲了大量的时间和精力,甚至是自己的事业,基于一方的辛勤付出而使另一方产生支付经济补偿的义务。

法院裁判

法院经审理认为,原告胡女士与被告陈先生分居生活已满两年以上,被告同意离婚,夫妻感情确已完全破裂,对原告提出的离婚请求,依法予以支持。原被告分居期间,婚生子胡某勇随原告生活,且自愿与原告共同生活,从有利于小孩成长考虑出发,不改变小孩生活现状由原告抚养为宜。因被告在与原告共同生活的过程中,对家庭承担了较多的义务,故原告应对被告给予一定的补偿。法院判决准许原告胡女士与被告陈先生离婚;婚生小孩胡某勇由原告胡女士抚养,抚养费用自理;原告胡女士于本判决生效后30日内支付被告陈先生补偿款50,000元。宣判后,原被告均未上诉,判决已经生效。

律师评析

一直以来,男主外女主内的传统观念在人们脑海里根深蒂固。本案却呈现出不一样的事实:男方长期照顾家庭,女方负责在外打拼。夫妻之间是平等的,无论是男方还是女方,只要一方承担的家庭义务较多,而这些辛苦付出又无法直接转化为夫妻共同财产的,另一方在离婚时理应向对方支付一定的经济补偿。本案中,法院结合陈先生承担家庭义务较多的事实,适用《民法典》第 1088 条规定的离婚经济补偿制度,判决胡女士向陈先生支付补偿款,并没有因为传统观念的影响而作出与法律规定相悖的判决,这样的判决更能体现夫妻双方之间的平等与公平,保障了承担家庭义务较多一方的合法权益。

法律规定

《中华人民共和国民法典》

第一千零八十八条　夫妻一方因抚育子女、照料老年人、协助另一方工作等负担较多义务的,离婚时有权向另一方请求补偿,另一方应当给予补偿。具体办法由双方协议;协议不成的,由人民法院判决。

律师提示

1. 离婚经济补偿条件

第一,夫妻双方在婚姻关系存续期间通过书面协议约定实行夫妻分别财产制,即婚姻关系存续期间夫妻双方的财产归各自所有。如果无证据证明夫妻之间实行的是分别财产制,则承担义务较多的一方也无法向另一方主张经济补偿。

第二,离婚经济补偿的请求权不考虑双方的过错。只要一方承担的家庭义务较多,无论其是否有过错,都可以要求对方补偿。即使有过错,也不能因过错而剥夺承担家庭义务较多的一方的离婚经济补偿请求权。

第三,离婚经济补偿请求权的行使时间为离婚时。在夫妻双方实行分别财产制的前提下,即使一方承担的义务较多,也只能在离婚时行使请求权,而不能在离婚前或离婚后行使,该请求权因怠于行使而消灭。因此,承担家庭义务较多的一方,应及时在离婚诉讼中行使离婚经济补偿请求权,否则离婚后另一方可以不予补偿。

2. 离婚经济补偿的数额

离婚经济补偿是对婚姻生活中对家庭义务承担较多一方经济上的补偿。

至于经济补偿的数额和给付方式，应首先由双方协商确定；协商不成的，应由人民法院在查明夫妻双方各自财产状况和经济能力，以及一方承担义务较多的基础上，按照权利与义务对等的原则确定。

30

女方在什么情况下，男方不能起诉离婚？

案 例

××省的一位富二代吴先生，一次偶然的机会遇到了陈女士，后二人举办了一场奢侈的婚礼。婚后，婆家人对陈女士关爱有加，就在陈女士以为自己是世界上最幸福的女人时，意外降临了，陈女士在家下楼梯时，不慎脚滑，从二楼摔至一楼，导致流产。在医院治疗时，吴先生一直陪伴左右，陈女士身心都逐渐好转。而出院后，吴先生却经常夜不归宿，微信不回，电话不接，陈女士在崩溃的边缘疯狂徘徊，两人在大吵了一架后，吴先生提出离婚，并说自己不想这么早结婚，还想再玩玩，要不是当初陈女士怀孕了，父母逼自己结婚，自己绝对不会结婚。这些话犹如晴天霹雳砸向陈女士，但她坚决不同意离婚。吴先生见协商不成便走法律途径，起诉离婚。

请问：女方刚流产不到6个月，男方能起诉离婚吗？

律师解答

根据目前法律规定，女方在怀孕期间、分娩后一年内或者终止妊娠后6个月内，男方不得提出离婚；但是，女方提出离婚或者人民法院认为确有必要受理男方离婚请求的除外。本案中，男方在女方终止妊娠后不到 6 个月的时间起诉离婚，法院依法应驳回男方的起诉。

法院裁判

法院经审查认为，被告陈女士于 2021 年 10 月进行了流产手术，原告吴先生提起诉讼时距离被告陈女士终止妊娠尚不足 6 个月，原告吴先生无诉权，不得提起离婚诉讼。最终法院依法裁定驳回原告吴先生的起诉。

律师评析

《民法典》第 1082 条旨在特殊保护妇女的合法权益，对男方提出离婚的诉权进行了限制，规定了在特殊时期内，男方不得提出离婚的情形。本案中，被告陈女士在 2021 年 10 月进行了流产手术，而原告吴先生在 2021 年 11 月就起诉离婚，起诉时间在终止妊娠后 6 个月内且不属于人民法院有必要受理男方离婚请求的情形，法院应当驳回原告吴先生的起诉。

法律规定

《中华人民共和国民法典》

第一千零八十二条　女方在怀孕期间、分娩后一年内或者终止妊娠后六个月内，男方不得提出离婚；但是，女方提出离婚或者人民法院认为确有必要受理男方离婚请求的除外。

律师提示

《民法典》第 1082 条的规定为了照顾女方特殊的生理和心理情况。怀孕、分娩、终止妊娠是妇女的一个特别时期，非常需要男方的照料和帮助。男方必须在特别时期履行自己对妻子的扶助义务。如果男方在此时提出离婚，势必给女方在精神上带来严重打击进而伤及身体，影响女方的身心健康，也会对胎儿和幼儿的生长发育产生不利影响。

但是,该法条虽然对男方提出离婚的诉权进行了限制,但并没有完全剥夺男方在特殊时期的所有诉权。如果男方的事由符合人民法院认为确有必要受理的范围,人民法院应当依法受理。比如,女方虽然怀孕了,但是男方有充分的证据证明女方在婚内出轨,而且所怀的孩子并非男方的。那么,该情形属于人民法院确有必要受理的范围,人民法院应立案受理。

女方在特殊期间提出离婚的,不受本条限制。《民法典》第1082条规定旨在保护妇女、胎儿的权益,女方在此期间提出离婚的,往往都是由于迫于事态发展的严重性而提出,如女方在特殊期间经常遭受男方的家庭暴力等,如不及时受理,可能会产生对孕妇及胎儿不利的影响。另外在特殊期间内,男女双方自愿协议离婚也应准许。

31

离婚后,一方是否有权在另一方的房子上设立居住权?

案例

原告郑先生与被告胡女士系夫妻。两人于2006年10月登记结婚,婚后双方未生育子女。2013年3月,胡女士以双方感情破裂为由向法院提起离婚诉讼,后法院驳回其诉讼请求。2013年12月,胡女士再次向法院提起离婚诉讼,法院作出判决:(1)准许胡女士与郑先生离婚;(2)胡女士应支付郑先生自2013年5月至2014年3月每月800元的过渡费共计8800元。在该份判决书中查明:胡女士在婚前于2010年1月31日取得的坐落于西虹市某区某镇某村某座某层楼房拆迁，胡女士获得相应的补偿安置及每月1600元的过渡费，但安置房至今未回迁。郑先生不服上述判决，提出上诉，该案二审审理期间，胡女士表示自愿给付郑先生20,000元。在该二审判决本院认为部分载明：讼争房产系胡女士的婚前个人财产，而非双方共同财产，讼争房产的相关补偿安置权益归胡女士个人享有，同时指出"至于郑先生要求胡女士给予其房屋的居住权等，可待讼争拆迁安置房交付后再行主张"。后郑先生向法院提起诉讼，要求判决胡女士将西虹市某区某处房屋（案涉房屋）中给郑先生一间房屋居住。法院查明，该案涉房屋系胡女士婚前个人财产经征收后取得的安置房产。

请问：离婚后一方没有住处，可以要求在另一方个人所有（或者共同所有但约定对方取得产权，我方取得补偿）的房子设立居住权吗？

律师解答

目前没有明确的法律规定离婚后能或者不能要求在另一方个人所有的房子设立居住权，但从司法实践来看，是倾向于可以设立的，但必须对方同意。居住权属于他物权，简单地说就是在他人的房子上设定居住的权利，当然要经过他人的同意。且居住权的设立只有两种形式：一是合同约定，二是有效遗嘱确定，无论采用哪种形式，都避免不了经过权利人的同意。因此，无论双方是夫妻，还是子女等任何关系，设立居住权，一定要经过权利人的同意才行。

法院裁判

人民法院经审理后认为，郑先生与胡女士虽系夫妻，但双方已于2014年9月经法院作出的生效民事判决解除夫妻关系。根据原《婚姻法》第42条"离婚时，如一方生活困难，另一方应从其住房等个人财产中给予适当帮助。具体办法由双方协议；协议不成时，由人民法院判决"的规定，离婚时，如果一方生活困难，另一方应在住房等方面从个人财产中给予适当帮助，在上述案件二审期间，胡女士自愿给予郑先生20,000元，且二审亦判决确认胡女士向郑先生支付20,000元。而对于离婚时的帮助形式并不是一定要以房屋的居住权，胡女士给付的20,000元亦是一种帮助形式。

根据《民法典》的相关规定，设立居住权，当事人应当采用书面形式订立居住权合同，而双方当事人亦在庭审中一致确认双方并未签订书面居住权合同。综上，郑先生主张胡女士将案涉房屋中的一间房屋给其居住，无事实与法律依据，法院不予支持。所以，判决驳回原告郑先生的诉讼请求。

律师评析

《民法典》中首次明确了“居住权”，但从法条的具体内容以及立法目的来看，“居住权”的相关规定主要是保护权利人对住房保障的灵活安排，满足特定人群的需求，最主要是为“公租房”和“老人以房养老”提供法律保障。而在离婚纠纷中，有人倾向于认为设立“居住权”是一个理所当然的权利，特别是作为没有房产的一方在离婚后理所当然地认为有房产的另一方应当为其提供居住的保障，而事实并非如此。本案中，郑先生与胡女士离婚时，郑先生因生活困难提出在胡女士案涉房屋中的一间房屋给其居住的方案，胡女士不同意，并愿意给付 20,000 元予以帮助。《民法典》规定了居住权属于新的用益物权类型，同时指出了两种居住权的设立方式：书面合同设立、遗嘱设立。本案中，因胡女士不同意在其房屋上为郑先生设立“居住权”，未能达成合意，法院判决驳回郑先生的诉讼请求符合法律规定。

法律规定

《中华人民共和国民法典》

第三百六十六条　居住权人有权按照合同约定，对他人的住宅享有占有、使用的用益物权，以满足生活居住的需要。

第三百六十七条　设立居住权，当事人应当采用书面形式订立居住权合同。

居住权合同一般包括下列条款：

（一）当事人的姓名或者名称和住所；

（二）住宅的位置；

（三）居住的条件和要求；

（四）居住权期限；

（五）解决争议的方法。

第三百六十八条　居住权无偿设立，但是当事人另有约定的除外。设立居住权的，应当向登记机构申请居住权登记。居住权自登记时设立。

第三百六十九条　居住权不得转让、继承。设立居住权的住宅不得出租，但是当事人另有约定的除外。

第三百七十条　居住权期限届满或者居住权人死亡的，居住权消灭。居住权消灭的，应当及时办理注销登记。

第三百七十一条　以遗嘱方式设立居住权的，参照适用本章的有关规定。

律师提示

在处理离婚纠纷时对于设立居住权应当注意，若是采取协议或调解方式离婚并设立居住权，应当根据《民法典》第367条的规定，一是订立书面的协议；二是在书面的协议（如离婚协议）中写清楚与居住权相关的内容，如当事人的姓名或者名称和住所、住宅的位置、居住的条件和要求、居住权期限、解决争议的方法等主要内容；三是及时办理居住权设立登记。

32

一方出轨导致离婚的，可以要求损害赔偿吗？

案例

杨先生和池女士是同学，2008年一起读书的时候成为恋人，毕业后结婚，婚后生育了一子小杨。婚后起初两人感情较好，但杨先生渐渐对池女士越来越冷淡，经常很晚回家。2021年8月，池女士发现了杨先生与其他女子的微信聊天内容,才发现杨先生出轨,且池女士发现杨先生自2021年2月起,多次向该女子转账。杨先生对婚姻不忠,背叛池女士,唯有离婚对池女士才是解脱。随后池女士向法院起诉离婚并要求杨先生支付损害赔偿金5万元。

请问:杨先生出轨导致离婚,池女士在起诉离婚时是否可以主张损害赔偿?

律师解答

根据目前的法律规定,以下情况导致离婚的,无过错方可以主张损害赔偿:(1)重婚;(2)与他人同居;(3)实施家庭暴力;(4)虐待、遗弃家庭成员;(5)有其他重大过错。本案中,如果池女士的证据能够证明杨先生存在出轨、婚外情的情况导致双方离婚的,那么就属于有其他重大过错的情形,在起诉离婚时,无过错方池女士可以主张损害赔偿。

法院裁判

法院经审理认为,根据池女士提交的杨先生与其他女子的亲密照片、杨先生与池女士的通话录音及杨先生书写的保证书可以证实杨先生存在在婚姻关系存续期间出轨他人的行为。杨先生虽对前述证据不予确认,但未能举出反证,亦无法作出合理解释,法院对其抗辩不予采信。

婚姻以感情为基础,双方虽为自由恋爱,但婚后未注重夫妻感情的维持,加上杨先生有婚外情,致使夫妻感情日渐疏远,杨先生虽不同意离婚,但池女士提起离婚诉讼至今未见杨先生实施有效的挽回措施,亦未取得池女士谅解。

鉴于此,法院认定池女士、杨先生的夫妻感情已经破裂,池女士要求与杨先生离婚,法院予以准许。杨先生在婚姻关系存续期间出轨他人的行为应当认定为“其他重大过错”,法院对杨先生的错误行为予以谴责。本案中因杨先生的过错导致离婚并对池女士造成精神伤害,池女士作为无过错方有权请求损害赔偿,对于池女士的主张损害赔偿金5万元,法院予以支持。

律师评析

婚姻的结束基于感情的破裂，感情的破裂往往夹带过错。本案中，杨先生婚内出轨他人导致离婚，存在重大过错，池女士向法院提交了较充分的证据证明自己无过错以及证明杨先生多次出轨，双方感情破裂，已无和好的可能，因此，法院依法认定双方感情确已破裂，判决离婚，同时因杨先生的出轨行为对池女士造成一定的精神伤害，池女士作为无过错方，要求损害赔偿的诉请应当得到支持。

此外，池女士向法院提交的证据有微信聊天记录、视频、电话录音、保证书、图片等证明杨先生存在出轨的事实。虽然部分证据侵犯了杨先生的个人隐私，如微信聊天记录、视频及电话录音，但个人隐私应当限定在合法、符合公序良俗的范围内。具体到本案，池女士的证据是为了揭露杨先生的出轨行为，维护自己合法权益的同时，也维护了社会公序良俗，弘扬了中华传统美德。

法律规定

《中华人民共和国民法典》

第一千零九十一条　有下列情形之一，导致离婚的，无过错方有权请求损害赔偿：

（一）重婚；

（二）与他人同居；

（三）实施家庭暴力；

（四）虐待、遗弃家庭成员；

（五）有其他重大过错。

律师提示

1. 司法实践中可能被法院认定为“其他重大过错”导致离婚的，无过错方可以主张损害赔偿的具体情形。

（1）存在婚外情且过错方留有书证对婚外情予以承认，或者表示悔改，请求配偶原谅。

(2)婚内与他人生育子女。

(3)多次出轨的行为。

(4)在离婚协议中明确约定了精神损害赔偿费。

(5)男女双方婚龄短且一方确实存在出轨的行为。

2. 司法实践中可能不被认定为“其他重大过错”的具体情形。

(1)结婚登记时一方故意隐瞒重大疾病。

(2)出轨行为主张为与他人同居。“与他人同居”的情形,是《民法典》明确规定的无过错方可以请求损害赔偿的具体情形之,具体来讲,与他人同居是指有配偶者与婚外异性,不以夫妻名义,持续、稳定地共同居住。需要有充分的证据证明一方与婚外异性持续、稳定地共同居住,如果诉讼时,无过错方无充分证据证明另一方与他人同居,则要承担举证不能的后果,即对于请求损害赔偿的诉请可能不被法院支持。

33

男方发现抚养多年的子女并非自己亲生,可向女方主张哪些赔偿?

案例

王先生和赵女士婚后育有一子小王,因小王系王先生小儿子,王先生对其关爱有加,无微不至。但王先生和赵女士因为性格不合,总是吵架闹离婚,王先生怀疑小王是否为他的亲生儿子。因赵女士坚持离婚,王先生于 2016 年 6 月 21 日委托机构鉴定得出“王先生与小王排除亲子关系”的结果,此事导致双方感情破裂，无法共同生活。2017 年 6 月 5 日，经法院调解离婚。2020 年 10 月，王先生再次向法院提起确认之诉，请求法院确认王先生与小王之间不存在父子关系，赵女士拒绝配合，之后人民法院判决王先生与小王之间不存在亲子关系。王先生认为，和赵女士共同生活 16 年，王先生养育小王 40 个月，为了给小王提供优质的生活环境，王先生投入巨大的时间、精力和财力，由于小王非亲生，王先生没有义务抚养小王，赵女士的行为构成了不当得利，故王先生起诉，要求赵女士按每个月 2000 元为基数支付王先生 40 个月的抚养费，共计 8 万元。同时，王先生在知晓小王并非亲生之后，王先生遭受了巨大的精神损害，根据相关规定，王先生请求赵女士向自己支付精神抚慰金 6 万元。

请问：法院确认王先生与小王之间不存在父子关系，王先生养育小王 40 个月，是否可以要求赵女士返还 40 个月的抚养费？王先生因此遭受了巨大的精神损害，是否可以向赵女士主张损害赔偿？

律师解答

根据《民法典》的相关规定，赵女士在婚姻关系存续期间与他人生子，违背忠诚义务导致离婚，王先生可以根据《民法典》的相关规定向赵女士主张精神损害赔偿，关于赵女士故意隐瞒子女与王先生无亲子关系的事实，使王先生实际履行了抚养义务，构成欺诈性抚养侵权行为，王先生在受欺骗、违背自己真实意思的情况下所为的民事行为无效，有权请求返还支出的抚养费并赔偿精神损害抚慰金。

法院裁判

法院经审理后认为，关于王先生误将小孩当成是自己的亲生子女的问题，男方在不明真相的情况下虽对小孩进行了抚养，但其既非小孩的生父，也非养父、继父，故无法定抚养义务。同时，男方在受欺骗、违背自己真实意思的情况下所为的民事行为无效。判决：(1)赵女士于本判决生效后 10 日内一次赔偿王先生精神抚慰金 3 万元；(2)赵女士于本判决生效后 10 日内一次返还王先生支付的抚养费 7912 元。

律师评析

夫妻双方在婚姻关系存续期间有相互忠诚义务，本案中，赵女士在婚姻关系存续期间与他人生子，违反了相互忠诚的义务，严重伤害了夫妻之间的感情，对王先生的精神造成了严重的伤害，根据《民法典》的相关规定，王先生有权向赵女士主张精神损害赔偿。法院根据赵女士的过错程度和造成的损害结果、王先生抚养小王的时间长短等酌情考虑，判决赵女士支付王先生精神抚慰金 3 万元合法合理。

法律规定

《中华人民共和国民法典》

第一千零四十三条　家庭应当树立优良家风，弘扬家庭美德，重视家庭文明建设。

夫妻应当互相忠实，互相尊重，互相关爱；家庭成员应当敬老爱幼，互相帮助，维护平等、和睦、文明的婚姻家庭关系。

第一千零七十三条　对亲子关系有异议且有正当理由的，父或者母可以向人民法院提起诉讼，请求确认或者否认亲子关系。

对亲子关系有异议且有正当理由的，成年子女可以向人民法院提起诉讼，请求确认亲子关系。

第一千零九十一条　有下列情形之一，导致离婚的，无过错方有权请求损害赔偿：

（一）重婚；

（二）与他人同居；

（三）实施家庭暴力；

（四）虐待、遗弃家庭成员；

（五）有其他重大过错。

律师提示

1. 确认或否认亲子关系之诉讼

根据司法实践，单独就确认或否认亲子关系进行诉讼的情况极少，一般来说确认或否认亲子关系的请求包含在其他的纠纷中，常见的是在离婚时夫妻二人争夺子女的抚养权，女方提出孩子与男方实际上并无血缘关系，以获得抚养权；或离婚时，男方请求以确认其与孩子的亲子关系，并以此为支付抚养费的前提等。

2. 如果确认孩子不是亲生的，可以主张返还抚养费以及要求精神损害赔偿

上文关于王先生和赵女士的案例是司法实践中较为典型的案例，双方在离婚时男方不知道孩子并非自己亲生，获得孩子的抚养权或者一直在支付孩子的抚养费，后来才发现孩子并非自己亲生的，此时应如何救济自己的权利呢？就我国司法实践而言，男方可以请求返还已经支付的抚养费，还可以要求赔偿精神抚慰金。

《北京市高级人民法院关于审理婚姻纠纷案件若干疑难问题的参考意见》第5条规定，夫妻一方因另一方隐瞒真相而受欺诈抚养了另一方与他人所生育子女，受欺诈抚养方请求另一方返还实际支出的抚养费用的，人民法院应予支持；受欺诈抚养方请求的精神损害赔偿等费用，可酌情予以支持。

3. 损害赔偿的请求需依法提出

根据《最高人民法院关于适用〈中华人民共和国民法典〉婚姻家庭编的解释（一）》第88条的规定，人民法院受理离婚案件时，应当将《民法典》等规定中当事人的请求损害赔偿的权利义务，书面告知当事人，无过错方作为原告基于该条规定向人民法院提起损害赔偿请求的，必须在离婚诉讼的同时提出。无过错方作为被告的离婚诉讼案件，如果被告不同意离婚也不基于该条规定提起损害赔偿请求的，可以就此单独提起诉讼。无过错方作为被告的离婚诉讼案件，一审时被告未提出损害赔偿请求，二审期间提出的，人民法院应当进行调解；调解不成的，告知当事人另行起诉。双方当事人同意由二审人民法院一并审理的，二审人民法院可以一并裁判。

第四章

子女抚养权和抚养费

34

父母离婚后，如何确定子女抚养权的归属？

案 例

廖先生与向女士于2007年因上班认识，婚后生育婚生子小廖，后因向女士染有赌博恶习，且欠下大额赌债，为偿还向女士所欠赌债，廖先生多次向亲戚朋友借款帮助向女士还债，经廖先生与家人的劝导，向女士仍然屡教不改。因此夫妻感情不和，于2019年7月开始分居，婚生子小廖随廖先生生活。之后，廖先生向法院起诉离婚，并请求判决婚生子小廖由廖先生抚养，向女士每月向廖先生支付孩子抚养费人民币1000元，至小廖年满18周岁止。

请问：离婚时双方关于孩子抚养权无法达成一致的，孩子的抚养权归属如何确定？

律师解答

夫妻双方离婚时，关于孩子的抚养权无法协商一致的，由法院根据双方的具体情况，按照最有利于未成年人子女的原则判决。其中不满2周岁的子女以由母亲直接抚养为原则，子女已满8周岁的，应当尊重其真实意愿。

法院裁判

法院经审理后认为，自2019年7月廖先生与向女士分居后，婚生子小廖一直随廖先生生活，且经询问婚生子小廖意见，其自愿跟随廖先生生活，为有利于孩子的健康成长，婚生子小廖由廖先生抚养为妥；结合深圳市经济水平与孩子实际生活需要，廖先生诉请婚生子小廖由其抚养，并由向女士每月支付婚生子抚养费1000元直至其年满18周岁止，予以支持；为便于执行，酌定向女士自本判决生效之次月起按1000元/月标准，于每月10日前支付上述抚养费。

律师评析

《民法典》实施后，关于抚养权归属的判定在遵循未成年人利益最大化原则的基础上，依据被抚养人的年龄具体可以分为三种情形：

第一种情形：不满2周岁的子女，以由母亲直接抚养为原则。

但该规定亦存在例外，若存在以下情况，可准许由父亲抚养：(1)母亲有下列情形之一的：如母亲患有久治不愈的传染性疾病、精神疾病或其他严重的疾病；有抚养条件不尽抚养义务，而父亲要求子女随其生活的；因其他原因，子女确实无法随母亲生活的。(2)经父母双方协商一致，且对子女健康成长并无不利的。

第二种情形：已满2周岁，未满8周岁的子女，按照最有利于未成年子女的原则来确定孩子的抚养权归属。

该规定是夫妻双方在对子女抚养权归属无法达成一致时，法院判决抚养权归属的根本原则。一般情况下，法官在裁判时会综合考虑以下因素：双方的经济条件、道德品行、工作性质、陪伴孩子的情况、身体健康程度、孩子的生活教育环境等；如果双方抚养子女的条件基本相同，则一方的父母是否具备帮助照顾孩子的能力也会被作为判决抚养权归属的考虑因素。

第三种情形：子女已满8周岁的，应当尊重其真实意愿。

已满8周岁的孩子本身已具备一定的自主意识和认知能力，可以根据自身的主观感受和意愿独立作出与谁生活在一起的真实意思表示，因此法律应当尊重他们真实的意思表示，这也与“最有利于未成年人的健康成长”的原则不谋而合。

法律规定

《中华人民共和国民法典》

第一千零八十四条　父母与子女间的关系，不因父母离婚而消除。离婚后，子女无论由父或者母直接抚养，仍是父母双方的子女。

离婚后，父母对于子女仍有抚养、教育、保护的权利和义务。

离婚后,不满两周岁的子女,以由母亲直接抚养为原则。已满两周岁的子女,父母双方对抚养问题协议不成的,由人民法院根据双方的具体情况,按照最有利于未成年子女的原则判决。子女已满八周岁的,应当尊重其真实意愿。

律师提示

在离婚纠纷中,主张直接抚养权的一方可以从以下几个方面准备证据:

1. 己方更加有利于抚养孩子的证据,如自己的工作性质、收入状况、居住条件、文化程度、性格修养等相关证据。

2. 对方不适合抚养的证据,如对方患有传染性疾病、存在赌博、吸毒、家庭暴力恶习等相关证据。

3. 祖父母或外祖父母要求并有能力照顾孩子的证据。

如果双方抚养子女的条件基本相同,双方均要求子女与其共同生活,但子女单独随祖父母或外祖父母共同生活多年,且祖父母或外祖父母要求并且有能力帮助子女照顾孙子女或外孙子女的,可作为子女随父或母生活的优先条件予以考虑。

4. 孩子生活教育环境等证据。依据最有利于子女健康成长的原则,要想争取孩子抚养权,可以从自己对孩子的付出更多、与孩子的感情更加深厚、可以给孩子更好的教育等方面进行举证。

35

子女能否自己选择跟随父母哪一方生活?

案 例

苏女士与贺先生于2011年经人介绍认识,2012年办理结婚登记并举办婚礼。2013年生育的婚生子小贺,自2018年苏女士外出务工后,一直跟随贺先生生活。之后苏女士以感情破裂为由向法院起诉离婚,双方均主张小贺的抚养权。因小贺已满8周岁,法院征询小贺的意见,小贺表示愿意随贺先生生活。

请问:法院是否应根据小贺的选择判决由贺先生直接抚养小贺?

律师解答

离婚诉讼中,如果夫妻双方对于子女抚养权归属无法达成一致,由法院根据最有利于子女健康成长原则,结合双方情况予以判决。对于已满8周岁的子女的抚养权归属,法院应当尊重子女的真实意愿。在子女明确表示愿意跟随一方生活的情况下,如果没有证据证明由该方直接抚养子女会对子女的健康成长造成不利或者孩子的选择并非其真实意愿,法院一般会判决子女由该方直接抚养。

法院裁判

法院经审理后认为,贺先生与苏女士双方均想抚养小贺,体现出双方对儿子割舍不断的亲情,无论任何一方抚养都不可能损害孩子的合法权益。但是双方只有一个子女,离婚后不可能同时取得抚养权。《民法典》第1084条规定:"父母与子女的关系,不因离婚而消除。离婚后,子女无论由父或者母直接抚养,仍是父母双方的子女。离婚后，父母对于子女仍有抚养、教育、保护的权利和义务。离婚后，不满两周岁的子女，以由母亲直接抚养为原则。已满两周岁的子女，父母双方对抚养问题协议不成的，由人民法院根据双方的具体情况，按照最有利于未成年子女的原则判决。子女已满八周岁的，应当尊重其真实意愿。”结合本案，小贺已年满8周岁，2018年后一直跟随贺先生生活，并愿意继续跟随贺先生生活，从保护未成年人合法权益、有利于子女的健康成长、尊重被抚养人意愿出发，由贺先生抚养至18周岁为宜，苏女士适当支付子女抚养费。

律师评析

《民法典》规定年满8周岁的子女具有选择直接抚养人的权利。从现实情况来看，年满8周岁的孩子已经能够对父母双方的陪伴时间、教育方式、沟通方式等与抚养相关的要素作出自己的判断，并且可以根据这一判断，表达随父母哪一方共同生活的意愿。法院在处理涉及8周岁孩子的抚养权时，应当听取孩子的意愿，并在综合考虑父母双方的抚养能力、抚养意愿后，作出最有利于子女成长的判决。

法律规定

《中华人民共和国民法典》

第一千零八十四条第三款　离婚后，不满两周岁的子女，以由母亲直接抚养为原则。已满两周岁的子女，父母双方对抚养问题协议不成的，由人民法院根据双方的具体情况，按照最有利于未成年子女的原则判决。子女已满八周岁的，应当尊重其真实意愿。

律师提示

根据相关法律和司法解释的规定，已满8周岁的子女关于抚养权意愿的表达权既可以在父母离婚诉讼时行使，也可以在离婚后父母一方要求变更抚养关系时行使。

1. 已满8周岁子女在父母离婚诉讼时关于抚养权意愿的表达权

在父母离婚诉讼时，已满8周岁的子女可以通过书面陈述、录音、视频、当面交流等方式向法院表达自己愿意跟随哪一方父母生活的意愿，法官在判决抚养权归属时应当结合父母双方的实际情况，尊重子女的真实意愿。

2. 已满8周岁子女在变更抚养关系时关于抚养权意愿的表达权

根据相关司法解释规定，父母双方离婚后，如果已满8周岁的子女自愿选择跟随另一方生活，而且该方也具备抚养能力，该方可以向法院起诉请求变更抚养关系。但在变更抚养权纠纷之诉中，孩子并非该诉讼的适格原告，不能以自己的名义向法院起诉要求跟随另一方生活，而应当由另一方作为原告起诉。

3. 已满8周岁子女关于抚养权的意愿并非法院判决抚养权归属的唯一决定性因素

虽然《民法典》规定离婚时对于已满8周岁的子女的抚养权归属应当尊重子女的意见，但子女意见并非唯一的决定性因素，最终仍然要从最有利于子女身心健康，保障子女的合法权益的角度出发。比如，对于涉及家暴的离婚案件来说，法院在判决确定子女直接抚养权归属时，会将家庭暴力作为一项重要因素加以考量，而不仅仅依据子女的意愿；又如，在父母一方患有严重传染性疾病的情况下，即使子女自愿选择跟随该方生活，但基于子女健康成长的考虑，法院也不会直接根据子女的选择判决抚养权归属该方。

36

什么情况下可以变更子女的抚养权？

案例

张女士与梁先生于2009年登记结婚，双方于2010年生育女儿小梁。2012年，张女士与梁先生签订离婚协议书，该协议书第2条约定“婚后所生长女小梁归男方直接抚养并承担女儿全部抚养费用至女儿满18周岁止，女方每月可接走女儿3~5天。”同日，张女士与梁先生登记离婚。

离婚后，小梁先是由梁先生携带抚养，因梁先生长期在外打工，小梁平时实际由梁先生的父母照顾起居生活。小梁就读小学后，主要由张女士携带抚养。张女士的工作是本地医院护士，月收入3000元左右。之后，张女士向法院起诉请求变更小梁由自己抚养。小梁在法院接受询问时，明确表示希望跟随母亲张女士生活。

请问：离婚后，什么情况下可以变更子女的抚养权？

律师解答

司法实践中，双方离婚后，可以通过两种方式变更子女的抚养权：一种是双方协议变更；另一种是出现法定变更事由时，通过诉讼方式请求变更。法定变更事由主要包括：(1)与子女共同生活的一方因患严重疾病或者因伤残无力继续抚养子女；(2)与子女共同生活的一方不尽抚养义务或有虐待子女行为，或者其与子女共同生活对子女身心健康确有不利影响；(3)已满8周岁的子女，愿随另一方生活，该方又有抚养能力；(4)有其他正当理由需要变更。

法院裁判

法院经审理后认为，张女士、梁先生均具备抚养能力和抚养条件，但小梁现在实际已经跟随张女士生活多年，且小梁已经年满8周岁又明确表示愿意跟随张女士生活，而梁先生实际一直在外打工，保持现状显然更有利于小梁的身心健康及成长，因此判决变更小梁由张女士直接抚养。

律师评析

依据相关法律和司法解释的规定，法院支持变更抚养权的法定条件主要有四种：

1. 与子女共同生活的一方因患严重疾病或者因伤残无力继续抚养子女。如果享有抚养权的一方患病、伤残，必然会导致疏于照顾、教育子女，从最有利于子女的角度出发，若目前享有抚养权一方已不具备抚养能力，应当变更子女抚养权，由具备抚养能力的一方抚养。

2. 与子女共同生活的一方不尽抚养义务或有虐待子女行为，或者其与子女共同生活对子女身心健康确有不利影响。由于部分夫妻离婚争夺抚养权的目的是报复对方或通过争夺抚养权的方式获取更多的夫妻共同财产，在其实现目的后当即对子女不闻不问。此时，另一方可以请求变更子女抚养权。

3. 已满8周岁的子女，愿随另一方生活，该方又有抚养能力。已满8周岁的孩子本身已具备一定的自主意识和认知能力，可以根据自身的主观感受和意愿独立作出与谁生活在一起的真实意思表示，因此法律应当尊重他们的真实意思表示。

4. 有其他正当理由需要变更。此条属于兜底条款，其目的是赋予法官一定自由裁量权，以填补随着社会的发展而产生的法律空白。

法律规定

《最高人民法院关于适用〈中华人民共和国民法典〉婚姻家庭编的解释(一)》

第五十五条　离婚后，父母一方要求变更子女抚养关系的，或者子女要求增加抚养费的，应当另行提起诉讼。

第五十六条　具有下列情形之一，父母一方要求变更子女抚养关系的，人民法院应予支持：

(一)与子女共同生活的一方因患严重疾病或者因伤残无力继续抚养子女；

(二)与子女共同生活的一方不尽抚养义务或有虐待子女行为，或者其与子女共同生活对子女身心健康确有不利影响；

(三)已满八周岁的子女，愿随另一方生活，该方又有抚养能力；

(四)有其他正当理由需要变更。

第五十七条　父母双方协议变更子女抚养关系的，人民法院应予支持。

律师提示

民事诉讼一般遵循“谁主张，谁举证”的原则，提起变更抚养关系纠纷诉讼的一方需要承担相应的举证责任，如果一方认为与子女共同生活的另一方存在法律上认可的变更抚养关系的情况，可以从以下方面收集证据：

1. 向对方的邻居、所在地的居委会等请求出具对方长期不良嗜好的证明，或者请求其出具对方未尽到抚养义务、虐待子女的说明。

2. 如对方患有严重疾病或伤残，需要医疗及医学鉴定部门出具相关的证明材料。

3. 如因对方拖欠债权人的债务，可向对方的债权人请求其出具存在债权债务关系的证明。

4. 如经常变更居住地，可向对方租房的房屋所有权人了解其签订租赁合同的情况。

5. 以向法院提交子女的录音、书信或者申请子女与法官面对面交流等方式，让法院了解子女的真实意愿。

6. 己方有抚养能力的相关证据。

37

什么情况下可以轮流抚养？

案例

陈先生与翁女士经人介绍认识后同居生活并育有一子小明。2015年，两人办理了结婚登记。可在结婚后不久，两人就时常因为家庭琐事争吵，翁女士也带着孩子回了娘家。在确认两人的婚姻无法挽回之后，两人最终决定离婚。儿子的抚养权归属成为两人争议的焦点。

翁女士在当地法院起诉请求判决准予双方离婚，并且主张由自己来抚养孩子，陈先生则要每个月支付5000元的抚养费。对于翁女士的要求，陈先生十分反对，并在翁女士起诉离婚之后，将孩子带回了其父母家生活。本案开庭审理后，双方对小明的抚养权问题争执不下。由于双方的抚养条件大体相当，面对这种"平局"抚养权争夺的情况，法院于庭后组织调解，最终双方协商一致，小明由双方共同抚养，第一年由陈先生直接抚养，第二年由翁女士直接抚养，依次轮流抚养至小明年满18周岁为止，其间陈先生自愿支付翁女士抚养费每月1000元。

请问：在双方抚养能力相当且协商一致的情况下，法院能否判决双方轮流抚养婚生子？

律师解答

在夫妻双方抚养能力相当且协商一致采取轮流抚养方式的情况下，法院一般会予以支持。

法院裁判

法院经审理认为,陈先生和翁女士对直接抚养小明均有强烈的愿望,双方在本地均有较稳定的收入和生活条件,轮流抚养不会造成小明成长环境的较大变动和就学障碍,也能有效减缓当事人之间的矛盾,为小明的成长创造和谐环境,最大限度满足父母双方与子女之间的相互感情需求,有利于孩子健康成长,遂支持双方轮流抚养小明。

律师评析

父母与子女间的关系不因父母离婚而消除,夫妻离婚后由谁抚养子女,应从最有利于子女身心健康、保障子女合法权益角度出发。未成年人的健康成长,既需要充足的物质保障,也需要父母的精神关爱,两者缺一不可。司法实践中,目前对于离婚案件未成年子女抚养问题的处理方式仍以子女随一方生活,另一方给付抚养费的单亲抚养模式为主。

依照《最高人民法院关于适用〈中华人民共和国民法典〉婚姻家庭编的解释(一)》第48条的规定:"在有利于保护子女利益的前提下,父母双方协议轮流直接抚养子女的,人民法院应予支持。"轮流抚养是指离婚后夫妻双方以约定的时间单位为周期,让未成年子女相对稳定地轮流随父亲或母亲一起生活,使双方都可以享受抚育子女的权利和乐趣。

在涉未成年子女抚养的离婚案件中,如果夫妻双方的经济条件相当,都跟孩子比较亲近,而且都对抚养权"寸步不让",孩子到底判给谁更合适些,这样的两难问题越来越多地出现在审判实践中。本案法院充分考虑未成年人心理需求和成长需要,在认定父母双方直接抚养子女的条件相当、轮流直接抚养不会影响子女正常生活的前提下,判决双方轮流直接抚养子女,为离婚双方后续相处和子女健康成长提供良好的心灵环境和外部环境,充分体现了司法的人文价值和人性关怀,实现了未成年人权益保障最大化。

法律规定

《最高人民法院关于适用〈中华人民共和国民法典〉婚姻家庭编的解释(一)》

第四十八条　在有利于保护子女利益的前提下,父母双方协议轮流直接抚养子女的,人民法院应予支持。

律师提示

轮流抚养必须具备一定的条件，如父母双方必须协商一致，且具有抚养子女的能力与条件，包括健康状况、经济条件、居住条件、思想品质等。如果双方选择协议约定轮流抚养方式的，轮流抚养协议应该明确、具体，并且符合法律规定，如对轮流抚养期间、探望的方式、时间、地点、频率、限制他人代为抚养、轮流抚养交接、子女户口、入托、入学、医疗保险、民事代理等问题进行约定，以免在后续的履行过程中出现争议。此外，轮流抚养将定期改变子女的生活环境，可能会对孩子的生活、学习带来一定影响，故轮流抚养的时间间隔不宜太短，以一年为宜，如果子女已经入学，也可以一学期为一个轮流周期。

以下情形不建议采取父母轮流抚养的方式抚养子女：

1. 不满2周岁的子女，以由母亲直接抚养为原则。

2. 一方因健康原因、职业特点等，不能正常照顾子女。

3. 一方品行不端，如实施家庭暴力或有赌博、吸毒等恶习，子女随其生活将严重影响身心健康。

4. 双方的住址相距太远，不在同一市区内居住，影响子女入托、入学的稳定。

38

继父母能否取得未成年继子女的抚养权？

案例

2007年，姚先生与杨女士登记结婚，双方均系再婚。姚先生再婚前无子女，与杨女士再婚后亦未生育子女，双方与杨女士所带前夫之女姚女女、杨女士婚后所生的前夫之子姚小子及姚先生父亲共同生活。之后，杨女士离家出走，与他人在外以夫妻名义生活。2014年6月，姚先生诉至法院请求离婚，后撤诉。撤诉后杨女士继续在外与他人以夫妻名义生活，并与姚先生及孩子断绝联系。2018年，姚先生再次诉至法院，请求判令与杨女士离婚。庭审中，姚女女、姚小子主动到庭，表示继父对他们很好，养育了他们很多年，其生母已离家出走五六年，没管过他们，要求在父母离婚后继续与继父生活。姚先生表示同意继续尽力抚养两个孩子，使孩子健康成长。

请问：生父母一方与继父母离婚时，继父母能否取得继子女的抚养权？

律师解答

一般情况下，生父母与继父母离婚时，继子女应由生父母直接抚养。但在继父母与继子女形成抚养关系的前提下，如果生父母一方未尽抚养义务或者拒绝抚养子女，在满足最有利于子女健康成长的原则下，法院可以结合实际情况判决由继父母一方取得继子女的抚养权。

法院裁判

法院经审理后认为，杨女士之母承认其女杨女士长期与他人以夫妻名义共同生活，故可认定夫妻感情已经破裂。两个孩子虽不属于婚生子女，但一直随姚先生生活，而杨女士离家出走五六年未尽抚养义务，现孩子请求继续与姚先生生活，姚先生亦同意继续尽抚养义务，故为孩子健康成长，应准许姚先生抚养两个孩子。杨女士不因此免除抚养义务，应支付相应抚养费。

律师评析

依据《民法典》第1072条第2款规定："继父或者继母和受其抚养教育的继子女间的权利义务关系，适用本法关于父母子女关系的规定。"可见，《民法典》承认履行了抚养教育义务的继父母与继子女之间的父母子女关系。《最高人民法院关于适用

〈中华人民共和国民法典〉婚姻家庭编的解释(一)》第54条规定:“生父与继母离婚或者生母与继父离婚时,对曾受其抚养教育的继子女,继父或者继母不同意继续抚养的,仍应由生父或者生母抚养。”该条规定没有对生父母不同意抚养而继父母同意抚养的情形予以否定,因此,继父母提出对继子女进行抚养不违反《民法典》及其相关司法解释的立法目的。但是,判决是否由继父母抚养继子女仍应考虑是否符合未成年人利益最大化原则。由于继父母与继子女之间缺乏血缘关系,对于继父母抚养继子女的,容易产生是否会对未成年人进行侵害、歧视等隐忧。因此,在一般情形下,生父母在离婚后通常应优先抚养未成年子女。

但完全排除继父母抚养的可能性也将产生不利的社会影响。在生父母拒绝或者放弃抚养的情形下,对于未成年子女的抚养持消极乃至坚决反对态度,由其抚养可能产生不履行法院裁判义务、遗弃未成年人等危险,不利于未成年人健康成长。继父母主张抚养权的,如否定其抚养愿望,而生父母又拒绝抚养,如何确定抚养人将成为难题。在继父母与继子女经过长期共同生活已经形成深厚的父母子女感情,且在共同生活过程中对于未成年子女并无侵害行为的,可以根据未成年人利益保护最大化的原则裁量由继父母抚养,以符合人伦亲情关系。

法律规定

《中华人民共和国民法典》

第一千零七十二条　继父母与继子女间,不得虐待或者歧视。

继父或者继母和受其抚养教育的继子女间的权利义务关系,适用本法关于父母子女关系的规定。

《最高人民法院关于适用〈中华人民共和国民法典〉婚姻家庭编的解释(一)》

第五十四条　生父与继母离婚或者生母与继父离婚时,对曾受其抚养教育的继子女,继父或者继母不同意继续抚养的,仍应由生父或者生母抚养。

律师提示

继父母与继子女并不存在血缘上的法律关系,只有当继父母与继子女形成抚养关系，或者继父母将继子女收养为养子女，他们才形成法律拟制直系血亲关系。也只有在继父母与继子女存在抚养关系的前提下，继父母才有可能在离婚时取得抚养权。而且相较于生父母，继父母取得继子女的抚养权需要满足特定的条件并承担较为严格的举证责任，如生父母一方不愿抚养继子女或者对继子女存在遗弃行为且继子女自愿选择随继父母一方生活。同时，为保护未成年人子女的利益，法院在判决此类案件时也会持十分谨慎的态度，会结合当事人的举证责任进行综合认定。

39

父母未离婚，子女可否要求父母支付抚养费？

案例

2012 年，小邹的母亲陈女士与邹先生登记结婚。2013 年，小邹出生。因小邹是女儿，邹先生经常对陈女士实施冷暴力、语言暴力或肢体暴力。2020 年 8 月 1 日，邹先生将小邹及陈女士赶出家门。因陈女士要照顾小邹，无法工作，而邹先生从未给过小邹抚养费，造成小邹生活困难。小邹遂向法院提起诉讼，要求邹先生从 2020 年 8 月起每月支付抚养费 3000 元，直到其能够独立生活为止，并要求邹先生负担其今后医疗费、教育费的一半。庭审中，陈女士与邹先生均确认，双方曾协商离婚，但因未协商好夫妻共同财产分配方案，暂未离婚，双方自 2020 年 8 月起开始分居，小邹随陈女士生活。

请问：在父母未离婚的情况下，小邹能否要求父亲支付抚养费？

律师解答

抚养子女是一项法定义务。自子女出生之日起，延续至子女成年或能独立生活为止，除当事人死亡外，其他任何情形下都不能免除父母对子女的抚养义务。抚养子女是父母双方的义务，一方是否和子女共同生活、父母是否离婚，父母有没有经济收入等，均不影响该法定义务的承担。

法院裁判

未成年子女诉请父母支付抚养费，不以父母离婚为条件。邹先生以其与陈女士未离婚为由，提出小邹及其法定代理人陈女士无权提起本案诉讼的理由不成立，法院不予支持。小邹的法定代理人陈女士与邹先生自 2020 年 8 月分居至今，双方的经济收入分开独立，小邹随陈女士生活，邹先生未能举证证明上述期间其已尽抚养义务，故小邹诉请邹先生支付上述期间的抚养费，法院予以支持。鉴于陈女士与邹先生婚姻关系仍然存续，此后双方的婚姻状况及对小邹的抚养情况均不确定，据此，法院对小邹及其法定代理人陈女士要求邹先生支付今后至小邹 18 周岁期间的生活费、教育费、医疗费等抚养费的诉讼请求暂不支持。关于抚养费数额，子女抚养费的给付数额，应根据子女的实际需要、父母双方的负担能力和当地的实际生活水平予以确定，法院综合考虑上述因素，对抚养费的数额酌定为每月 1600 元，经核算，2020 年 8 月 1 日至 2021 年 5 月 31 日的抚养费共计 16,000 元（1600 元/月×10 个月），邹先生应予支付。

律师评析

抚养是指父母为子女的生活、学习提供物质条件与精神条件，抚育子女健康地成长。夫妻双方均平等享有对子女抚养、教育和保护的权利，共同承担对子女抚养、教育和保护的义务。抚养子女作为父母的法定义务，基于亲子关系产生，自子女出生时起至子女成年或独立生活时止，除父母死亡外，其他任何情形均不能免除父母的抚养义务。法律也未规定子女主张抚养费的任何前置条件，离婚并非主张子女抚养费的前置条件，所以父母是否离婚，都不影响子女要求父母承担抚养义务。

根据“未成年子女利益最大化”原则，父母一方是否与子女共同生活、父母双方是否离婚等,均不能影响该法定义务的承担。在一方不履行抚养义务侵犯到未成年人合法权益的情形下,未成年人有权根据法律规定要求父母承担抚养义务。

法律规定

《中华人民共和国民法典》

第一千零六十七条第一款　父母不履行抚养义务的,未成年子女或者不能独立生活的成年子女,有要求父母给付抚养费的权利。

《最高人民法院关于适用〈中华人民共和国民法典〉婚姻家庭编的解释(一)》

第四十三条　婚姻关系存续期间,父母双方或者一方拒不履行抚养子女义务,未成年子女或者不能独立生活的成年子女请求支付抚养费的,人民法院应予支持。

律师提示

父母双方分居的情况下,抚养孩子一方可以孩子名义主张对方给付分居期间的子女抚养费,抚养孩子一方作为孩子的法定监护人可以代孩子提起民事诉讼,要求对方承担抚养义务。

婚姻关系存续期内主张抚养费的诉讼案件,原告应为未成年子女或者不能独立生活的成年子女,被告为不履行抚养义务的父母一方,直接抚养子女的一方作为未成年子女的法定代理人参与诉讼。

作为原告的子女及其法定代理人应当承担举证责任,对原被告具有亲子关系、抚养费数额的确定标准、被告未尽到抚养义务等事实承担举证责任。

不抚养孩子一方注意保留转账凭证。在分居期间,不抚养孩子的一方如果主动给付了对方抚养费,最好给每笔转账备注"抚养费",并保留好转账凭证。

40

父母离婚时，子女抚养费的数额该如何确定？

案例

2010年，王女士与李先生登记结婚，2012年，王女士生育一子小李。2021年，王女士以夫妻感情彻底破裂为由向人民法院提起离婚诉讼，并要求婚生子小李由其抚养，李先生每月支付抚养费3000元至小李独立生活。

请问：父母离婚时，子女抚养费的数额该如何确定？

律师解答

父母离婚后，无论子女随父母哪方生活，仍是双方的子女，双方均有抚养、教育和保护的义务。抚养费的数额应当根据子女的实际需要、父母双方的负担能力及子女所在地的实际生活水平综合认定，抚养费的数额应以未成年子女的实际需求为根本，但也不宜超过不直接抚养子女一方的负担能力。

法院裁判

根据《民法典》第1085条第1款“离婚后，子女由一方直接抚养的，另一方应当负担部分或者全部抚养费。负担费用的多少和期限的长短，由双方协议；协议不成的，由人民法院判决”的规定，李先生应当支付抚养费。王女士要求李先生每月支付抚养费3000元，李先生仅同意支付1200元，根据《最高人民法院关于适用〈中华人民共和国民法典〉婚姻家庭编的解释（一）》第49条第2款、第3款、第4款“有固定收入的，抚养费一般可以按其月总收入的百分之二十至三十的比例给付。负担两个以上子女抚养费的,比例可适当提高,但一般不得超过月收入的百分之五十。无固定收入的,抚养费的数额可以依据当年总收入或同行业平均收入,参照上述比例确定。有特殊情况的,可适当提高或降低上述比例”,第53条第1款“抚养费的给付期限,一般至子女十八周岁为止”的规定,李先生每月收入3000~5000元,王女士亦未能提供证据证实其具体固定收入,小李现在高中就读,法院综合考虑小李生活、教育的必要花费及李先生的负担能力,结合当地生活水平,酌定由李先生每月向小李支付抚养费1300元,即在现行的每月1000元抚养费的基础上增加300元。故李先生应于每月10日支付抚养费1300元至小李18周岁为止。

律师评析

在处理涉及子女抚养费问题时,应以满足子女生活和教育需求为着眼点,以离婚父母自愿协商为首选,合理分担为原则,对于父母有固定收入的,一般可以按照其月总收入的20%~30%给付,无固定收入的,抚养费的数额可以依据当年总收入或者同行业平均收入,参照上述比例确定。当然,在实践中,应以子女的实际需求、父母双方的负担能力和当地的实际生活水平来综合认定。

法律规定

《中华人民共和国民法典》

一千零八十五条第一款　离婚后,子女由一方直接抚养的,另一方应当负担部分或者全部抚养费。负担费用的多少和期限的长短,由双方协议;协议不成的,由人民法院判决。

《最高人民法院关于适用〈中华人民共和国民法典〉婚姻家庭编的解释(一)》

第四十二条　民法典第一千零六十七条所称“抚养费”,包括子女生活费、教育费、医疗费等费用。

第四十九条　抚养费的数额,可以根据子女的实际需要、父母双方的负担能力和当地的实际生活水平确定。

有固定收入的,抚养费一般可以按其月总收入的百分之二十至三十的比例给付。负担两个以上子女抚养费的,比例可以适当提高,但一般不得超过月总收入的百分之五十。

无固定收入的,抚养费的数额可以依据当年总收入或者同行业平均收入,参照上述比例确定。

有特殊情况的,可以适当提高或者降低上述比例。

律师提示

抚养费的确定一般以不直接抚养子女一方的月收入作为计算依据,有固定收入的,抚养费一般可以按其月总收入的20%~30%给付。负担两个以上子女抚养费的,比例可以适当提高,但一般不得超过月总收入的50%。无固定收入的,抚养费的数额可以依据当年总收入或者同行业平均收入,参照上述比例确定。司法实践中,抚养费计算时所依据的月总收入,是指税后年总实际收入按月均计算的实际收入,其中包括住房公积金、年终奖、季度奖等实际收入在内。

主张未成年子女抚养费的一方,可尽量收集能够证明对方的收入水平、子女的平均花费等相关证据,力求最大限度保障未成年子女的正常生活不因父母离婚遭受影响。对于未成年子女的抚养费平均花费情况,可提供教育、医疗、生活等费用支出票据,对工资收入可提供工作单位出具的收入证明、银行交易明细等材料,必要时可以向人民法院申请调查取证,由人民法院向对方工作单位调取对方的工资收入流水等相关证据。

41

父母离婚后,子女可否要求增加抚养费?

案例

张女士与李先生于2012年10月11日经法院调解离婚,调解协议约定婚生女小李由张女士抚养，由李先生每月给付300元抚养费至小李年满18周岁，抚养费自2012年10月1日给付，每年的6月30日、12月30日前各给付一次。后小李向法院起诉称，自2020年1月1日起其已成长为一名12岁的四年级学生，日常生活及教育、医疗费用不断增加，李先生每月支付的300元抚养费已远不能满足其日常消费，请求自2020年1月1日起增加抚养费至每月2700元，并向法院提交了课外辅导、兴趣班、商业保险等消费的证据。李先生辩称，小李主张的抚养费数额过高，其没有负担能力，同意每月支付抚养费500元。

请问：在父母离婚后，小李能否要求李先生增加抚养费？抚养费数额如何确定？

律师解答

父母离婚后，如果原定的抚养费数额不足以维持当地实际生活水平或者子女因患病、上学导致实际需要已超过原定数额或者有其他正当理由需要增加抚养费的，子女可以向法院起诉要求增加抚养费。抚养费数额由法院根据子女的实际需要、父母双方的负担能力和当地的实际生活水平酌情确定。

法院裁判

法院经审理后认为，虽然张女士与李先生于2012年离婚时自愿对婚生女小李每月的抚养费数额达成一致意见，但该约定距今时隔较久，随着物价上涨、生活水平的提高以及小李所处受教育阶段学习生活需要，该民事调解书确定的每月300元抚养费已经不足以保障子女的正常生活需要，综合考虑小李的实际需要、父母双方的负担能力和当地的实际生活水平，酌定李先生每月承担小李抚养费1000元。关于小李主张自2020年1月1日起增加抚养费的诉请，因李先生已按照民事调解书约定履行支付抚养费义务至2022年9月30日，且小李主张增加抚养费的时间即向法院提起诉讼的时间为2022年11月1日，法院最终以2022年11月1日作为增加抚养费的起始时间。

律师评析

1. 关于该不该增加抚养费

依据相关法律和司法解释规定,原定抚养费数额不足以维持当地实际生活水平,子女要求有负担能力的父或者母增加抚养费的,人民法院应予支持。本案中,随着物价上涨、生活水平的提高以及小李所处受教育阶段学习生活需要,原民事调解书确定的每月 300 元抚养费已经不足以保障子女的正常生活需要,故小李请求增加抚养费的诉讼请求,应予支持。

2. 关于如何确定抚养费数额

依据相关法律和司法解释规定,抚养费数额主要考虑三个方面的因素:(1)子女的实际需要;(2)父母双方的负担能力;(3)当地的实际生活水平。这里的"实际需要"应以必要为限。本案中,小李虽然向法院提交了课外辅导、兴趣班、商业保险等消费的证据,但以上开支未经李先生同意,属于非必要的教育费用和生活开支,李先生有权拒绝支付。

3. 关于如何确定增加抚养费的起始时间

法律对于增加抚养费的起始时间没有明确规定。但在司法实践中,如果抚养人已经依据原先约定或者判决支付了已经过时段的抚养费,法院一般会以子女起诉增加抚养费的时点作为增加抚养费的起始时间。

法律规定

《最高人民法院关于适用〈中华人民共和国民法典〉婚姻家庭编的解释(一)》

第五十五条　离婚后,父母一方要求变更子女抚养关系的,或者子女要求增加抚养费的,应当另行提起诉讼。

第五十八条　具有下列情形之一,子女要求有负担能力的父或者母增加抚养费的,人民法院应予支持:

(一)原定抚养费数额不足以维持当地实际生活水平;

(二)因子女患病、上学,实际需要已超过原定数额;

(三)有其他正当理由应当增加。

律师提示

在增加抚养费之诉中,应以子女本身作为原告,直接抚养子女的父母一方可以作为法定代理人代为提起、参加诉讼。

此外,根据《民事诉讼法》的规定,当事人对自己提出的主张,有责任提供证据。因此,子女若要起诉变更抚养费,应向法院提交证据证明存在需要增加抚养费的法定情形。一般而言,可以从以下几个方面收集证据:

1. 需要抚养的子女开销增大的相关证据,如生活消费增加的相关票据或者住院、上学等大额开销的相关票据。

2. 抚养人收入增加的相关证据,如纳税证明、工资条等证据,该证据可申请法院调查收集。

3. 当地的居民人均生活消费支出,该数据可以在当地统计局官网查询后作为证据提交,也可以直接在起诉中由原告陈述。

42

离婚后,不直接抚养子女一方可否要求减少抚养费?

案例

袁先生与方女士原系夫妻,双方于2018年协议离婚,双方在离婚协议中约定婚生子小袁由方女士抚养,袁先生每月支付孩子7000元的抚养费。2020年袁先生再婚后,多次找方女士协商降低抚养费的相关事宜,均遭到方女士拒绝,袁先生自2021年1月起,自行将抚养费降低至3000元,小袁向人民法院提起诉讼，要求袁先生补交之前拖欠的抚养费，并按照离婚协议约定每月 7000 元标准支付抚养费。袁先生提起反诉，主张因疫情原因导致其公司经营困难，且其已再婚，没有经济能力按照每月 7000 元支付抚养费，要求法院判决按照 3000 元标准支付抚养费。

请问：离婚后，不直接抚养子女一方能否要求减少抚养费？

律师解答

离婚协议是夫妻双方对婚姻关系解除、子女抚养、财产分割、债权债务处置等问题达成的“一揽子”协议，对双方均具有法律约束力，对于双方约定的抚养费标准，根据双方自愿及意思自治原则，人民法院一般不予干涉。在未直接抚养子女一方经济状况发生明显变化，或身患重病需要医治等情形下，该方可就相关事实进行充分举证，要求人民法院降低抚养费标准。

法院裁判

法院经审理认为，首先，袁先生与方女士离婚时，不仅签署了在民政部门备案的自愿离婚协议书，还签署了双方私下的离婚协议书，在两份协议中，对于抚养费均约定为每月 7000 元，可见，双方对于抚养费的金额系深思熟虑后的结果。而且，从离婚后抚养费的实际支付情况看，虽有迟延支付之情形，但在一年多的时间里，袁先生均能足额支付抚养费，可见当时约定的金额亦未超出袁先生的支付能力。因此，如不存在支付方经济状况明显恶化、劳动能力明显降低等特定情况。关于疫情期间收入下降的问题，袁先生除口头所称，并未提供证据证明其当前经济状况相较于离婚时已发生明显下降。故基于上述理由，判决袁先生自 2022 年 5 月起支付小袁抚养费 7000 元，至小袁 18 周岁止。

律师评析

现行法律和司法解释中，对于离婚后降低抚养费问题没有明确具体的规定，因此对于此类案件，法官一般会综合考虑案件实际情况来做认定。

《最高人民法院民法典婚姻家庭编司法解释（一）理解与适用》一书中指出："子女的实际需要是首要考察因素，这既是儿童最大利益原则的体现，亦是保障未成年人的客观要求。子女实际需要是指根据子女实际情况，应能维持其衣、食、住、行、学、医等的正常需求。一方面，抚养义务人应满足子女的正常学习和生活，尽量为其提供良好的物质保障；另一方面，也应和子女实际需求相符，即抚养费的数额应当以正当且必要为限，即使抚养义务人具有较高收入，当子女提出不合理的过高要求时，也应当拒绝，因为这个需要超过了'实际需要'的限度。"[1]司法实践中，对于约定的抚养费标准明显过高的案件，如父母一方中确有因实际生活困难而提出降低抚养费的，人民法院也会根据子女的实际需要、父母双方的负担能力和当地的实际生活水平，对其提出的降低抚养费的请求予以支持。

法律规定

《最高人民法院关于适用〈中华人民共和国民法典〉婚姻家庭编的解释（一）》

第四十九条　抚养费的数额，可以根据子女的实际需要、父母双方的负担能力和当地的实际生活水平确定。

有固定收入的，抚养费一般可以按其月总收入的百分之二十至三十的比例给付。负担两个以上子女抚养费的，比例可以适当提高，但一般不得超过月总收入的百分之五十。

无固定收入的，抚养费的数额可以依据当年总收入或者同行业平均收入，参照上述比例确定。

有特殊情况的，可以适当提高或者降低上述比例。

---

[1] 最高人民法院民事审判第一庭编著：《最高人民法院民法典婚姻家庭编司法解释（一）理解与适用》，人民法院出版社 2021 年版，第 448~449 页。

律师提示

法律明确规定支付抚养费系父母的法定义务，抚养费的确定规则以父母双方的协议为主，判决为辅。父母离婚时，作为完全民事行为能力人，其在做解除婚姻关系、抚养费的给付标准等足以影响未来多年生活的决定时应当经过慎重考虑，并对自己未来的生活、工作等情况进行基本的判断，结合自己的履行能力及孩子的实际需求确定抚养费标准。该抚养费标准一经确立，一般人民法院不予变更。

在一方经济状况发生明显变化，或参照《民法典》第533条关于情势变更原则的规定，如给付义务人确因客观原因，导致其经济收入长期性、明显性降低，并致使其难以维持当地正常生活水平，则法院根据实际情况适当减少抚养费也具有合理性。

43

父母离婚时，可以要求对方一次性支付抚养费吗？

案例

高女士和韩国的李先生于婚前育有一子小李（中国籍）。双方于2011年4月在韩国登记结婚。因李先生从事中韩贸易，小李一直由高女士在中国抚养。其间，李先生未与妻子和孩子共同生活。因长期分居生活，导致夫妻感情破裂，故高女士诉至法院，请求判令双方离婚，小李由高女士抚养，李先生一次性支付从2015年8月始至小李18周岁止的抚养费。

请问：高女士可以要求李先生一次性支付小李到18岁的全部抚养费吗？

律师解答

根据法律规定，抚养费应当定期给付，有条件的可以一次性给付。在日常生活中，抚养费大多数是按月或者按季度支付；但是在司法实践中，对于支付抚养费一方是外国人或者定居在国外的情况，法院考虑到对方如果不按时支付抚养费，将来可能难以执行或者执行成本特别高，所以根据案件的具体情况，可以判决一次性支付抚养费。

法院裁判

法院经审理后认为，本案高女士和李先生依韩国之法律，于2011年在韩国登记结婚，其婚姻关系成立。高女士和李先生在登记结婚后，因李先生的工作原因，双方一直未共同生活，且在此期间李先生对小李也未尽抚养义务，以致双方在日常生活中产生隔阂，应视为高女士和李先生双方的夫妻感情确已破裂。故法院对高女士要求与李先生离婚的诉讼请求予以支持。鉴于高女士和李先生实际工作、生活情况，考虑双方的儿子从出生时就跟随高女士在中国生活的实际，小李由高女士抚养为宜；关于抚养费的诉讼请求，虽然李先生从事中韩贸易，但高女士未能提供李先生的收入证明，故对高女士提出的抚养费部分，本院酌情予以支持322，000元（每月2000元，从2015年8月开始直至小李18周岁时止）。

律师评析

抚养费的支付标准，一般会综合考虑子女的实际需要、父母双方的负担能力和当地的实际生活水平确定。《最高人民法院关于适用〈中华人民共和国民法典〉婚姻家庭编的解释（一）》第50条规定，抚养费应当定期给付，有条件的可以一次性给付。离婚后对未成年子女的抚养，应当从有利于未成年人的身心健康、保障子女的合法权益出发，结合父母双方的抚养能力和抚养条件等具体情况妥善解决。抚养费是未成年人学习、生活、医疗等基本生活需要的保障，为了避免给抚养人造成过重负担，法院通常判决抚养义务人定期支付抚养费，但在特殊情况下，法院为了保护未成年人的合法权益，也可判决抚养义务人一次性支付抚养费。

法律规定

《中华人民共和国民法典》

第一千零八十五条　离婚后,子女由一方直接抚养的,另一方应当负担部分或者全部抚养费。负担费用的多少和期限的长短,由双方协议;协议不成的,由人民法院判决。

前款规定的协议或者判决,不妨碍子女在必要时向父母任何一方提出超过协议或者判决原定数额的合理要求。

《最高人民法院关于适用〈中华人民共和国民法典〉婚姻家庭编的解释(一)》

第五十条　抚养费应当定期给付,有条件的可以一次性给付。

律师提示

从司法实践角度来讲,一般可以判决一次性支付抚养费的情况有如下几种:

1. 抚养子女的一方无固定收入,其抚养能力不足以保障子女的基本的生活所需,而需要给付抚养费的一方经济状况良好,有一次性支付抚养费的经济实力。

2. 需要给付抚养费的一方存在吸毒、赌博或其他违法行为,可能以后会挥霍财产或产生重大债务。抚养费如果不一次性给付,在后续执行过程中将会给付困难,影响子女权益。

3. 支付抚养费一方涉及刑事案件,在逃或者被限制人身自由。在实务中主要为双方离婚时约定按月或按年支付子女的抚养费,但是支付抚养费一方后来因涉及刑事案件,逃跑或被判刑,按原来的方式支付子女的抚养费的条件已不存在,此时抚养子女一方可以向法院起诉,请求变更为一次性支付子女抚养费。

4. 支付抚养费的一方是外国人或者有可能移居国外。裁判主要是考虑以后可能存在执行难问题,支付抚养费一方一旦不履行支付抚养费用的义务,后续可能难以执行或执行成本特别高。

5. 双方协商一致,支付抚养费一方自愿一次性支付抚养费。如果约定后,支付抚养费一方反悔,这种情况下双方约定依然有效,抚养子女一方向法院起诉另一方一次性支付抚养费,一般可以获得支持。

44

非婚生子女可否要求父母履行抚养义务?

案例

梁先生与谢女士于2014年相识相恋并同居生活,后来生育儿子小梁,双方一直未办理结婚登记手续。2021年8月,梁先生以男女双方从2020年9月起已经分居生活,双方在非婚生儿子小梁的抚养权、抚养费问题上无法达成一致为由向法院提起诉讼,要求非婚生儿子小梁由梁先生抚养,由谢女士每月支付抚养费800元,直到小梁年满18周岁。

请问:非婚生子女的法律地位如何?非婚生子女可否要求父母履行抚养义务?不直接抚养非婚生子女的生父或者生母如何履行抚养义务?

律师解答

根据法律规定,非婚生子女和婚生子女享有相同的法律地位,任何组织和个人都不得加以危害和歧视。如果非婚生子女的父母不履行抚养义务,未成年非婚生子女或者不能独立生活的成年非婚生子女,有要求父母给付抚养费的权利,非婚生子女也可以要求父母履行抚养义务;如果非婚生子女的生父或者生母不直接抚养非婚生子女,那么应当负担未成年非婚生子女或者不能独立生活的成年非婚生子女的抚养费。

法院裁判

法院经审理后认为,本案属同居关系子女抚养纠纷。根据《民法典》第1071条第 1 款关于非婚生子女权利的规定，梁先生与谢女士共同生育的非婚生儿子小梁享有与婚生子女同等的权利，梁先生与谢女士作为孩子的父母，既享有抚养孩子的权利也负有抚养孩子的义务。根据梁先生与谢女士的抚养能力和抚养条件，考虑梁先生的收入较高，而且儿子小梁长期跟随梁先生生活，与孩子感情较深，法院认为梁先生与谢女士非婚生儿子小梁由梁先生抚养更有利于孩子的健康成长。《民法典》第 1071 条第 2 款规定："不直接抚养非婚生子女的生父或者生母，应当负担未成年子女或者不能独立生活的成年子女的抚养费。"根据上述规定，谢女士也应当负担非婚生儿子小梁的抚养费。由于谢女士属于农村居民，且梁先生未能举证证明谢女士有固定收入，根据孩子的实际需要、父母双方的负担能力和当地的实际生活水平，法院酌定由谢女士每月负担非婚生儿子小梁的抚养费 600 元。

律师评析

抚养孩子是父母双方应尽的法定义务和社会责任，不因父母双方是否缔结婚姻而改变，婚生子女和非婚生子女的法律地位是相同的。《民法典》对非婚生子女的地位作出明确规定：非婚生子女享有与婚生子女同等的权利，任何组织或者个人不得加以危害和歧视。在理解和适用本条规定时，应当注意以下几点：

1. 非婚生子女和婚生子女享有相同的法律地位。
2. 任何组织和个人对非婚生子女不得加以危害和歧视。
3. 父亲和母亲都应当负担非婚生子女的抚养费。

法律规定

《中华人民共和国民法典》

第一千零七十一条　非婚生子女享有与婚生子女同等的权利，任何组织或者个人不得加以危害和歧视。

不直接抚养非婚生子女的生父或者生母，应当负担未成年子女或者不能独立生活的成年子女的抚养费。

律师提示

随着社会发展、社会思潮逐渐开放化，人们的婚恋观也日益趋向多元，由此引发的非婚生子社会问题也逐渐凸显。非婚生子女并非孩子的过错，任何组织和个人不得加以危害和歧视。作为父母，更应坚持从有利于孩子健康成长的角度出发，主动承担抚养义务，尽力避免因家庭不完整、教育缺失等问题对孩子造成的伤害。

1. 父母有教育、保护未成年子女的权利和义务

为了保护未成年人的合法权益，我国法律明确规定了父母对未成年子女应当履行的义务。《民法典》第1068条规定："父母有教育、保护未成年子女的权利和义务。未成年子女造成他人损害的，父母应当依法承担民事责任。"

2. 非婚生子女与婚生子女法律地位平等

《民法典》第1071条规定："非婚生子女享有与婚生子女同等的权利，任何组织或者个人不得加以危害和歧视。不直接抚养非婚生子女的生父或者生母，应当负担未成年子女或者不能独立生活的成年子女的抚养费。"婚生子女和非婚生子女的法律地位是平等的，不因其是婚生子女或非婚生子女而有所差别。由此可见，父母也应当对非婚生子女履行相关抚养义务。

3. 父母不履行抚养义务的，子女有权要求父母给付抚养费

《民法典》第1067条第1款规定："父母不履行抚养义务的，未成年子女或者不能独立生活的成年子女，有要求父母给付抚养费的权利。"因此，如果父母不履行抚养义务，未成年子女可以以自己的名义提起诉讼，要求父母支付抚养费。

45

上大学的成年子女可否要求父母支付抚养费？

案 例

张女士与姜先生原系夫妻关系，2004 年 10 月生育一女姜小妹，2017 年 9 月双方协议离婚，协议书中涉及子女抚养费的内容为：“1. 女儿由女方抚养，随同女方生活，抚养费（含生活费、日常教育费、医疗费）的 60%由男方负责，男方每月支付抚养费 6000 元……直到女儿 18 岁。另：女儿如自愿参加校内或培训机构组织的国内或境外游学活动，男女双方各承担一半费用。2. 女儿上大学（无论国内或国外）的费用由男方承担……”姜小妹已于 2022 年 9 月至美国留学。姜先生已再婚，育有一未成年子女。姜小妹现在将姜先生起诉至法院，要求姜先生支付自己留学的费用。

请问：上大学的成年子女可否要求父母支付抚养费？姜小妹要求姜先生支付留学费用的诉求可以得到支持吗？

律师解答

根据相关司法解释规定，“不能独立生活的成年子女”是指尚在校接受高中及其以下学历教育，或者丧失、部分丧失劳动能力等非因主观原因而无法维持正常生活的成年子女。因此，为上大学的成年子女支付抚养费并非法定义务。但离婚时双方对上大学的成年子女的抚养费作出了约定，双方应按约定履行。因此姜小妹的诉求可以获得支持。

法院裁判

法院经审理后认为，在抚养费纠纷中，子女有权就父母约定的抚养费提起诉讼，故对姜先生认为姜小妹不具备本案诉讼主体资格的主张，不予采纳。本案系因张女士与姜先生离婚时所达成的协议书中关于子女抚养费用约定的履行问题而产生纠纷，法院主要围绕是否应当履行约定的抚养费展开评述。张女士与姜先生在协议书中约定“2. 女儿上大学（无论国内或国外）的费用由男方承担”符合《民法典》第1085条的规定，且该约定系张女士与姜先生的真实意思表示，并不违反其他法律的禁止性规定，此约定合法有效。《民法典》第1067条及《最高人民法院关于适用〈中华人民共和国民法典〉婚姻家庭编的解释（一）》第41条就父母对“不能独立生活的子女”承担抚养义务属法定义务作出了规定，但并不禁止父母对不属于前述情形的通过约定方式承担抚养义务。

在协议书中约定上述条款时，姜先生作为完全民事行为能力人，在明确知晓夫妻财产分割安排的基础上，仍自愿承担姜小妹在国外上大学的费用，姜先生应当依约承担给付义务，这不仅符合相应法律规定，也符合诚信的社会主义核心价值观，法院对姜小妹的相应诉求予以支持。

律师评析

一般来说，父母对子女的法定抚养义务是至子女成年时止，即至子女满18周岁时止，在特殊情况下是至子女独立生活时止。按照相关司法解释规定，尚在校接受高中及其以下学历教育，或者丧失、部分丧失劳动能力等非因主观原因而无法维持正常生活的成年子女，可以认定为“不能独立生活的成年子女”。可以看出，法律对于成年子女要求父母继续负担抚养费的，条件限制得较为严格。

但是，夫妻双方如果在协议离婚时约定，由一方负担子女高等教育学费，那么夫妻双方作为完全民事行为能力人，在明确知晓夫妻财产分割安排的基础上，仍自愿承担子女高等教育上大学的费用，应当依约承担给付义务。

法律规定

《中华人民共和国民法典》

第一千零八十五条　离婚后，子女由一方直接抚养的，另一方应当负担部分或者全部抚养费。负担费用的多少和期限的长短，由双方协议；协议不成的，由人民法院判决。

前款规定的协议或者判决，不妨碍子女在必要时向父母任何一方提出超过协议或者判决原定数额的合理要求。

律师提示

父母对未成年子女有抚养教育的义务。父母不履行抚养义务的，未成年人子女或者不能独立生活的成年子女，有要求父母给付抚养费的权利。一般情况下父母不需要向成年子女支付抚养费。

关于需要向成年子女的抚养费，可以分为以下三种情况：

1. 在校接受高中及其以下学历教育的成年子女。

2. 丧失、部分丧失劳动能力等非因主观原因而无法维持正常生活的成年子女。

3. 夫妻离婚协议约定一方支付接受高等教育上大学期间的成年子女教育费用。

46

离婚后，可以擅自给子女改名吗？

案例

2020年4月，某派出所接到迟女士的申请，要求将其与王先生的婚生子的姓名由王某甲更改为王某乙。派出所根据相关规定，对迟女士提供的登记表、身份证、离婚协议书、离婚证等申请材料的真实性进行审核，核对无误后将其子姓名由王某甲变更登记为王某乙。王先生发现后，认为派出所在自己不知情的情况下，仅依据第三人的申请径行变更孩子姓名的行为违法，遂提出申请，请求派出所将其子的姓名由王某乙恢复登记为王某甲。派出所没有处理，王先生遂起诉至法院。

请问：离婚后一方可以擅自给子女改名吗？派出所应当将王某乙恢复登记为王某甲吗？

律师解答

根据法律规定，未满18周岁的人需要变更姓名的时候，由本人或者父母、收养人向户口登记机关申请变更登记。虽然王先生和迟女士已经离婚，但是其依然是王某甲的监护人，户籍姓名的变更登记，应由其父母协商一致后向登记机关申请。因此，离婚后一方也不可以擅自给子女改名，派出所应当将王某乙恢复登记为王某甲。

法院裁判

法院经审理后认为，《户口登记条例》第18条第1项规定："未满十八周岁的人需要变更姓名的时候，由本人或者父母、收养人向户口登记机关申请变更登记。”公安部于2002年作出的《关于父母离婚后子女姓名变更有关问题的批复》(公治〔2002〕74号)规定：“对于离婚双方未经协商或协商未达成一致意见而其中一方要求变更子女姓名的，公安机关可以拒绝受理；对一方因向公安机关隐瞒离婚事实，而取得子女姓名变更的，若另一方要求恢复子女原姓名且离婚双方协商不成，公安机关应予恢复。”本案中，王先生与迟女士协议离婚，王先生虽然不直接抚养婚生子，但是其作为孩子父亲仍是孩子的法定监护人，监护职责不因婚姻关系的解除而消灭。未成年人姓名的变更，应由其父母向登记机关申请。本案被告在明知迟女士已经离婚，未审查其变更申请是否与原告协商一致的情况下，仅依一方意思表示即将王某甲户籍姓名变更登记为王某乙的行为显属不当。综上，被告作出的将王某甲户籍姓名变更登记为王某乙的行为，证据不足，明显不当，依法应予撤销。依照《行政诉讼法》的规定，判决如下：撤销被告将王某甲户籍姓名变更登记为王某乙的行政行为。

律师评析

根据《民法典》的规定，自然人享有姓名权，有权依法决定、使用、变更自己的姓名。如果子女未成年，父母可以代其行使姓名的变更权。根据《户口登记条例》第18条第1项的规定，未满18周岁的人需要变更姓名的时候，由父母、收养人代为提出变更申请。而这个申请能不能同意，取决于父母双方是否达成一致。如果未达成一致，公安机关有权拒绝。这也意味着父母离婚后，任何一方都无权擅自更改孩子的姓名。

法律规定

《中华人民共和国户口登记条例》

第十八条　公民变更姓名，依照下列规定办理：

一、未满十八周岁的人需要变更姓名的时候，由本人或者父母、收养人向户口登记机关申请变更登记；

二、十八周岁以上的人需要变更姓名的时候，由本人向户口登记机关申请变更登记。

律师提示

未成年人姓名的变更关系未成年人的人格利益，法院在审理关于未成年人姓名变更纠纷时一般都会从以下几个方面出发：

1. 坚持未成年人利益最大化原则

未成年人利益最大化原则，是在审理涉及未成年人案件时最重要的原则。虽然姓名变更权是由父母代为行使的，但终究未成年人自己才是其姓名权的权利主体。当未成年人的利益与父母的利益相冲突时，法院应当坚持最利于未成年人原则，考虑姓名变更对子女的影响。

2. 尊重有自我判断力和分辨力子女的真实意愿

参考《民法典》第1084条的规定，父母离婚时关于抚养权的归属，应当遵循8周岁以上子女的真实意愿。由此可见，已满8周岁的子女，已经具有一定的判断和认知能力，在法律上也称为限制民事行为能力人，尊重其真实意愿也是坚持未成年人利益最大化原则的体现。

3. 综合考虑现用名的使用时间、影响力等

如果未成年人实际使用现用名已经很多年，通过此姓名建立了稳定的社会人际关系，甚至通过此姓名获得了较为知名的荣誉或者奖项，贸然恢复其原名，显然与未成年人利益最大化原则相违背。因此，法院在审理此类案件时也应从现用名使用时间的长短、知名度与影响力方面综合考量。

第五章

离婚财产分割和债务承担

47

婚前双方共同出资全款购买的房屋，登记在一方名下，离婚时该房屋如何分割？

案例

贾先生与陈女士自由恋爱相识，于2013年12月3日结婚登记。婚前，陈女士与房地产公司签订了商品房买卖合同，全款购买了位于西安市灞桥区的A房屋作为两人的婚房，房屋登记在陈女士一人名下。然而两人之间美好的爱情还是没有熬过生活的柴米油盐，2020年12月8日，双方经法院判决离婚。因为离婚判决中未对夫妻共同财产做处理，两人对该套婚房的归属产生纠纷。

贾先生遂向法院提起诉讼，请求确认贾先生与陈女士共有A房屋，并依法对房屋进行分割，由陈女士向其支付补偿款92万元。贾先生主张其于2013年4月16日通过银行转账向陈女士转款30万元，并备注了“房款”，该30万元转款系房屋出资款，房屋是双方婚前为结婚而共同出资购买的。

陈女士则辩称，该套房屋属于陈女士个人的婚前财产，与贾先生无关，该30万元并非出资款而是借款。

请问：贾先生能否要求分割该房屋？

律师解答

涉案房屋是双方共同出资购买，且是为了结婚使用，故贾先生可以要求分割。

法院裁判

贾先生提交银行历史交易明细显示其向陈女士转账30万元,并备注“房款”,可以认定该款项为贾先生对房屋的出资。鉴于房屋登记在陈女士名下,判决房屋归陈女士所有、陈女士向贾先生支付分割款为宜。同时,该房屋为双方婚前购买,应按照出资比例分割份额。房屋现值为200万元,陈女士应支付贾先生的房屋分割款为857,124元(30万元÷70万元×200万元)。

律师评析

就笔者所在的深圳市来说,《深圳市中级人民法院关于审理婚姻家庭纠纷案件的裁判指引》(2014年修正)第25条规定:“夫妻一方在婚前购买房产并登记在该方名下,另一方主张其在买房时亦有出资且婚前买房目的即为结婚共同居住,如果并无充分证据显示有关款项属于借款或者赠与等其他性质,人民法院应当认定双方按照各自的出资比例共有房产。”婚前确由双方共同出资、登记在其中一方名下的房屋,如果有证据证明双方是以结婚、长期共同生活使用为目的购房,应当认定双方按照各自的出资比例共有房产,在离婚时可以考虑实际出资情况、婚姻关系存续时间、有无子女等情况由产权登记一方对另一方予以合理补偿。

法律规定

《中华人民共和国民法典》

第一千零六十二条　夫妻在婚姻关系存续期间所得的下列财产,为夫妻的共同财产,归夫妻共同所有:

(一)工资、奖金、劳务报酬;

(二)生产、经营、投资的收益;

(三)知识产权的收益;

(四)继承或者受赠的财产,但是本法第一千零六十三条第三项规定的除外;

(五)其他应当归共同所有的财产。

夫妻对共同财产,有平等的处理权。

第一千零六十三条　下列财产为夫妻一方的个人财产：

（一）一方的婚前财产；

（二）一方因受到人身损害获得的赔偿或者补偿；

（三）遗嘱或者赠与合同中确定只归一方的财产；

（四）一方专用的生活用品；

（五）其他应当归一方的财产。

第一千零八十七条　离婚时，夫妻的共同财产由双方协议处理；协议不成的，由人民法院根据财产的具体情况，按照照顾子女、女方和无过错方权益的原则判决。

对夫或者妻在家庭土地承包经营中享有的权益等，应当依法予以保护。

律师提示

1. 双方恋爱期间以结婚为目的购买房屋的，最好登记在双方名下。因为限购、贷款等政策原因，确实无法操作，只能暂时登记在一方名下的，婚后应及时加名。

2. 非登记方在转账时应做好相应的备注，并保留双方出资购房时协商的相关证据，以证明出资是出于赠与、借款抑或共同购房等目的。同时，为避免纠纷最好签订相关协议，并办理协议的公证手续。

3. 夫妻双方对房屋所有权发生争议时，除了举证证明己方确有出资，还应尽可能收集其他证据证明双方是以结婚、长期共同生活使用为目的而购房，包括但不限于微信聊天记录、录音、录像、证人证言等。

48

婚前一方支付首付款，登记在自己名下，婚后共同还贷的房产，在离婚时如何分割？

案例

在与于先生恋爱期间，高女士听从家里安排，购买了A房屋，房屋成交价为310万元，包含首付款152万元及高女士个人贷款158万元。2014年9月，高女士取得涉案房屋的产权证，房屋所有权人登记为高女士。

2017年1月5日，两人登记结婚。同年3月8日双方将A房屋的贷款偿还完毕。2019年夫妻感情破裂，高女士以离婚为由将于先生诉至法院，法院审理后判决准予离婚，但因双方在离婚诉讼中就A房屋的还贷钱款性质及价值未达成一致，且双方均未就A房屋的价值申请评估鉴定，故法院未在离婚诉讼中予以处理。离婚后，于先生就A房屋问题再次提起诉讼，要求判令A房屋归高女士所有，高女士给付于先生补偿款775，523.46元。

双方均认可婚后共同还贷对应房屋的份额及房屋的增值部分为夫妻共同财产，但高女士认为2017年3月6日，其母亲转至高女士还贷账户的35万元不是对双方的赠与，而仅是替高女士个人偿还婚前债务，该部分还贷及其增值不属于夫妻共同财产。经专业机构评估，A房屋的现值为612.51万元。

请问：婚后偿还的房屋按揭款及其对应的增值部分是否属于夫妻共同财产？

律师解答

一般情况下，如没有相反证据，婚后共同还贷支付的款项及其相对应的增值部分为夫妻共同财产。

法院裁判

就A房屋的分割,双方一致认可该房屋所有权归高女士所有,由高女士就婚姻关系存续期间共同还贷部分及对应增值部分向于先生支付折价款。双方认可婚后共同还贷部分总额为572,295.32元,但对于补偿款数额双方无法达成一致。最终法院认定其中高女士用其母亲转给高女士的35万元还贷的部分属于对双方的赠与,该部分属于共同还贷,其他高女士用婚前公积金和股票支付的部分为高女士的个人财产。

法院综合考虑房屋现值、购买价值及房屋还贷情况,认定高女士应向于先生支付涉案房屋婚后还贷部分及相应增值部分的补偿款共计356,939.26元[房屋补偿款=夫妻共同支付款项(包括本息)÷(房屋购买价+全部应付利息)×房屋评估现值×50%]。

律师评析

现实生活中,夫妻一方婚前签订购房合同、支付首付款并申请按揭贷款,婚后夫妻双方共同偿还房贷的现象非常普遍。对此,《最高人民法院关于适用〈中华人民共和国民法典〉婚姻家庭编的解释(一)》第78条进行了专门的规定,法律尊重当事人意思自治,只有在双方协商不成时,法院才会判决该不动产归登记一方,由登记方向另一方支付补偿款。笔者认为在处理此类问题时,应特别注意以下两点:

1. 须是婚后用夫妻共同财产共同还贷

我国法律明确规定了婚前个人财产不因夫妻关系的延续而转化为夫妻共同财产,即便是在法定财产制下,仍然保留着个人财产的取得空间。如果偿还房屋按揭贷款的部分或全部源于个人财产,那么该房屋的部分或全部仍为个人财产。因此在实践中,须着重把握还贷款项的来源及性质,核心问题为该财产是否属于夫妻共同财产。

2. 补偿款数额的确定问题

婚内还贷源于夫妻共同财产时,取得房屋所有权的一方应当向另一方补偿房屋婚内共同还贷部分所对应的增值。而要明确该增值部分,首先,要明确房屋的价值:

离婚时,夫妻双方对房屋价值能够达成一致意见的,补偿数额的计算即以双方均认可的房屋价值为计算基数;若夫妻双方未能达成一致意见,则需要委托有资质的资产评估机构进行估值以确定房屋的价值。其次,要明确增值部分的计算标准,就深圳地区而言,《深圳市中级人民法院关于审理婚姻家庭纠纷案件的裁判指引》(2014年修正)第29条规定:"最高人民法院关于适用《中华人民共和国婚姻法》若干问题的解释(三)第10条第2款规定中的'双方婚后共同还贷支付的款项及其相对应财产增值部分'一般可以按照如下公式计算:夫妻婚后共同还贷部分(含婚后偿还的本金和利息)÷实际购房款(房屋购买价+离婚时已还全部利息)×离婚时房屋市场价。"对于如何计算夫妻婚后共同还贷及其增值部分,目前司法实践中存在多种计算公式,较为混乱,该裁判指引是在综合司法实践中有关问题的计算方法后,选取的一种相对公平的计算方法,以统一深圳市法院的裁判标准。原《婚姻法》及相关司法解释虽已为《民法典》及相关司法解释所替代,但该裁判指引的计算方式,目前仍为深圳市法院计算夫妻婚后共同还贷及其增值部分的主流裁判标准。

法律规定

《最高人民法院关于适用〈中华人民共和国民法典〉婚姻家庭编的解释(一)》

第七十八条　夫妻一方婚前签订不动产买卖合同,以个人财产支付首付款并在银行贷款,婚后用夫妻共同财产还贷,不动产登记于首付款支付方名下的,离婚时该不动产由双方协议处理。

依前款规定不能达成协议的,人民法院可以判决该不动产归登记一方,尚未归还的贷款为不动产登记一方的个人债务。双方婚后共同还贷支付的款项及其相对应财产增值部分,离婚时应根据民法典第一千零八十七条第一款规定的原则,由不动产登记一方对另一方进行补偿。

律师提示

若夫妻一方存在婚前按揭贷款买房的情况,可以在结婚前与对方协商该房屋的权属问题,并签署相关的协议。在未能签署协议的情况下,婚后如需用其个人婚前财产偿还房屋贷款的，可以通过设立单独的银行账户，专款专用，以避免婚后还贷的资金与婚内其他财产产生混同，从而避免将来离婚时对房屋的分割产生争议。

49

婚后一方父母全款购买并登记在出资方子女名下的房产，属于夫妻共同财产吗？

案例

邓女士与孙先生经朋友介绍认识，两人于2015年6月6日登记结婚。

邓女士于2016年10月18日与卖方签订存量房买卖合同，购买A房屋，购房款35万元。合同签订当日，由邓女士父亲邓大全额支付购房款，该房屋于2016年11月14日登记在邓女士名下。

2021年，两人起诉离婚，同年4月9日法院作出判决，准予孙先生与邓女士离婚，但在离婚判决中未对夫妻共同财产进行分割。现两人对A房屋的性质产生纠纷，孙先生遂向法院起诉要求分割A房屋。

孙先生认为，婚姻关系存续期间购买的房屋属于夫妻共同财产。

邓女士则主张，A房屋并非孙先生与其婚姻关系存续期间的共同财产，而是邓女士的个人财产，因此孙先生无权要求分割涉案房屋。A房屋是由邓女士父母出全资购买，且在购买后就将该房屋登记在其一人名下，其真实意思表示是将A房屋赠与邓女士一人。并且邓女士还提到自己父母之所以这样做，是因为《物权法》[1]已经实施多年，父母对房屋不动产登记的意义具有充

〔1〕 已失效，具体规定见《民法典》。

分的认识，依照房屋登记时的法律规定，即婚后由一方父母全额出资房屋登记在自己子女名下的，视为对自己子女的单独赠与。

请问：A房屋是否属于邓女士与孙先生的夫妻共同财产？

律师解答

依据法律事实发生时的法律规定，A房屋由邓女士的父亲邓大全款购买并登记在邓女士名下，该房屋应视为邓父对邓女士个人的赠与，并非邓女士与孙先生的夫妻共同财产。

法院裁判

邓父全款出资购买房屋并登记在邓女士一人名下的事实发生在《民法典》实施之前，故本案应适用《最高人民法院关于适用〈中华人民共和国婚姻法〉若干问题的解释(三)》〔1〕第7条的规定，婚后A房屋由邓父全款出资为邓女士购买，产权登记在邓女士名下，按照《婚姻法》〔2〕第18条第3项的规定，视为邓父对邓女士一方的赠与，故房屋属于邓女士一人的财产，法院对孙先生的诉讼请求不予支持。

律师评析

上述案例中父母为子女一方购买房屋的法律事实发生在《民法典》实施之前，那么对于《民法典》实施后，父母婚后出全款买房，并登记在出资方子女个人名下，是否属于对子女个人的赠与，是否属于出资方子女的个人财产呢？

根据《最高人民法院关于适用〈中华人民共和国民法典〉婚姻家庭编的解释(一)》第29条规定："当事人结婚前，父母为双方购置房屋出资的，该出资应当认定为对自己子女个人的赠与，但父母明确表示赠与双方的除外。当事人结婚后，父母为双方购置房屋出资的，依照约定处理；没有约定或者约定不明确的，按照民法典第

〔1〕已失效，具体规定见《民法典》。
〔2〕已失效，具体规定见《民法典》。

一千零六十二条第一款第四项规定的原则处理。”《最高人民法院关于适用〈中华人民共和国民法典〉婚姻家庭编的解释（一）》实施后，父母在子女婚后全款出资购买房屋并登记在子女一方个人名下，若没有其他约定，不再视为对子女个人的赠与。《最高人民法院关于适用〈中华人民共和国民法典〉婚姻家庭编的解释（一）》实施后，婚后父母为子女购房出资的，还需在赠与合同中确定该房屋只归子女一方所有，或明确约定该赠与款项仅赠与子女一人，否则会被纳入夫妻共同财产范畴。

法律规定

《最高人民法院关于适用〈中华人民共和国民法典〉婚姻家庭编的解释（一）》

第二十九条　当事人结婚前，父母为双方购置房屋出资的，该出资应当认定为对自己子女个人的赠与，但父母明确表示赠与双方的除外。

当事人结婚后，父母为双方购置房屋出资的，依照约定处理；没有约定或者约定不明确的，按照民法典第一千零六十二条第一款第四项规定的原则处理。

《最高人民法院关于适用〈中华人民共和国婚姻法〉若干问题的解释（三）》（已失效）

第七条第一款　婚后由一方父母出资为子女购买的不动产，产权登记在出资人子女名下的，可按照婚姻法第十八条第（三）项的规定，视为只对自己子女一方的赠与，该不动产应认定为夫妻一方的个人财产。

律师提示

父母若在子女婚姻关系存续期间出全款为子女购房，且希望该财产仅归属其子女个人所有，则应当在出资前明确约定该赠与系对其子女个人一方的赠与，为避免争议，应尽量签署书面协议，有条件的，可以进行公证；购房后，及时将房屋登记在其子女个人名下。对于子女方，可以通过与配偶签订婚内财产协议，给该套房屋的归属上二道保险。

50

夫妻一方在婚前或婚后将一方个人所有的房屋约定为与另一方共有，但未办理产权变更登记，事后能否反悔？

案例

宋先生与张女士于2012年5月11日结婚，双方都是再婚。婚前，宋先生因旧房拆迁，通过产权调换获得A房屋一套。

2020年10月，宋先生与张女士在吵架后，经朋友调解，签订了一份协议书，协议书第3条内容为："A楼房，在办理房产证时共有人加上张女士名字，在宋先生对张女士好的情况下，张女士提出离婚，房产与张女士无关。如果宋先生提出离婚，房产与张女士有关。"但双方一直未到房管部门做产权变更登记。

因协议书内容，宋先生家人对张女士极为不满，张女士与宋先生之间的矛盾也日渐加深，关系逐渐恶化，两人甚至萌生出离婚想法。

此后，宋先生向法院起诉请求撤销2020年10月其书写的对张女士的赠与合同。宋先生主张第3条系赠与条款，其有权撤销赠与；而张女士依据《民法典》第1065条夫妻约定财产制的规定，主张系约定共同共有，具有法律约束力，不能任意撤销。

请问：宋先生能否撤销涉案协议书第3条的约定？

律师解答

宋先生与张女士协议书第 3 条的约定，本质是赠与协议，该协议书未办理公证手续，且房屋尚未办理过户手续，宋先生依法可以撤销该约定。

法院裁判

宋先生、张女士对于协议书中所涉房产系宋先生婚前个人财产并无异议，但双方对协议书第 3 条的法律性质理解以及各自权利的认识不同，宋先生主张第 3 条系赠与条款，其有权撤销赠与；张女士依据《民法典》第 1065 条夫妻约定财产制的规定，主张系夫妻约定共同共有，具有法律约束力，不能任意撤销。

根据《最高人民法院关于适用〈中华人民共和国民法典〉婚姻家庭编的解释（一）》第 32 条及《民法典》第 658 条的规定，可以得出结论：无论是约定宋先生将房产赠与张女士，还是约定与张女士共同共有，都应认定为赠与行为。而对于这种赠与，法律规定除经过公证的赠与合同或者依法不得撤销的赠与合同外，在财产权利转移之前，宋先生作为赠与人行使撤销权于法有据。

另外，基于夫妻关系产生的赠与合同系以夫妻感情作为基础，其设立目的应有增进夫妻互信、加深感情、维系夫妻关系稳定之意。宋先生、张女士婚姻关系虽尚在存续期间，但双方未能妥善处理日常矛盾导致夫妻感情失和，直至关系恶化失去信任，甚至表达出离婚意图，由此可见，上述赠与合同得以建立的感情基础已经发生变化、合同目的未能实现，维持该协议书效力已经缺乏应有的意义。故宋先生行使撤销权亦有事实依据，法院予以支持。

律师评析

《最高人民法院关于适用〈中华人民共和国民法典〉婚姻家庭编司法解释（一）》第 32 条规定："婚前或者婚姻关系存续期间，当事人约定将一方所有的房产赠与另一方或者共有，赠与方在赠与房产变更登记之前撤销赠与，另一方请求判令继续履行的，人民法院可以按照民法典第六百五十八条的规定处理。"根据上述内容，男女双方在婚前或者婚姻关系存续期间，可以约定将一方名下的个人房产赠与另一方，或者将一方婚前个人房产约定为共同共有或者按份共有。不论是约定赠与还是约定共有,都认定为赠与。如果该房屋未办理变更登记,赠与人在房产办理变更登记之前,可以主张撤销赠与。但是,经过公证或者依法不得撤销的具有救灾、扶贫、助残等公益、道德义务性质的赠与,是不能任意撤销的。

法律规定

《中华人民共和国民法典》

第六百五十八条　赠与人在赠与财产的权利转移之前可以撤销赠与。

经过公证的赠与合同或者依法不得撤销的具有救灾、扶贫、助残等公益、道德义务性质的赠与合同,不适用前款规定。

《最高人民法院关于适用〈中华人民共和国民法典〉婚姻家庭编的解释(一)》

第三十二条　婚前或者婚姻关系存续期间,当事人约定将一方所有的房产赠与另一方或者共有,赠与方在赠与房产变更登记之前撤销赠与,另一方请求判令继续履行的,人民法院可以按照民法典第六百五十八条的规定处理。

律师提示

建议夫妻之间签订赠与合同或者签署财产协议时,设置赠与人放弃任意撤销权的条款;协议签订后,应尽快办理公证及产权变更登记手续。

51

“小产权房”在离婚时如何分割?

案例

1989 年,麦女士与文先生登记结婚。2000 年 3 月,文先生从村里他人处购得位于深圳市宝安区的私人宅基地。获得上述宅基地后,麦女士及文先生花费了三年时间于 2003 年在该宅基地上完成 A 房屋的建设。

然而,就在房屋建成的当年,麦女士和文先生的感情出现了问题,两人决定分居,分居后双方财产相互独立。

2009 年,在深圳市宝安区农村城市化历史遗留违法建筑信息普查办办理历史遗留违法建筑普查申报时,文先生与儿子小文申报了该房屋的产权配额,文先生和小文各占该建筑份额的 50%。

2019 年 9 月 3 日,深圳市中级人民法院判决,准予麦女士与文先生离婚并对夫妻双方婚内共同财产进行分割。其中 A 房屋,深圳市中级人民法院以涉及案外人小文的权益为由,未在麦女士与文先生的离婚诉讼中进行处理。

离婚后,麦女士起诉请求依法分割 A 房屋,判令麦女士占有 A 房屋 25%的份额。

请问:麦女士能否要求分割该私宅的所有权?

律师解答

麦女士与文先生争讼的 A 房屋为“小产权房”,并无权属证明,且进行历史遗留违法建筑申报后,行政主管部门尚未作出处理决定,故法院一般认定应先由行政主管部门对该建筑物的合法性进行审查处理后再予确定，因此麦女士无法分割该私宅的所有权，仅能分割使用权。

法院裁判

A房屋系麦女士与文先生婚姻关系存续期间，由文先生购买、兴建的房屋，属于夫妻共同财产。麦女士的请求符合法律规定，法院予以支持。购买宅基地及兴建涉案房屋时小文为未成年人，且未能举证证明其出资情况，小文主张房屋权利，法院不予支持。根据司法不能代替行政的原则，麦女士主张的涉案房屋所有权需依法取得行政机关的审批等规定程序予以确认，故法院仅对涉案房屋的使用做处理，判决内容不代表对小产权房合法性的认定，不能以此对抗行政处罚、不能作为产权归属证明或拆迁依据等，最终法院判决A房屋的25%由麦女士使用。

律师评析

“小产权房”不是法律概念，是人们在社会实践中形成的一种约定俗成的称谓，小产权房问题成因复杂、数量庞大、涉及利益面广，国家有关部门虽三令五申禁止开发但仍未完全阻止其蔓延，因此，离婚时作为夫妻共同财产的小产权房能否分割、如何分割这些问题显得尤为重要。

1. 在离婚案件中分割小产权房的前提是小产权房的权属没有争议，权利人确定为夫妻一方或双方

小产权房的权利人是否明确且无争议，直接关系小产权房是否能在离婚案件中处理，一旦证明小产权房权利人的各项证据存在冲突或不足，法院很有可能以权属无法确定为由，在离婚案件中不予处理。

2. 实践中通常仅对小产权房的使用权作出处理

只有在小产权房的权利人不存在争议的情况下，才会涉及如何分割的问题。小产权房屋虽不能作为物权分割，但对房屋的财产权益及使用权可予以处理。

《最高人民法院关于适用〈中华人民共和国民法典〉婚姻家庭编的解释（一）》第77条第1款规定：“离婚时双方对尚未取得所有权或者尚未取得完全所有权的房屋有争议且协商不成的，人民法院不宜判决房屋所有权的归属，应当根据实际情况判决由当事人使用。”《深圳市中级人民法院关于婚姻家庭纠纷案件的裁判指引》

(2014年修正)第33条规定:"离婚时当事人请求对没有取得产权证的农村自建房进行分割的,人民法院可以根据实际情况对该房的使用权作出处理,判决享有使用权的一方应当补偿对方使用期间该房相近地段一半面积房屋的租金损失;当事人请求对违法建筑进行分割的,人民法院原则上不予处理,但当事人请求分割违法建筑拆除后的残值部分除外。"可知,对于小产权房,法院只处理其使用权,不涉及所有权。

法院处理小产权房屋的使用权归属时,一般会根据实际使用情况判决由一方取得使用权,并酌定向另一方支付补偿款;也有可能采用竞价方式确定使用权归属及补偿数额。如果双方对房屋价值无法达成一致,法院很有可能会直接判定各方按比例享有小产权房屋的使用权。上述案例中,法院就仅对房屋的使用权做了处理,判决A房屋25%由麦女士使用。

法律规定

《最高人民法院关于适用〈中华人民共和国民法典〉婚姻家庭编的解释(一)》

第七十七条　离婚时双方对尚未取得所有权或者尚未取得完全所有权的房屋有争议且协商不成的,人民法院不宜判决房屋所有权的归属,应当根据实际情况判决由当事人使用。

当事人就前款规定的房屋取得完全所有权后,有争议的,可以另行向人民法院提起诉讼。

律师提示

小产权房没有国家发放的土地使用证和预售许可证,即使有购房合同,房管部门也不会给予备案,因此婚内夫妻购买小产权房时应充分预见小产权房可能带来的风险。对此笔者建议,双方婚后获得的小产权房,不论是自建的还是购买的,均应完整保存好小产权房的相关出资证明、相关审批文件、购房合同等材料,以备不时之需。

在诉讼离婚时,法院虽不可以直接分割小产权房的所有权,但可以对房屋的使用权进行处理,因此当事人在提诉讼请求时要注意区别所有权与使用权,如诉讼请求确定错误,法院很可能裁定不予受理、驳回起诉或判决驳回诉讼请求。

52

婚前一方所有的房屋在婚后拆迁，因拆迁而安置的房屋属于夫妻共同所有吗？

案例

陈先生与吴女士于1998年按民间习俗举办了婚礼，婚宴后双方共同生活，但一直没有办理结婚登记。直到2004年，双方才补办了结婚登记手续。

双方同居期间，陈先生于2000年10月10日与某拆迁公司签订了拆迁补偿安置协议书。后经选房，陈先生取得了A安置房。2009年10月，陈先生补交了安置房产权置换的房屋差价及新增部分的面积款项2万元。同年11月20日，该安置房登记在陈先生名下。

2019年7月，陈先生向法院起诉要求离婚。2019年9月，法院作出判决，准许陈先生与吴女士离婚。但判决未对该安置房进行分割。

于是，吴女士起诉要求将该房屋按夫妻共同财产处理。陈先生则主张A房屋为其个人婚前所有的自建房拆迁所得的安置房，该房屋不属于夫妻共同财产，吴女士无权要求分割。

请问：陈先生因拆迁获得的A安置房属于夫妻共同财产吗？

律师解答

除非另有约定，否则夫妻一方的个人财产，不会因婚姻关系的延续而转化为夫妻共同财产。陈先生获得的安置房，只是其婚前个人财产在婚后形态上的转化，不改变其婚前个人财产的性质，不属于夫妻共同财产。

法院裁判

A 房屋是在双方婚前安置取得,应认定为陈先生的婚前个人财产,故吴女士要求将该房屋按夫妻共同财产处理,于法无据,不予支持。房屋拆迁安置中产权调换、上调面积等,是基于被拆迁人陈先生特定身份享有的拆迁优惠政策,吴女士以夫妻共同财产支出为由提出享有诉争房屋份额,不能成立,不予支持。但因 A 房屋在 2009 年 10 月才由陈先生补交了房屋差价及新增面积部分款项,故该部分款项系吴女士与陈先生婚姻关系存续期间支出,属于夫妻共同财产,其相应增值部分应予分割。法院认定 A 房屋支出中属于吴女士可分得部分为 10,000 元(20,000 元÷2),双方认可 2009 年该区域房价格每平方米 6000 元至 7000 元,诉讼时每平方米 18,000 元,综合考虑 2009 年至今该片区房屋价格上涨情况,法院最终酌定陈先生向吴女士补偿 30,000 元。

律师评析

随着城市化进程的加剧,房屋拆迁现象司空见惯。拆迁所涉及的利益巨大,对于一方婚前所有的房屋、婚后拆迁所得的安置房,离婚时另一方是否有权分割成为实践中的焦点问题。

1. 原则上婚前一方所有的房屋在婚后拆迁,拆迁后置换的安置房仍为个人婚前财产

被拆迁房屋为夫妻一方婚前个人所有,且根据政府拆迁政策,安置房是按照被拆迁的宅基地房屋面积进行置换的,拆迁所得的安置房实际上属于物理形态转化,不因婚姻关系的延续而转化为夫妻共同财产。

2. 配偶可分割拆迁利益的情形

婚前房屋婚后拆迁,拆迁所得利益原则上是婚前个人财产在形式上的转化,仍属于个人财产,另一方无权要求分割。但以下几种情形,配偶可以要求分割一定的拆迁利益:

(1)配偶一方参与了被拆迁房屋的扩建或添附等

夫妻双方婚后共同对房屋进行扩建或添附的,该扩建或添附的部分属于夫妻共同财产。

（2）产权置换时房屋存在价差，由夫妻共同财产补交购房款的

如果安置房屋的实际面积超出需补偿的面积，被安置人对超出部分以夫妻共同财产出资购买的，那么该出资款项属于夫妻共同财产。

（3）根据政府拆迁政策，安置房屋面积按照户籍登记人口数进行安置，配偶一方属于被安置人口的

拆迁安置房面积的大小，一般按照被拆迁房屋面积和户籍登记人口数确定，若配偶一方被列为拆迁安置对象，则有权享受拆迁安置权益。

（4）夫妻双方对于安置房权属有约定的，按约定处理

若夫妻双方对于安置房权属另有约定，尊重双方的意思自治，按约定处理。

法律规定

《最高人民法院关于适用〈中华人民共和国民法典〉婚姻家庭编的解释（一）》

第二十六条　夫妻一方个人财产在婚后产生的收益，除孳息和自然增值外，应认定为夫妻共同财产。

第三十一条　民法典第一千零六十三条规定为夫妻一方的个人财产，不因婚姻关系的延续而转化为夫妻共同财产。但当事人另有约定的除外。

律师提示

根据上述分析内容，男女双方离婚时能否将拆迁安置房屋认定为夫妻共同财产，法院一般着重审查以下几个方面：婚姻关系存续期间，双方对被拆迁房的改建、扩建、装修等有无贡献、贡献大小；拆迁安置房屋的面积是否与家庭人口数有关；双方有无财产约定等。如希望被拆迁房将来回迁安置后在分割时没有争议，最好在签署拆迁补偿协议之前，与配偶签署相关协议，约定清楚拆迁安置房屋的归属。

53

婚内一方擅自将夫妻共有的房屋出售，离婚时出售款是否应作为夫妻共同财产进行分割？

案例

雷女士和高先生是大学同学，在一次同学聚会意外相遇后，两人坠入爱河，并在不久之后结为连理。

结婚后，雷女士和高先生一起购买了两套房屋（其中A房屋登记在高先生名下），共同计划着未来的家庭生活，但随着时间的推移，二人之间的感情逐渐出现了裂痕。最终，随着雷女士和高先生的矛盾升级，双方决定分开。在法官的耐心调解下，两人达成了离婚协议，结束了十年的婚姻关系。

但在离婚协议签订后不久，雷女士突然发现，离婚前高先生私自出售了A房屋，于是，雷女士将高先生诉至法院。庭审中，雷女士诉称，高先生私自出售房屋所得出售款97万余元，严重侵害了她的共同财产权益，请求法院判令高先生赔偿房屋出售款48万余元及同期银行贷款利息3万余元。

高先生则辩称，出售的房屋并不是其私自出售，而是夫妻双方合意，所得房款已共同为孩子购买房屋。

请问：雷女士能否要求分割房屋出售款？

律师解答

雷女士可以要求分割房屋出售款，A房屋虽登记在高先生一人名下，但该房屋购买于婚内，属于夫妻共同财产，房屋出售款作为该房屋物理形态上的转化，性质仍属于夫妻共同财产，雷女士当然有权要求分割。

法院裁判

高先生与雷女士争议的A房屋系双方婚姻关系存续期间共同购买，属于夫妻共同财产。高先生将房屋出售给他人，出售款用于为婚生子购买房屋，显然已经超出了日常生活需要而处理夫妻共同财产的程度，高先生辩称上述行为系双方合意未能举证证明，其行为构成了无权处分，侵害了雷女士的共同财产权，雷女士要求高先生赔偿售房款的一半即48万余元理由正当。同时，高先生擅自处分房屋的主观目的是为婚生子购买房屋，并非为了侵吞对方财产，自己也未取得利益，因此雷女士要求高先生支付房屋出售款利息以及不分、少分夫妻共同财产的主张无法得到支持，法院最终判决高先生给付雷女士房屋出售款的一半即48万余元。

律师评析

根据《民法典》第1092条的规定："夫妻一方隐藏、转移、变卖、毁损、挥霍夫妻共同财产或者伪造夫妻共同债务企图侵占另一方财产的，在离婚分割夫妻共同财产时，对该方可以少分或者不分。离婚后，另一方发现有上述行为的，可以向人民法院提起诉讼，请求再次分割夫妻共同财产。"因此，夫妻一方擅自出售夫妻共有房屋的行为构成恶意转移夫妻共同财产时，另一方不仅可以要求分割房屋出售款，还可以要求多分。

法律规定

《最高人民法院关于适用〈中华人民共和国民法典〉婚姻家庭编司法解释(一)》

第二十八条　一方未经另一方同意出售夫妻共同所有的房屋，第三人善意购买、支付合理对价并已办理不动产登记，另一方主张追回该房屋的，人民法院不予支持。

夫妻一方擅自处分共同所有的房屋造成另一方损失，离婚时另一方请求赔偿损失的，人民法院应予支持。

律师提示

基于夫妻间的信任,绝大多数夫妻不会对另一方擅自处分夫妻共有财产的行为预先加以防范,尤其是不动产权仅登记在一方名下时,非登记方往往难以察觉对方转移财产的行为,为尽量避免此种情况的出现,笔者建议:

第一,事前防范。购房时,应尽可能以双方名义共同签署合同并登记在双方名下,若必须登记在一方名下,则在出现夫妻情感危机或其他必要情形时,应及时办理不动产变更登记,将不动产过户到自己名下或加上自己的名字。

第二,事后补救。一方发现对方已经擅自将夫妻共有房屋出售,应及时保存相关证据,婚内可以提起诉讼要求分割房屋出售款,离婚时可以要求分割房屋出售款且要求多分,离婚后则可以请求再次分割夫妻共同财产。

54

离婚协议约定房屋归子女,离婚后可以撤销该约定吗?

案 例

许女士与郑先生婚内育有两女,2006 年 4 月 3 日双方办理离婚登记时签署了《关于男女双方自愿协议离婚的申请书》,申请书载明:“……二、财产分割:坐落在本村滨河路的 A 楼房,归两个女儿所有,各 1/2 分配,并转户到两个女儿名下。男方放弃上述房产权。女方有居住此房屋的权利。”

离婚后,郑先生未配合办理不动产变更登记手续,两个女儿将许女士、郑先生诉至法院,要求许女士、郑先生协助办理该房屋的产权变更登记手续。郑先生主张申请书中的将房屋约定给两个女儿属于赠与，要求撤销赠与，不同意过户给女儿。

请问：郑先生能否撤销离婚协议中将房屋赠与女儿的条款？

律师解答

离婚协议是涉及人身关系和财产关系的综合协议，其中关于将财产给子女的约定也是离婚协议的一部分，与离婚以及子女抚养权等密切相关，故并非一般的赠与合同，夫妻一方不能行使任意撤销权。

法院裁判

许女士、郑先生在离婚协议中明确约定离婚后将案涉房屋过户给两个女儿。该约定不同于一般赠与行为，是离婚当事人理性处理离婚事宜，在同意离婚的基础上，综合平衡自身及子女利益达成的一致意见。赠与房屋的行为应与解除婚姻关系、子女抚养等内容互为前提、互为结果，一起构成离婚协议的有机整体，因此，该约定内容非经双方共同同意，不得撤销或变更，故郑先生关于撤销离婚协议涉及房屋赠与的主张，没有事实和法律依据，也不符合诚实信用及子女利益最大化原则，最终法院判决许女士、郑先生协助两个女儿办理不动产权属变更登记手续。

律师评析

夫妻在离婚协议中约定房屋归子女所有的条款日益增多，一方面可以化解财产分割协商不一致的僵局，另一方面也能更好地保障子女的财产利益。但很多问题也随之而来，最突出的问题是夫妻一方能否在签订离婚协议后反悔并撤销该条款。

笔者认为，离婚协议中关于房屋赠与的约定并不构成赠与合同，因此不能行使赠与合同中的任意撤销权。根据《民法典》第 657 条“赠与合同是赠与人将自己的财产无偿给予受赠人，受赠人表示接受赠与的合同”之规定，赠与合同的成立需要双方达成合意，具体到离婚协议中的赠与，实务中很少出现受赠人在离婚协议上确认接受赠与的情形。

换言之,离婚协议中的所谓赠与并未在赠与人与受赠人之间达成一致,因此不构成赠与合同。既然不构成赠与合同,那么也就不存在赠与人依据《民法典》加以撤销的可能。

退一步讲,就算该条款具有赠与性质,但其具有自身特殊性,不能依照一般赠与合同处理。离婚协议中以解除双方身份关系为目的的赠与子女房屋的行为,系发生在特定身份关系当事人之间、具有一定道德义务性质的行为。在婚姻关系已经解除且不可逆的情况下,如果允许当事人对财产部分反悔将助长先离婚再恶意占有财产之有违诚实信用的行为,不利于保护未成年子女的权益,故离婚协议中将共同财产赠与子女的约定不可要求撤销。

因此,笔者认为,在无证据证明夫妻双方签订的离婚协议存在欺诈、胁迫等情形时,离婚协议双方中的一方不得以行使任意撤销权为由拒绝履行将房屋转移变更登记给子女的义务。

法律规定

《中华人民共和国民法典》

第六百五十七条　赠与合同是赠与人将自己的财产无偿给予受赠人,受赠人表示接受赠与的合同。

第六百五十八条　赠与人在赠与财产的权利转移之前可以撤销赠与。

经过公证的赠与合同或者依法不得撤销的具有救灾、扶贫、助残等公益、道德义务性质的赠与合同,不适用前款规定。

《最高人民法院关于适用〈中华人民共和国民法典〉婚姻家庭编的解释(一)》

第七十条　夫妻双方协议离婚后就财产分割问题反悔,请求撤销财产分割协议的,人民法院应当受理。

人民法院审理后,未发现订立财产分割协议时存在欺诈、胁迫等情形的,应当依法驳回当事人的诉讼请求。

律师提示

根据法律规定,对于房屋等不动产的转让,必须到相关部门办理产权变更登记才能取得所有权,因此仅在离婚协议中约定将房屋赠与子女仍存在诸多风险,如离婚协议被推翻、无法对抗善意第三人、赠与人拒绝履行等。因此,协议签订后,应及时办理过户登记,或者另行签订赠与合同并办理公证。若一方当事人不履行协议或者反悔,另一方当事人应及时向有管辖权的人民法院提起诉讼,维护自身和子女的合法权益。

55

夫妻一方婚前持有的公司股权在婚后产生的增值是否属于夫妻共同财产?

案例

谭女士与雷先生经人介绍相识,相识后没多久就将结婚事宜提上日程。两人于2011年11月8日登记结婚。

在与谭女士结婚之前,雷先生就是宏基公司的大股东,其于2009年11月11日成为该公司股东,持股81%。2012年11月至2013年1月,雷先生将其所持有的宏基公司股权全部转让给第三人并办理了股权变更登记。

谭女士与雷先生也曾有过甜蜜的时光,但两人认识时间不长,彼此了解并不深,婚后双方性格方面的巨大分歧日渐暴露,最终因为感情不和,于2018年3月经诉讼判决准予离婚。离婚后,谭女士提起离婚后财产纠纷之诉,双方对雷先生所持有的宏基公司股权属于雷先生的婚前个人财产并无异议;但对于转让款溢价是否属于夫妻共同财产存在争议。

谭女士认为,雷先生股权转让款中溢价部分属于夫妻共同财产,应予分割。而雷先生则辩称,其持有的公司股权价值在婚后的变化,主要是由公司所持有的地产市场行情变动引起,即便有溢价也应定性为自然增值,不属于夫妻共同财产。

请问:雷先生婚前持有的股权,在婚后转让后的溢价部分是否属于夫妻共同财产,谭女士能否要求分割?

律师解答

若宏基公司股权增值与雷先生经营管理行为有关,或者是雷先生利用该股权进行再投资产生的收益,那么该部分属于夫妻共同财产,谭女士有权要求分割;若宏基公司股权增值是基于市场行情的变化,则不属于夫妻共同财产,谭女士无权要求分割。

法院裁判

谭女士认为宏基公司 2010 年至 2012 年的公司年检报告书可以证实宏基公司成立之后一直在经营。经审查,公司年检报告书系用于工商登记年检,可以证明宏基公司处于存续状态但并不足以证明公司有生产经营,更不足以证明宏基公司资产因此而增值。宏基公司成立后,未对土地进行开发,也未进行其他生产经营活动。由此,雷先生持有的宏基公司股权价值在婚后的变化,主要是由公司所持有的地产市场行情变动引起,并不是雷先生对公司进行经营管理或者利用该股权进行再投资产生的。《最高人民法院关于适用〈中华人民共和国民法典〉婚姻家庭编的解释(一)》第 26 条规定:“夫妻一方个人财产在婚后所产生的收益,除孳息和自然增值外,应认定为夫妻共同财产。”法院最终认为雷先生转让其持有的宏基公司股权即便有溢价也应定性为自然增值,不应作为夫妻共同财产进行分割。

律师评析

自然增值，是指财产所有人拥有的财产因所有人以外的变化因素的存在而出现的价值增长状态，财产所有人在此一状态的发生过程中并未起到任何积极推动的作用，即财产所有人并未将原有财产投入到价值再生产的过程中，财产增值的原因是外在的因素。例如，商业中心地段的不动产因其稀缺性和不可替代性而增加的价值；拥有的古玩随着收藏市场的繁荣而价格上涨；持有的股票因公司业绩优异而价格上扬等。自然增值是指该增值的发生因通货膨胀或市场行情的变化，与夫妻一方或双方是否为该财产投入物质、劳动、努力、管理等无关。若夫妻一方或双方对该财产所付出的劳务、投资、管理等有关，则该财产相应的增值，应当视为夫妻共同财产，离婚时可以予以分割。

法律规定

《中华人民共和国民法典》

第一千零六十二条　夫妻在婚姻关系存续期间所得的下列财产，为夫妻的共同财产，归夫妻共同所有：

（一）工资、奖金、劳务报酬；

（二）生产、经营、投资的收益；

（三）知识产权的收益；

（四）继承或者受赠的财产，但是本法第一千零六十三条第三项规定的除外；

（五）其他应当归共同所有的财产。

夫妻对共同财产，有平等的处理权。

《最高人民法院关于适用〈中华人民共和国民法典〉婚姻家庭编的解释（一）》

第二十六条　夫妻一方个人财产在婚后产生的收益，除孳息和自然增值外，应认定为夫妻共同财产。

律师提示

夫妻一方婚前取得的股权，在婚后的增值是否属于夫妻共同财产，主要取决于夫妻一方或双方是否参与了该股权的运营管理，在增值的过程是否作出了重要贡献。因此，若持股方既想要对股权进行再投资，又想要保持股权的个人财产属性，那么笔者建议双方签订婚前或婚后财产协议，对双方的婚前个人财产进行明确约定，以防未来发生纠纷。

56

夫妻一方婚后与他人设立公司，其配偶在离婚时能否成为公司股东？

案　例

方女士与王先生于1995年4月3日登记结婚，婚后两人生育了两个可爱的女儿。2001年，双方共同经营了蔚来、蔚仪两家公司。

原本这是一个令人羡慕的家庭，但随着公司生意越做越大，夫妻之间感情却日渐消磨。随着夫妻之间矛盾的加深，2017年双方开始分居。2019年，王先生与两个女儿设立金相公司，两个女儿各占30%股权，王先生占40%股权。2020年9月15日，方女士起诉离婚，并主张分割财产。2021年4月法院判决准予王先生、方女士离婚，但未对王先生所持有的金相公司的股权进行分割。

离婚后，方女士就金相公司股权再次提起诉讼，要求分得王先生所持金相公司股权的一半。

请问：方女士能否要求分割王先生持有的金相公司40%的股权，成为公司股东？

律师解答

王先生所持有的金相公司股权是在与方女士婚姻关系存续期间取得的，属于夫妻共同财产，离婚时方女士有权要求分割，但方女士能否成为公司股东须考虑有限责任公司的人合性特征，若公司其他股东均同意方女士成为股东且放弃优先购买权，那么方女士可以成为金相公司股东。

法院裁判

金相公司于王先生与方女士婚姻关系存续期间注册设立，王先生所拥有的40%股份属于二人的夫妻共同财产，方女士主张按王先生所占公司股份比例进行分割，公司其他股东均表示同意，故法院最终判决方女士享有该公司20%的股权份额。

律师评析

在离婚诉讼涉股权分割的案件中，配偶一方非公司股东，其能否成为公司股东不仅涉及婚姻家庭相关的法律规定，还与公司相关法律规定息息相关。

1. 配偶不能成为公司股东的情形

配偶不能成为股东的情形主要有以下两种：

（1）股东方不同意分割股权。这种情况下法院往往会考虑有限公司的人合性，将股权判归股东方，并给予配偶折价补偿款。

（2）基于公司治理的人合性，夫妻就股权分割问题虽达成一致，持股方同意将一定比例的股权转让给配偶，但公司其他股东不同意且主张同等条件下行使优先购买权，此种情形下，非股东配偶无法成为公司股东。

2. 配偶可以成为股东的情形

根据《最高人民法院关于适用〈中华人民共和国民法典〉婚姻家庭编的解释

(一)》第73条的规定,存在以下两种情形,配偶可以成为股东:

(1)夫妻双方协商一致将出资额部分或者全部转让给该股东的配偶,其他股东过半数同意,并且其他股东均明确表示放弃优先购买权的,该股东的配偶可以成为公司股东。

(2)夫妻双方就出资额转让份额和转让价格等事项协商一致后,其他股东半数以上不同意转让且不愿意以同等条件购买该出资额的,视为其同意转让,该股东的配偶可以成为该公司股东。

另外,实践中,若夫妻双方协商不一致且股权价值难以评估时,其他股东若同意转让并放弃优先购买权,法院也可以直接作出分割股权判决。

法律规定

《最高人民法院关于适用〈中华人民共和国民法典〉婚姻家庭编的解释(一)》

第七十三条　人民法院审理离婚案件,涉及分割夫妻共同财产中以一方名义在有限责任公司的出资额,另一方不是该公司股东的,按以下情形分别处理:

(一)夫妻双方协商一致将出资额部分或者全部转让给该股东的配偶,其他股东过半数同意,并且其他股东均明确表示放弃优先购买权的,该股东的配偶可以成为该公司股东;

(二)夫妻双方就出资额转让份额和转让价格等事项协商一致后,其他股东半数以上不同意转让,但愿意以同等条件购买该出资额的,人民法院可以对转让出资所得财产进行分割。其他股东半数以上不同意转让,也不愿意以同等条件购买该出资额的,视为其同意转让,该股东的配偶可以成为该公司股东。

用于证明前款规定的股东同意的证据,可以是股东会议材料,也可以是当事人通过其他合法途径取得的股东的书面声明材料。

律师提示

非持股配偶一方在离婚财产分割中若想要直接分得公司股权,成为公司股东,在实践中是非常困难的。且不论股东方是否愿意将股权分割一半,单论其他股东的优先购买权，就是一大阻碍。另外，司法解释中规定的能够证明其他股东同意转让股权的材料，如股东会决议，并不容易获得。因此，若想要在股权分割事项中占据主动地位，笔者建议非持股配偶一方尽量参与公司的经营管理，对公司的运营、财务、股权变更等有基本的了解，必要的时候，夫妻之间可以签署代持股协议，以保障非持股配偶一方的合法权益。

57

离婚时如何分割“夫妻公司”的股权？

案例

2000年，张女士与熊先生通过朋友介绍相识相恋；2004年，两人在深圳登记结婚。婚后不久，张女士与熊先生便成立了迎风公司。这是一家“夫妻公司”，注册资本100万元，张女士出资20万元占20%的股权，熊先生出资80万元占80%的股权并担任法定代表人。

在张女士与熊先生的经营下，公司发展蒸蒸日上；与此同时，二人还生育了一个小孩，一切看起来稳中向好。但随着公司转型发展，夫妻之间的关系却越发紧张，公司转型不顺逐渐影响了小两口的感情。两人针尖对麦芒，互不相让，原本温馨的家渐渐被争吵声充斥，彼此疲惫不堪。2016年6月，经法院判决，这段曾美好过的婚姻终于还是走到了尽头。

由于在离婚诉讼中未对迎风公司股权进行处理，张女士与熊先生对股权的归属产生了纠纷。张女士另行提起诉讼，要求依法分割迎风公司股权。张女士称该公司为熊先生实际控制，要求按注册资本对应的股权价值进行分割，由熊先生向其支付折价款；熊先生则称该公司目前处于亏损状态，无法正常经营，不同意按注册资本进行分割，同意每人分割50%股权。张女士、熊先生双方就该公司的股权价值无法达成一致意见。

请问：迎风公司的股权应如何分割？

律师解答

在分割夫妻公司股权的离婚诉讼中，法院通常会尊重当事人的意思自治，若当事人对股权的分割方式及股权价值能达成一致，即按双方协商一致的结果处理；若无法达成一致，且无法确定股权价值，法院倾向于平均分割公司股权份额或不作处理。

法院裁判

迎风公司系张女士与熊先生婚姻关系存续期间用夫妻共同财产投资设立的夫妻公司，公司经营所产生的收益均属于夫妻共同财产。工商登记载明的注册资本只是公司设立时的股权价值，不能作为评估公司股权价值的依据，张女士要求按公司注册资本确定股权价值没有法律依据。同时，因张女士、熊先生均未向法院申请评估该公司股权的价值，故法院判决熊先生应向张女士转让其名下持有的公司30%的股权。

律师评析

所谓的“夫妻公司”，即夫妻双方婚后设立的仅有夫妻双方作为股东的有限责任公司。对于“夫妻公司”股权在离婚诉讼中的分割，法院首先尊重当事人的意思自治，如果夫妻双方能够就股权如何分割达成一致，即按一致意见处理。但绝大多数情况下，夫妻双方很难达成一致意见，此时法院将如何处理？

首先，夫妻双方若均有经营能力，并且愿意继续共同经营的，法院可按比例分割股权；若双方均主张折价补偿款，法院可释明当事人另行对公司进行拍卖、变卖或解散清算并分割折价款；若一方主张股权，另一方主张补偿款，可在确定股权价值后由获得股权一方给付另一方补偿款。

其次,若双方无法协商一致且无法确定股权价值的,法院倾向于平均分割公司股权或者在离婚诉讼中不作处理。上述案例就属于此种情形,张某要求按注册资本作为公司股权价值进行分割,由熊某向其支付折价款,而熊某则要求平均分割股权,两人就股权分割无法达成一致,股权价值也因双方均不申请评估而处于不确定状态,法院最后判决双方各持有该公司50%的股权。

法律规定

《最高人民法院关于适用〈中华人民共和国民法典〉婚姻家庭编的解释(一)》

第七十二条　夫妻双方分割共同财产中的股票、债券、投资基金份额等有价证券以及未上市股份有限公司股份时,协商不成或者按市价分配有困难的,人民法院可以根据数量按比例分配。

律师提示

在司法实践中,夫妻公司的股权分割是离婚案件中的难点,案件的判决结果一般包括按比例分割股权、一方持有股权并向对方支付折价款、分割投资款、不予处理等情形,判决结果不一。建议夫妻双方在婚前或婚后签署针对股权在内的财产约定,提前约定好股权的归属,避免将来离婚析产时,双方对公司股权的分割产生争议,影响公司的发展。

58

夫妻一方擅自转让股权，离婚时如何处理？

案例

邓女士与李先生于2005年登记结婚，婚后生育一子。2016年，一次偶然的机会，邓女士撞见李先生与第三者刘女士举止亲密，深感被背叛的邓女士毅然决然与李先生分居，准备离婚。

两人分居后，李先生与第三者刘女士于2017年开始同居，并于同年9月1日成立A公司，注册资本为10,000万元，李先生为唯一股东；并以A公司名义设立B公司，注册资本为5000万元，A公司完全控股。

2019年5月，邓女士向法院提起离婚诉讼，该案经中级人民法院二审审理后于2021年11月作出了民事判决，判令准许双方离婚。虽然二人婚姻关系已解除，但并未对夫妻共同财产进行分割。

在邓女士与李先生离婚诉讼期间，A公司（转让方）与C公司（受让方）签订《B公司股权转让合同》，约定：A公司同意将持有的B公司51%的股权以2060万元转让给C公司。2019年9月，B公司的股东由A公司（100%）变更登记为A公司（49%）、C公司（51%）。C公司唯一股东及法定代表人为第三者刘女士。

邓女士察觉到李先生这一举动后，2020年1月以A公司、B公司、C公司、李先生、刘女士为被告向法院提起了股权转让纠纷诉讼，请求判决确认A公司与C公司签订的《B公司股权转让合同》无效。法院审理后，于2021年9月作出判决，确认该股权转让合同无效。而后，2022年1月，邓女士向法院起诉，要求分割A公司股权，主张其应分得75.5%的股权。

请问：邓女士能否以李先生擅自转让夫妻共同财产为由要求多分割股权？

律师解答

根据《民法典》的规定，夫妻一方隐藏、转移、变卖、毁损、挥霍夫妻共同财产的，在离婚分割夫妻共同财产时，对该方可少分或者不分。在确认李先生擅自转让股权构成恶意转移夫妻共同财产的前提下，邓女士可以要求多分财产。

法院裁判

李先生在与邓女士婚姻关系存续期间成立A公司，并作为公司的法定代表人和唯一股东，而在C公司受让B公司的51%股权之前，A公司系B公司的唯一股东，占股100%，据此由B公司形成的100%股权及由A公司形成的100%股权均应为邓女士与李先生的夫妻共同财产。

李先生在与邓女士离婚诉讼期间，未经邓女士同意，将A公司所持有的B公司51%的股权转让给C公司，且无证据证明C公司就受让的上述股权支付了相应的对价，李先生的上述行为明显属于转移夫妻共同财产，且恶意较大。《最高人民法院关于适用〈中华人民共和国民法典〉婚姻家庭编的解释(一)》第72条规定："夫妻双方分割共同财产中的股票、债券、投资基金份额等有价证券以及未上市股份有限公司股份时，协商不成或者按市价分配有困难的，人民法院可以根据数量按比例分配。"因对A公司的股权价值进行估价存在客观困难，考虑到李先生恶意转让夫妻共同财产行为，法院酌情确定由邓女士分得A公司65%的股权，李先生分得A公司35%的股权。

律师评析

1. 夫妻一方擅自转让股权的行为可能无效

(1)转让行为因恶意串通无效。

《民法典》第154条规定："行为人与相对人恶意串通，损害他人合法权益的民事法律行为无效。"夫妻一方未经配偶同意擅自将登记在自己名下的股权转让给非善意第三人，存在恶意串通，损害了配偶的合法利益，该转让行为会被认定为无效。

(2)夫妻一方擅自转让股权的行为构成无权处分，相对人不满足善意取得要件时，转让行为不发生法律效力。

在邓女士诉请确认《B公司股权转让合同》无效的判决中，法院认为案涉股权为夫妻共同财产，其转让千万元资产，明显超出日常生活需要，李先生应和邓女士协商一致后方可进行，否则构成擅自处分，其行为一般应当被确认为无效，但是第三人善意、有偿取得该股权的情况除外。C公司在受让B公司股权时，明知李先生名下A公司股权50%份额已被冻结，同时C公司未举证证明其已实际向A公司支付了股权转让对价款，故C公司的受让行为不能构成善意取得。

司法实践中，大多数观点认为转让行为有效。最高人民法院在《第二巡回法庭2020年第3次法官会议纪要》中明确夫妻一方擅自转让股权属于有权处分，如无恶意串通损害另一方利益等导致合同无效的情形，合同应为有效，登记为股东的一方应按合同约定履行股权转让义务。股权作为一项特殊的财产权，除其具有的财产权益内容外，还具有与股东个人的社会属性及其特质、品格密不可分的人格权、身份权等内容。如无特别约定，对于自然人股东而言，股权仍属于商法规范内的私权范畴，其各项具体权能应由股东本人独立行使，不受他人干涉。在股权流转方面，《公司法》确认的合法转让主体也是股东本人，而不是其所在的家庭，我国现行法律并未明确规定配偶一方转让其在公司的股权时，须经另一方配偶同意的规定。

2. 配偶可以一方恶意转移夫妻共同财产为由要求多分财产

根据《民法典》第1092条的规定，夫妻一方隐藏、转移、变卖、毁损、挥霍夫妻共同财产，在离婚分割夫妻共同财产时，对该方可少分或者不分。股东擅自转让股权的行为有可能构成恶意转移财产（如其转让行为发生在离婚诉讼期间、受让方未支付合理对价、股权转让合同已被生效判决确认无效等），配偶一方可以据此主张多分财产，从而保护自身的合法利益。

法律规定

《中华人民共和国民法典》

第一千零九十二条　夫妻一方隐藏、转移、变卖、毁损、挥霍夫妻共同财产，或者伪造夫妻共同债务企图侵占另一方财产的，在离婚分割夫妻共同财产时，对该方可少分或者不分。离婚后，另一方发现有上述行为的，可以向人民法院提起诉讼，请求再次分割夫妻共同财产。

律师提示

股东擅自转让登记在其名下的股权，通常情况下，该转让行为是有效的。为避免权利受到损害，配偶一方可选择与股东方签订婚内协议，明确要求未经其同意不得擅自转让股权。

作为股权的受让方，为避免受让股权后出让方的配偶主张股权转让无效，应做好相应的尽职调查工作，尽到必要的注意义务和审查义务，若签订股权转让合同时，出让方与其配偶正处于离婚诉讼期间或感情恶化时期，可以要求出让方出具其配偶同意转让股权的书面文件。

59

婚姻关系存续期间缴纳的住房公积金是否属于夫妻共同财产？

案例

梁女士、张先生于2002年1月9日登记结婚，2018年6月3日协议离婚。双方签订了离婚协议，协议中关于夫妻共同财产部分约定如下：(1)存款：双方各自名下的一切银行账户存款归各自所有。(2)签订离婚协议后3个月内，男方一次性支付女方经济补偿款人民币200万元。协议中并未对住房公积金存款的分割作出约定，这也导致后续两人在这一问题上纠纷不断。

2018年8月，梁女士向人民法院提起诉讼，要求依法分割张先生在双方婚姻关系存续期间内的住房公积金存款。张先生辩称，双方在离婚协议中已经明确约定各自名下的存款归各自所有，住房公积金属于存款，双方各自名下的公积金存款均不予分割;张先生进一步提起反诉,要求分割梁女士名下公积金等其他夫妻共同财产。截至 2018 年 6 月 3 日双方离婚时,梁女士住房公积金账户余额为 109,246.14 元,张先生住房公积金账户余额为 258,700.6 元。

请问:夫妻双方在婚姻关系存续期间缴纳的住房公积金是否属于夫妻共同财产?

律师解答

夫妻双方在婚姻关系存续期间缴纳的住房公积金属于夫妻共同财产,张先生与梁女士均有权要求分割彼此的住房公积金存款。

法院裁判

从公积金的本质看,其不应属于银行存款,梁女士、张先生双方虽然在离婚协议中约定"各自名下所有一切银行账户存款归各自所有",但该约定并未包含公积金款项。故梁女士、张先生在婚姻关系存续期间内的公积金账户款项余额属于夫妻共同财产,应依法予以分割。结合梁女士、张先生双方在离婚时的公积金款项余额,梁女士、张先生住房公积金账户内的款项归各自所有,梁女士应向张先生支付住房公积金补偿款 54,623.07 元,张先生应向梁女士支付住房公积金补偿款 129,050.3 元。

律师评析

1. 住房公积金不同于个人存款

住房公积金是指国家机关、国有企业、城镇集体企业、外商投资企业、城镇私营企业和其他城镇企业、事业单位、民办非企业单位、社会团体为其在职职工缴存的长期住房储金。住房公积金具有保障性、互助性和强制性的特点。从《住房公积金管理条例》规定的内容看,住房公积金虽然以在银行开立公积金专户的形式体现,但是其管理依据、账户的管理机构、款项用途及存取的自由程度等与银行存款均不相同。

首先,从管理依据来看,公积金管理依据的是《住房公积金管理条例》等相关规定,和银行存款依据的银行相关规定并不相同;其次,从账户的管理机构来看,公积金由住房公积金管理中心运作,而银行存款由银行负责;再次,从两者用途来看,存款可以由储户自由支配,但是公积金必须按照规定用途使用;最后,两者领取的要求不同,存款领取无须任何条件,银行必须无条件地兑付,而公积金的领取只有在特定情况下才可以领取。综上,公积金不应属于银行存款。

2. 婚姻关系存续期间取得的住房公积金属于夫妻共同财产

根据《最高人民法院关于适用〈中华人民共和国民法典〉婚姻家庭编的解释(一)》第25条的规定:男女双方在婚姻关系存续期间实际取得或者应当取得的住房补贴、住房公积金属于夫妻共同财产。因此双方在婚姻关系存续期间获得的住房公积金属于夫妻共同财产。但因住房公积金的提取人仅限于公积金账户的所有人,且必须符合条件时方可提取,而当事人离婚并非提取住房公积金的事由,因而虽然婚姻关系存续期间的住房公积金属于夫妻共同财产,实际上一方无法分割另一方住房公积金账户内的缴存数额,故该款项应归缴存方所有,由其给予对方货币补偿。故在上述案例中,法院判决梁某、张某住房公积金账户内的款项归各自所有,梁某、张某分别向彼此支付住房公积金差额部分的补偿款。

法律规定

《最高人民法院关于适用〈中华人民共和国民法典〉婚姻家庭编的解释(一)》

第二十五条　婚姻关系存续期间,下列财产属于民法典第一千零六十二条规定的"其他应当归共同所有的财产":

(一)一方以个人财产投资取得的收益;

(二)男女双方实际取得或者应当取得的住房补贴、住房公积金;

(三)男女双方实际取得或者应当取得的基本养老金、破产安置补偿费。

律师提示

当事人在夫妻财产协议、离婚协议中若约定了住房公积金的归属,一定要明确指出是住房公积金,而不能笼统地用银行存款概括。上述案例中,张先生、梁女士就因离婚协议中对于住房公积金的约定不明确而产生纠纷。

60

婚后基本养老保险账户中个人缴纳部分,在离婚时能否要求分割?

案例

任先生、崔女士于1998年5月6日登记结婚,双方均系再婚。任先生婚前已育有一女。1999年8月,任先生与崔女士又育有一女。二人的婚后生活并没有想象般幸福,由于二人性格不合及家庭关系过于复杂,致使家庭矛盾不断。两人经常因生活琐事发生争吵,从一开始言语上的冲突升级到肢体冲突,任先生长期家暴崔女士。

崔女士为了孩子隐忍多年,而后于2021年4月8日起诉离婚,2021年8月15日在法院主持调解下双方自愿离婚,并且达成协议,双方同意关于双方婚后共同财产分割另案进行处理。因此,崔女士另行提起诉讼请求分割夫妻共同财产,这其中包括崔女士名下基本养老账户中个人所缴纳的养老保险费金额23,000元。

任先生主张,崔女士养老保险账户内全部缴费金额源于夫妻共同财产,因此该款项应作为夫妻共同财产进行分割。

请问:任先生能否分割崔女士婚后基本养老保险账户中个人所缴纳的养老保险费?

律师解答

婚后基本养老保险账户中个人缴纳的保险费用属于夫妻共同财产，离婚时可以分割。

法院裁判

《最高人民法院关于适用〈中华人民共和国民法典〉婚姻家庭编的解释（一）》第80条规定："离婚时夫妻一方尚未退休、不符合领取基本养老金条件，另一方请求按照夫妻共同财产分割基本养老金的，人民法院不予支持；婚后以夫妻共同财产缴纳基本养老保险费，离婚时一方主张将养老金账户中婚姻关系存续期间个人实际缴纳部分及利息作为夫妻共同财产分割的，人民法院应予支持。"崔女士与任先生婚姻关系存续期间，崔女士作为职工缴纳了基本养老保险，其个人缴纳的部分是以夫妻共同财产所缴，因此法院最终认定崔女士基本养老账户中个人所缴纳的养老保险费金额23，000元属于夫妻共同财产，任先生应分得11，500元。

律师评析

随着我国基本养老保险制度的完善和居民收入水平的提高，居民的基本养老金也在逐步提高。越来越多的当事人在离婚诉讼中要求分割养老保险费或基本养老金。

1. 区别养老保险费与基本养老金

养老保险费与基本养老金极易"混同"。养老保险费通常是指职工在退休前由单位按照国家规定从职工工资中按比例扣缴或者统筹，该扣缴和统筹的资金构成了职工个人账户下的养老保险费；而基本养老金实际是职工在退休后才能领取的工资。

基本养老金具有时间属性和身份属性，离婚时夫妻一方尚未退休的，不符合领取基本养老保险金条件，另一方请求按照夫妻共同财产分割基本养老保险金的，人民法院不予支持。

2. 离婚案件中养老保险费具体分割方式

通常情况下，职工个人账户中缴纳的养老保险费是从其个人工资中扣除的，因此,养老保险费具有工资属性,从理论上讲,婚后缴纳的养老保险费应当纳入夫妻共同财产的范围。

根据《最高人民法院关于适用〈中华人民共和国民法典〉婚姻家庭编的解释(一)》第80条的规定,我国的养老保险费管理制度并未将婚姻关系的终结作为提取该款项的事由,导致未退休的离婚当事人实际上无法对养老保险费进行分割,那么该条司法解释在实践中如何操作呢?

笔者认为,离婚案件的财产分割方法不外乎实物分割、价金分割和价值补偿三种。由于基本养老保险个人账户具有人身专属性,实践中通常以夫妻关系确立时起至法院判决之日止的基本养老保险个人账户金额为依据、以价值补偿为手段来分割养老保险费。本案中,法院即采取这种方式分割崔女士基本养老保险账户中个人所缴纳的养老保险费。

法律规定

《最高人民法院关于适用〈中华人民共和国民法典〉婚姻家庭编的解释(一)》

第八十条　离婚时夫妻一方尚未退休、不符合领取基本养老金条件,另一方请求按照夫妻共同财产分割基本养老金的,人民法院不予支持;婚后以夫妻共同财产缴纳基本养老保险费,离婚时一方主张将养老金账户中婚姻关系存续期间个人实际缴纳部分及利息作为夫妻共同财产分割的,人民法院应予支持。

律师提示

在离婚分割夫妻共同财产时,养老保险部分是极易忽略的财产部分,为防止离婚后再次分割,建议在协议离婚或诉讼离婚过程中对养老保险部分进行明确的处理,以防止发生纠纷。

61

分居期间，夫妻一方的收入属于夫妻共同财产吗？

案例

郭先生与陈女士于1984年12月9日登记结婚，婚后第二年，两人生育一男孩。2003年前后，郭先生与陈女士感情爆发危机，在沟通无果后，双方于2007年正式分居。

2009年，郭先生被检查出身体存在痉挛性斜颈、双侧股骨头坏死等严重问题，已构成四级肢体残疾。2016年5月28日，郭先生向法院起诉离婚。同年7月22日，一审法院作出判决，准予双方离婚，但因双方未就分割夫妻共同财产的达成一致意见，离婚判决中对财产部分未作处理。2019年，郭先生起诉要求分割夫妻共同财产，陈女士则相应地提出要分割双方婚姻关系存续期间（包括分居期间）郭先生的工资收入及银行存款。

请问：陈女士能否要求分割郭先生于双方分居期间所取得的收入？

律师解答

陈女士有权要求分割郭先生于双方分居期间所取得的收入。夫妻在婚姻关系存续期间所得的工资收入，归夫妻共同所有。即便夫妻事实上分居生活，但法律上双方的婚姻关系仍然存续，因此在无特别约定的情况下，分居期间夫妻一方的收入也属于夫妻共同财产。

法院裁判

郭先生、陈女士分居期间郭先生所得收入仍为夫妻共同财产，其收入应从 2007 年分居计算到 2016 年 7 月，2007 年至 2016 年郭先生的佣金和福利保障约 184 万元，184 万元收入扣除郭先生因生病所必要的支出 88 万元后剩余 96 万元，这部分属于夫妻共同财产。综合考虑双方其他财产的分割情况，以及陈女士属于女性，在分割财产上应当予以照顾，但郭先生属于肢体四级残疾，也应予以考虑，法院最终认为对于郭先生剩余 96 万元中以郭先生分得 66 万元，陈女士分得 30 万元为妥。

律师评析

首先应明确我国依法采用的是婚姻登记制度，即缔结婚姻关系和解除婚姻关系均以到婚姻登记机关办理登记为准。基于此，夫妻因感情不和而长期分居，无论分居时间长短，只要未办理离婚登记手续，实际上仍然是合法夫妻。

《民法典》规定在婚姻关系存续期间，一方所得的财产，只要夫妻双方没有其他特别约定，就属于夫妻共同财产，在夫妻离婚时，需要进行分割。《最高人民法院关于人民法院审理离婚案件处理财产分割问题的若干具体意见》（已失效）第 4 条规定，夫妻分居两地分别管理、使用的婚后所得财产，应认定为夫妻共同财产。在分割财产时，各自分别管理、使用的财产归各自所有。双方所分财产相差悬殊的，差额部分，由多得财产的一方以与差额相当的财产抵偿另一方。虽然该司法解释已经失效，但因《民法典》婚姻家庭编及司法解释未对该问题作出明确规定，笔者认为该解释仍具有参考价值。

分居期间双方的收入，法院一般会判决该部分财产由双方平均分割，这是比较常见的处理方式。但不排除部分法院在实际操作中，会综合考虑双方的收支情况、对家庭的实际贡献，在财产分割上有所倾斜。

法律规定

《中华人民共和国民法典》

第一千零六十二条　夫妻在婚姻关系存续期间所得的下列财产，为夫妻的共同财产，归夫妻共同所有：

(一)工资、奖金、劳务报酬;

(二)生产、经营、投资的收益;

(三)知识产权的收益;

(四)继承或者受赠的财产,但是本法第一千零六十三条第三项规定的除外;

(五)其他应当归共同所有的财产。

夫妻对共同财产,有平等的处理权。

律师提示

实践中,经常出现夫妻双方事实上早已分居,且分居多年,但因未及时办理离婚登记手续而引发的财产纠纷,律师提示,在双方确无法继续维系婚姻关系时,应及时办理离婚登记手续,从根源上解决可能会因分居而产生的纠纷;如暂时不想或无法办理离婚登记的,夫妻双方可以在分居时签署分居协议或婚内财产协议,约定分居期间各自取得的财产归各自所有。

62

夫妻一方擅自将夫妻共有的财产赠与第三者,配偶方可以要回吗?

案例

吴女士与马先生相识于2005年,2007年5月3日两人登记结婚,这段婚姻持续了十二年,但双方终究没能一起走下去。2019年7月,吴女士与马先生登记离婚。离婚后两人仍共同生活在一起,给彼此一定的过渡时间。然而就在这期间，吴女士偶然在马先生手机上看到马先生与刘女士之间的暧昧信息和财物往来信息，后马先生在确凿的证据面前承认存在婚外情事实。马先生自述其与刘女士从2018年2月开始交往，于2019年5月结束交往，在此期间马先生除向刘女士大额转账共150,000元外，还通过支付宝、银行、微信向刘女士支付178,632.6元，共计328,632.6元。吴女士向法院起诉，请求确认马先生的赠与行为无效，并要求刘女士返还全部款项。

请问：马先生的赠与行为是否有效？

律师解答

马先生婚内擅自赠与第三者的财物，因违反了公序良俗，侵害了配偶的合法权益，赠与无效。

法院裁判

本案历经一审、二审，且二审判决推翻了一审的裁判结果。

一审法院经审理认为：马先生向刘女士转账的行为系赠与；马先生在婚姻关系存续期间与刘女士发生婚外情的行为有违公序良俗，应予谴责；马先生在婚姻关系存续期间转移夫妻共同财产的行为，侵犯了吴女士的财产利益，但未认定全部赠与行为无效，具体如下：(1)小额转账的赠与有效。马先生与刘女士交往期间共有25笔转款记录，转账金额从520元至100,000元不等，因无法查明刘女士是否明知马先生已婚，故相对小额的赠与不宜认定无效。(2)大额转账的赠与无效。马先生分别向刘女士转账的100,000元及50,000元，金额较大，已明显超出一般日常生活用途，刘女士并未进行合理说明，故认定该两笔款项的赠与无效，刘女士应当返还。刘女士返还的财产属吴女士与马先生婚姻关系存续期间的共同财产，因吴女士与马先生已离婚，吴女士有权以夫妻关系期间享有共同财产50%份额为由向刘女士主张返还款项150,000元的50%即75,000元。

二审法院经审理认为：马先生的转账行为全部无效，具体分析如下：

马先生与吴女士在婚姻关系存续期间并未实行分别财产制，双方婚姻关系存续期间所得的财产依法属于夫妻共有财产，一方非基于家庭及生活需要而处分夫妻共有财产应征得对方的同意。马先生未征得吴女士的同意将夫妻共有财产转给刘女士，且马先生在与吴女士的婚姻关系存续期间，与刘女士发生婚外情，违反公序良俗；马先生非基于家庭生活的需要而单方处置夫妻共有财产的上述行为应认定全部无效。

律师评析

根据我国《民法典》第 1062 条第 2 款的规定："夫妻对共同财产，有平等的处理权。"一方因日常生活需要而处分夫妻共同财产，如添置生活用品等情况，有权单独决定；但一方非基于家庭及生活需要而处分夫妻共有财产，则应征得对方的同意，由夫妻双方协商决定。马先生非因日常生活需要而将共同财产无偿赠与刘女士，严重损害了吴女士的合法权益。同时，根据《民法典》第 153 条第 2 款的规定："违背公序良俗的民事法律行为无效。"赠与虽是一种自愿的民事法律行为，但是在婚姻关系存续期间，出轨方对第三者的无偿赠与行为损害了配偶方的情感和财产权利，违反公序良俗，不能得到法律保护。在确认赠与无效的前提下，利益受损方即配偶可要求受赠方返还不当得利。

法律规定

《中华人民共和国民法典》

第一百五十三条　违反法律、行政法规的强制性规定的民事法律行为无效。但是，该强制性规定不导致该民事法律行为无效的除外。

违背公序良俗的民事法律行为无效。

第三百一十一条　无处分权人将不动产或者动产转让给受让人的，所有权人有权追回；除法律另有规定外，符合下列情形的，受让人取得该不动产或者动产的所有权：

（一）受让人受让该不动产或者动产时是善意；

（二）以合理的价格转让；

（三）转让的不动产或者动产依照法律规定应当登记的已经登记，不需要登记的已经交付给受让人。

受让人依据前款规定取得不动产或者动产的所有权的，原所有权人有权向无处分权人请求损害赔偿。

当事人善意取得其他物权的,参照适用前两款规定。

律师提示

夫妻双方的忠诚义务是基本的道德和法律要求。若夫妻一方发现另一方有将夫妻共同财产赠与第三者的情形,无论离婚与否,均可以请求法院确认该赠与行为无效,进而要求婚外情第三者返还赠与财产的全部份额,从而更好地维护自身合法权益。

63

婚内夫妻一方以个人名义借款,另一方是否有偿还义务?

案例

刘先生和江女士是大学的同窗好友,两人于1999年3月1日登记结婚。2016年,他们决定开启自己的创业之路,一起成立了汇鸿公司。刘先生和江女士在公司中各占股50%。

2020年7月1日,刘先生因公司资金周转需要以个人名义向梁某借款380,000元,并向梁某出具借条,约定借款期限为2020年7月1日至2020年10月1日,借款利率为月利率2%;2020年11月1日,刘先生再次向梁某借款120,000元,借款期限为2020年11月1日至2020年12月1日,若逾期则每日按欠款金额的0.4%支付违约金,并向梁某出具借条。

现因刘先生到期不偿还借款,梁某向法院起诉,要求刘先生偿还借款本金500,000元及利息50,000元,并要求江女士承担连带清偿责任。

梁某主张上述借款为夫妻共同债务遂要求江女士承担连带清偿责任。江女士辩称,该债务系刘先生以个人名义借款不属于夫妻共同债务,江女士的家庭日常生活收入源于其工资。

请问:江女士是否需要对该笔债务承担连带清偿责任?

律师解答

若梁某能证明该债务用于刘先生与江女士的夫妻共同生活、共同生产经营或者基于夫妻双方共同意思表示,那么该笔债务就属于夫妻共同债务,江女士需要对该笔债务承担连带清偿责任。

法院裁判

关于其中120,000元借款:结合聊天记录和借条的内容可以认定其中120,000元借款系由货款转化而来,刘先生与江女士均为汇鸿公司的股东,结合两人名下的房产情况和子女教育及被告的收入情况,认定上述120,000元借款用于夫妻共同生产经营,应为夫妻共同债务。

关于其中380,000元借款:380,000元的借款用于刘先生、江女士婚姻关系存续期间成立的公司生产经营,且双方目前仍为该公司的股东,故该笔借款应为夫妻共同债务。法院最终判决刘先生、江女士向梁某连带偿还借款本金500,000元及利息。

律师评析

当民间借贷纠纷涉及夫妻共同财产时,如何认定该借款是否属于夫妻共同债务是司法实践中的难题。夫妻共同债务的认定不仅与债权人的利益和交易安全有关,还与夫妻双方的财产权利紧密关联。判断夫妻一方以个人名义借款,该债务是否属于夫妻共同债务，关键在于另一方对该笔借款是否知情，借款是否为家庭日常生活所需要，是否用于夫妻共同生活、共同生产经营。夫妻合意举债情形在此就不多赘述，根据《民法典》第1064条的规定，夫妻一方以个人名义负债主要包括以下两种情形：

一是夫妻一方在婚姻关系存续期间以个人名义为家庭日常生活需要所负的债务为夫妻共同债务。这是对夫妻双方家事代理权的认可。夫妻是生活共同体，夫妻双方应当共同承担一方为家庭日常生活所负的债务。

二是关于夫妻一方在婚姻关系存续期间以个人名义超出家庭日常生活需要所负的债务，只有在债权人能够证明该债务用于夫妻共同生产经营、共同生产经营或者基于夫妻双方共同意思表示的情况下，才能够被认定为属于夫妻共同债务。回到上述案例，刘先生因公司资金周转以个人名义向梁某借款显然超出了家庭日常生活需要的范围，此时债权人梁某需承担举证责任，证明该债务用于夫妻共同生活、共同生产经营或者基于夫妻双方共同意思表示。梁某提交的借条、微信聊天记录均可以证明该债务用于了夫妻双方共同生产经营，故而江女士需要对该笔债务承担连带清偿责任。

法律规定

《中华人民共和国民法典》

第一千零六十四条　夫妻双方共同签名或者夫妻一方事后追认等共同意思表示所负的债务，以及夫妻一方在婚姻关系存续期间以个人名义为家庭日常生活需要所负的债务，属于夫妻共同债务。

夫妻一方在婚姻关系存续期间以个人名义超出家庭日常生活需要所负的债务，不属于夫妻共同债务；但是，债权人能够证明该债务用于夫妻共同生活、共同生产经营或者基于夫妻双方共同意思表示的除外。

律师提示

为了防范婚内夫妻一方以个人名义借款所带来的风险，笔者建议夫妻双方可以采取以下措施：

1. 签署婚前协议:约定在婚姻关系存续期间,任何一方个人借款所产生的债务,应由借款人个人独立承担,与家庭财产和配偶无关。

2. 加强家庭理财管理:婚内夫妻应加强家庭理财管理,制订合理的家庭理财计划,以合理利用家庭资金和家庭财产,避免因资金周转不畅产生个人借款需求。如果确有必要借款,则应在各自名下办理相关手续。

64

夫妻一方对外担保所形成的债务,是否属于夫妻共同债务?

案例

胡先生与王女士系夫妻。2007年至2009年,A公司、B公司、C公司与启诚公司陆续签署了合作开发合同及补充合同、共同开发合同、股东协议。2007年9月13日,胡先生向A公司出具个人担保承诺函,载明:胡先生自愿向A公司提供连带保证担保,担保范围为A公司的出资款11,077万元、借款2005万元、借款3000万元、担保期限以合作开发合同第10条第3款约定的为准。除共同开发合同变更约定"2005万元其中1000万元改由B公司归还,剩余1005万元由金羽公司和胡先生个人提供保证担保,承担连带担保责任"外,其余约定在共同开发合同中再次重申。

后因启诚公司违约,A公司、B公司、C公司向法院起诉要求解除上述五份合同,要求启诚公司返还借款及利息并由金羽公司、王女士承担连带清偿责任。三家公司认为胡先生应承担的连带清偿之债属于胡先生与王女士的夫妻共同债务,主张王女士对该债务承担连带清偿责任。

请问：胡先生对外担保所形成的债务，王女士是否要承担连带清偿责任？

律师解答

关于夫妻一方对外担保之债的性质认定，需全面考量该担保之债是否由夫妻双方共同签字或一方签字另一方事后追认，是否“超出家庭日常生活需要”，是否用于夫妻共同生活、共同生产经营或者基于夫妻双方共同意思表示。本案胡先生对外担保所形成的债务已超出家庭日常生活需要，且王女士个人并未在担保合同上签字，在无其他证据证明该债务用于夫妻共同生活、共同生产经营或者基于夫妻双方共同意思表示的前提下，王女士无须承担连带清偿责任。

法院裁判

案涉债务已超出一般家事代理权范围，其法律效力并不因王女士配偶胡先生的签字认可而当然及于王女士，根据《民法典》第 1064 条第 2 款的规定，A 公司、B 公司、C 公司主张王女士应承担连带清偿责任但并未举证证明该债务基于夫妻共同意思表示或用于夫妻共同经营、共同生活，王女士也未追认案涉债务，因此 A 公司、B 公司、C 公司主张王女士应就案涉债务承担连带清偿责任的理由不成立。

律师评析

实践中，广泛存在夫妻一方对外为第三人的债务提供担保的情形。夫妻一方对外担保之债的性质认定，在实践中是个难点。尤其是当一方以个人名义对外提供担保，且配偶一方无签字或承诺时，如何认定该债务是否构成夫妻共同债务？根据《民法典》第 1064 条的规定，需全面考量债务是否“超出家庭日常生活需要”，是否用于夫妻共同生活、共同生产经营或者基于夫妻双方共同意思表示。换言之，夫妻一方对外担保之债是否构成夫妻共债，关键在于夫妻双方是否作出愿意共同承担该债务的意思表示或夫妻一方对外担保的行为是否获得利益，该利益是否用于家庭共同生活或者共同生产经营。

上述案例中，担保人胡先生非债务人公司的股东，未从担保行为中获益，债权人也无法证明案涉款项用于家庭共同生活或夫妻二人共同生产经营，因此法院判决担保债务不构成夫妻共同债务。

实践中，夫妻一方以个人名义所负担保之债，一般应为个人债务。但是如果担保人是为家庭利益或夫妻共同利益所作担保、夫妻双方对此债务表示愿意共同承担或者债权人能举证证明担保人因对外担保获得经济利益且该利益用于夫妻共同生活或共同生产经营等，则应认定为夫妻共同债务。

法律规定

《中华人民共和国民法典》

第一千零六十四条　夫妻双方共同签名或者夫妻一方事后追认等共同意思表示所负的债务，以及夫妻一方在婚姻关系存续期间以个人名义为家庭日常生活需要所负的债务，属于夫妻共同债务。

夫妻一方在婚姻关系存续期间以个人名义超出家庭日常生活需要所负的债务，不属于夫妻共同债务；但是，债权人能够证明该债务用于夫妻共同生活、共同生产经营或者基于夫妻双方共同意思表示的除外。

律师提示

为了规避因夫妻一方对外担保所产生的连带影响，笔者建议夫妻双方应注意以下几点：

1. 签署婚前协议：约定在婚姻关系存续期间内，任何一方个人借款所产生的债务，由借款人个人独立承担，与家庭财产和配偶无关。

2. 不轻易对外担保：夫妻间应遵循理财共识，不轻易为他人的债务提供担保，避免出现对债务的无意识承担。对于确要担保的债务，应了解承担担保责任的内容和风险，妥善评估风险级别。

3. 家族财富隔离：适当运用信托、保险、基金等金融理财方法，将个人或企业的债务与家族财富隔离，确保家族财富的安全。

65

夫妻之间的借款在离婚时应如何处理?

案例

邢女士与王先生于 2013 年 12 月 12 日登记结婚,婚后因邢女士及其父母多次为王先生偿还婚前个人债务,王先生于 2017 年 8 月 20 日向邢女士出具借款协议,其中第 3 项载明"邢女士给我贷的 10 万元用来还我的民生信用卡,一共 3 年期,每月 20 日还 3500 元,这钱每月 20 日前给邢女士 3500 元",借款协议全部由王先生亲笔书写。

2017 年 9 月 21 日,邢女士与王先生登记离婚,离婚协议书载明无子女抚养;无财产分割;无债务、债权。

后因王先生不履行还款义务,双方就借款协议载明的第 3 项内容发生纠纷。邢女士向法院起诉,请求判令王先生向邢女士偿还借款 10 万元及利息。

请问:王先生是否需向邢女士偿还上述借款?

律师解答

夫妻之间订立借款协议,以夫妻共同财产出借给一方从事个人经营活动或者用于其他个人事务的,应视为双方约定处分夫妻共同财产的行为,离婚时可以按照借款协议的约定处理。因此,王先生有还款义务。

法院裁判

借款协议第 3 项载明"还我的民生信用卡",但从字面含义本身无法确认所还款项是夫妻共同债务还是被告的个人债务。在此情况下邢女士负有举证义务，应当证明所还的款项是王先生的个人债务。但邢女士所举证据并不足以证明该项事实，应认定邢女士、王先生以夫妻共同财产清偿了夫妻共同债务。

邢女士对一审判决不服，提起上诉。二审法院对借款协议第3项“邢女士给我贷的10万元用来还我的民生信用卡，一共3年期，每月20日还3500元，这钱每月20日前给邢女士3500元”重新进行解读，从其文字意思能够确认，双方订立了借款协议，王先生向邢女士作出了如何偿还的承诺。该书面凭证可以视为双方对邢女士贷款10万元作出了如何处分、分配的意思表示，且双方的意思表示真实，不违反法律规定，应当予以履行。

律师评析

夫妻之间签订借款协议仍然属于民事主体之间的借贷行为，应当充分尊重双方当事人的意思自治。夫妻二人无论是在婚前还是在婚后，都是独立平等的民事主体，婚姻关系不会导致任何一方独立民事主体地位的丧失。但对于借款协议的处理会因夫妻财产制及借款资金来源的不同而有所区别。

若夫妻双方实行的是分别财产制，或者夫妻一方向另一方借取的款项为另一方的个人财产，那么应适用普通自然人之间的民间借贷法律规范，确认双方形成的借贷关系，该借贷关系不因双方之间存在夫妻关系而受到任何影响。

若夫妻双方实行的是共同财产制，根据《最高人民法院关于适用〈中华人民共和国民法典〉婚姻家庭编的解释(一)》第82条的规定，夫妻之间订立借款协议，以夫妻共同财产出借给一方从事个人经营活动或者用于其他个人事务的，应视为双方约定处分夫妻共同财产的行为，离婚时可以按照借款协议的约定处理。夫妻之间的钱款往来，仅改变其控制权，并不改变夫妻共同财产的性质，不构成借贷关系。但如果双方附带了明确的借款意图，如签订了借款协议或出具了欠条，则应该尊重当事人的意思自治，按照约定的内容进行处理，如借款方主张没有将借款用于个人经营或其他个人事务的，其应对此承担举证责任，否则需偿还全部借款。

法律规定

《中华人民共和国民法典》

第一千零六十四条第一款　夫妻双方共同签名或者夫妻一方事后追认等共同意思表示所负的债务,以及夫妻一方在婚姻关系存续期间以个人名义为家庭日常生活需要所负的债务,属于夫妻共同债务。

《最高人民法院关于适用〈中华人民共和国民法典〉婚姻家庭编的解释(一)》

第八十二条　夫妻之间订立借款协议,以夫妻共同财产出借给一方从事个人经营活动或者用于其他个人事务的,应视为双方约定处分夫妻共同财产的行为,离婚时可以按照借款协议的约定处理。

律师提示

夫妻二人在婚内签订借款协议时,应注意以下几点:

1. 协议应当明确约定借款金额、借款用途、借款期限、还款方式等基本条款,协议应当经双方自愿协商达成一致意见,并签字确认。

2. 如果借款源于夫妻共同财产,协议中应当明确说明借款用途,避免形成不必要的经济纠纷。

3. 书面形式的借款协议更利于证据保全,有利于避免借款后出现纠纷。

4. 应注意收集借款事实发生的相关证据,以便在双方因履行借款协议发生纠纷时,为各自的主张进行举证。

第六章

收养和赡养

66

老人收养路边弃婴，将其养育成年后反遭养子殴打，可以解除收养关系吗？

案例

1986年4月张大爷在某日外出务农时，在路边的草丛中捡到一名刚出生的男婴，根据现场的情况看，应该是一名被遗弃的婴儿，张大爷将男婴抱回家中，张大爷及其妻子对男婴非常喜欢，就决定将其收养。1987年4月，张大爷为该名男婴申报了户口，登记在张大爷夫妻二人的户口簿上，登记记载的亲属关系为“长子”，取名为张明。在张大爷夫妻二人将张明养育成人后，张大爷和妻子也变成了白发苍苍的老人。眼看养子张明到了适婚的年龄，两位老人倾尽家中的积蓄，为养子支付彩礼，娶妻盖房，助其组建起小家庭。张大爷与妻子没有其他的儿子，按照农村“养儿防老”的习俗，本以为张明与儿媳会为老两口养老，照顾其生活，但事与愿违，张明因经常酗酒，整日游手好闲，脾气变得越发暴躁，其妻子也是对两位老人经常辱骂，并拒绝向张大爷夫妻俩提供生活和经济上的帮助，甚至对两位老人动手，有时还会将老人赶出家门，不让老人回来。无奈之下，张大爷和妻子来到法院起诉，要求解除与养子张明的收养关系，并要求张明支付生活费、教育补助金等。

请问：张大爷与妻子可以解除与张明的收养关系吗？

律师解答

根据《民法典》第1115条以及第1118条第1款的规定，养父母与成年养子女关系恶化、无法共同生活的,可以协议解除收养关系。不能达成协议的,可以向人民法院起诉。收养关系解除后,经养父母抚养的成年养子女,对缺乏劳动能力又缺乏生活来源的养父母,应当给付生活费。因养子女成年后虐待、遗弃养父母而解除收养关系的,养父母可以要求养子女补偿收养期间支出的抚养费。因此,张大爷及妻子有权利作为共同的原告,起诉养子张明,解除收养关系,并主张收养期间支出的抚养费。

法院裁判

法院审理后认为,张大爷及其妻子收养张明并将其养育成人,在此期间支付了张明的教育费用,在张明成年后,又协助其娶妻建房,形成了事实上的收养关系,虽然张大爷及妻子在收养张明时,并没有严格按照相关法律的规定办理收养手续,但是法院仍然充分考虑到原告张大爷及妻子的文化水平,当地的人文风俗,听取了当地村民的证人证言,如果仅因为程序上缺乏收养的手续,就否定张大爷及妻子二十余年的付出,显然有失公允,也不利于社会价值观的正确引导。最终法院认可两位老人的养育行为,支持了其诉讼请求,判决解除张大爷及妻子与被告张明的收养关系,判令被告张明于判决生效十日内向张大爷及妻子支付生活费和教育费合计 15 万元。

律师评析

尊老爱幼是中华民族的传统美德,也是法律规定的义务。本案中张明被遗弃在路边的草丛中,幸被张大爷及其妻子善意收养才得以延续生命,在被养育的过程中,张大爷及妻子付出了较多的艰辛,在这样并不富裕的家庭,将一个婴儿抚养长大,协助娶妻建房,无论是在经济上还是在情感上,都付出了太多。但张明不知感恩,甚至对两位老人大打出手,违背公序良俗,两位老人有权利选择解除收养关系。当然,收养关系解除不代表赡养义务的终止,对于养父母存在缺乏劳动能力又缺乏生活来源的情形,受养育之恩的养子女仍应承担起赡养义务。

法律规定

《中华人民共和国民法典》

第一千一百一十一条　自收养关系成立之日起,养父母与养子女间的权利义务关系，适用本法关于父母子女关系的规定；养子女与养父母的近亲属间的权利义务关系，适用本法关于子女与父母的近亲属关系的规定。

养子女与生父母以及其他近亲属间的权利义务关系，因收养关系的成立而消除。

第一千一百一十四条　收养人在被收养人成年以前，不得解除收养关系，但是收养人、送养人双方协议解除的除外。养子女八周岁以上的，应当征得本人同意。

收养人不履行抚养义务，有虐待、遗弃等侵害未成年养子女合法权益行为的，送养人有权要求解除养父母与养子女间的收养关系。送养人、收养人不能达成解除收养关系协议的，可以向人民法院提起诉讼。

第一千一百一十五条　养父母与成年养子女关系恶化、无法共同生活的，可以协议解除收养关系。不能达成协议的，可以向人民法院提起诉讼。

第一千一百一十六条　当事人协议解除收养关系的，应当到民政部门办理解除收养关系登记。

第一千一百一十七条　收养关系解除后，养子女与养父母以及其他近亲属间的权利义务关系即行消除，与生父母以及其他近亲属间的权利义务关系自行恢复。但是，成年养子女与生父母以及其他近亲属间的权利义务关系是否恢复，可以协商确定。

第一千一百一十八条　收养关系解除后，经养父母抚养的成年养子女，对缺乏劳动能力又缺乏生活来源的养父母，应当给付生活费。因养子女成年后虐待、遗弃养父母而解除收养关系的，养父母可以要求养子女补偿收养期间支出的抚养费。

生父母要求解除收养关系的，养父母可以要求生父母适当补偿收养期间支出的抚养费；但是，因养父母虐待、遗弃养子女而解除收养关系的除外。

律师提示

我国《民法典》对于收养行为有明确的法律规定，对于收养条件及收养手续，亦有相应的法规指引，当事人在需要收养子女时，应按照法律规定，完善收养手续，这样也是对自己权益的保护。就如本案中，法院在查明收养关系事实时，做了大量的调查取证工作，两位老人的诉讼请求才得以实现。如果收养行为被法院认定为无效，养子女可以不对老人承担法定赡养义务，对于收养人来说，可能会遭受情感以及经济上的双重损失。

67

继子女是否有义务对继父母承担赡养义务？

案例

小佑7周岁时，父母离婚，小佑跟随母亲生活，两年后母亲与丁先生结婚，小佑与丁先生形成继父子关系；二十年后母亲与丁先生协议离婚，现丁先生已退休，每月领取养老待遇金1513元，丁先生认为不足以满足生活日常所需，随即向人民法院提起赡养费纠纷，要求小佑每月支付赡养费1000元。小佑抗辩双方之间的继父子关系已因继父丁先生与生母离婚而终止，且自己很早就过上学校寄宿生活，几乎没有与继父共同生活，与继父之间的关系仅限于礼貌问候，因此，双方之间未形成真正的继父子关系，其无权要求支付赡养费。

请问：继子女是否有义务对继父母承担赡养义务？

律师解答

根据《民法典》第1072条第2款的规定，继父母子女关系，适用父母子女关系的规定，判断继子女对继父母是否负有赡养义务，主要系以双方是否形成抚养关系为标准。通常情况下，受继父母抚养成人并独立生活的子女，应承担赡养继父母的义务。具体到本案，丁先生与小佑的生母再婚时，小佑9岁，属于未成年人且刚接受义务教育不久，之后共同生活二十年，双方之间已经形成稳定的抚养教育关系，因此小佑作为继子应承担相应的赡养义务，再根据《民法典》第 1084 条第 2 款的规定该义务不因继父与生母的离婚而终止。

法院裁判

法院经审理认为，父母对子女有抚养教育的义务，子女对父母有赡养扶助的义务，继父或者继母和受其抚养教育的继子女之间的权利义务关系，适用法律关于父母子女关系的规定。丁先生与小佑形成抚养关系后，小佑即对丁先生具有赡养义务，现丁先生已年逾七十，且患有多种老年疾病，其养老待遇部分无法满足其基本的生活和医疗需要，小佑应承担赡养义务。最终判决小佑每月支付赡养费 500 元。

律师评析

继父母与继子女的形成，是由婚姻派生出来的一种亲属关系，不需要经过特定的法定程序，一是父母一方死亡，另一方再婚；二是父母离异，父或者母再婚。而继子女对继父母是否负有赡养义务，核心是是否形成抚养关系，抚养关系形成包含以下条件：(1)被抚养人是未成年人或不能独立生活的人；(2)抚养人与被抚养人在一起共同生活；(3)抚养人对被抚养人在经济上、生活上以及精神上给予照料、教育、管教和保护，即在物质和精神上双重帮助；(4)抚养时间达到一定年限。抚养关系形成后，继父母和继子女的关系，就如同亲生的父母与子女之间的权利义务关系，如继父母与生父母之间的婚姻关系解除，受继父母抚养教育的继子女仍对继父母负有赡养义务。

法律规定

《中华人民共和国民法典》

第二十六条第二款　成年子女对父母负有赡养、扶助和保护的义务。

第一千零六十七条第二款　成年子女不履行赡养义务的，缺乏劳动能力或者生活困难的父母，有要求成年子女给付赡养费的权利。

第一千零六十九条　子女应当尊重父母的婚姻权利，不得干涉父母离婚、再婚以及婚后的生活。子女对父母的赡养义务,不因父母的婚姻关系变化而终止。

第一千零七十二条第二款　继父或者继母和受其抚养教育的继子女间的权利义务关系,适用本法关于父母子女关系的规定。

《中华人民共和国老年人权益保障法》

第十四条　赡养人应当履行对老年人经济上供养、生活上照料和精神上慰藉的义务,照顾老年人的特殊需要。

赡养人是指老年人的子女以及其他依法负有赡养义务的人。

赡养人的配偶应当协助赡养人履行赡养义务。

律师提示

对于没有和继子女共同生活的继父母,在认定其对继子女的抚养教育关系时,应当严格审查,如继父母的配偶(继子女的生父母)对继子女履行抚养教育义务,是不能等同于继父母对继子女履行了抚养教育义务。即便共同生活,亦应结合共同生活时间的长期性、持续性,家庭身份的融合程度以及继子女与继父母来往紧密度等因素,要根据具体家庭实际情况予以认定。

68

赡养义务能否通过单方协议的形式予以免除?

案例

王大爷和老伴育有一子一女,早年间父子俩大吵一架,两人均放狠话,儿无须父养,父无须子养,互不继承,老死不相往来,甚至签订了断绝父子关系的书面协议。自始父子二人十年间不走动、无交流。年逾古稀的王大爷在这十年间,身体健康状况每况愈下,经常因身体健康问题进医院,去年老伴去世,更是让王大爷身心受到重大打击,并得脑梗致下半身瘫痪,日夜只能躺在床上。女儿已远嫁,有了自己的新家庭,无暇顾及,平日只能花钱请护工帮忙照料,但实属困难。现王大爷向人民法院起诉,要求儿子王小乐每年支付赡养费6000元以及承担其1/2的医疗费。

请问:王大爷与儿子王小乐已签订断绝父子关系协议,王小乐能否以此主张免除赡养义务?

律师解答

断绝父母子女关系、人为排除子女对父母赡养义务的协议有违公序良俗和法律的强制性规定,损害了老年人合法权益,属于无效的民事行为。故所谓的"断绝父子关系协议"是无效的,不具有法律约束力,作为子女仍需承担赡养父母的义务。本案中,王小乐不能以不继承、断绝关系等作为免除赡养义务的前提条件,其与王大爷的女儿均应当共同承担起赡养义务,使患病的王大爷及时得到治疗和护理,不能亲自照料的,可以按照王大爷意愿委托他人或者养老机构等照料,切实履行经济上供养、生活上照料和精神上慰藉的责任。

法院裁判

法院审理后认为,赡养父母是法定义务,不可协议单方免除,王大爷的两名子女均有赡养义务,最终判决王小乐每年向王大爷支付赡养费5000元,并承担一半医疗费。

律师评析

《老年人权益保障法》第20条第1款规定:"经老年人同意,赡养人之间可以就履行赡养义务签订协议。赡养协议的内容不得违反法律的规定和老年人的意愿。"

即并不是不能签订赡养相关的协议，但要满足以下条件：(1)要经过老年人的同意；(2)内容不得违反法律的强制性规定；(3)内容不得违反老年人的意愿。在本案中，即便无须儿子承担赡养义务的条款，是王大爷同意并签字确认的，但该条款本身就违反了法律中子女应当承担赡养义务的规定；又或者，王小乐与其姐妹共同签订一份赡养协议，约定一方照顾生活起居，另一方给付赡养费，这样约定的协议，理应经过王大爷同意，未经同意，只在子女间生效，王大爷有权要求双方共同承担相应的赡养义务。另外，即便王大爷同意了子女间的赡养协议，该协议约定的条款内容应以满足王大爷生活需要为前提，不得损害老年人合法权益，否则亦为无效条款。

法律规定

《中华人民共和国民法典》

第二十六条　父母对未成年子女负有抚养、教育和保护的义务。

成年子女对父母负有赡养、扶助和保护的义务。

第一百五十三条　违反法律、行政法规的强制性规定的民事法律行为无效。但是，该强制性规定不导致该民事法律行为无效的除外。

《中华人民共和国老年人权益保障法》

第二十条　经老年人同意，赡养人之间可以就履行赡养义务签订协议。赡养协议的内容不得违反法律的规定和老年人的意愿。

基层群众性自治组织、老年人组织或者赡养人所在单位监督协议的履行。

律师提示

在父母未履行抚养子女义务的前提下，子女能否据此免除赡养义务？针对这一问题，最高人民法院在《中华人民共和国民法典婚姻家庭编继承编理解与适用》一书中明确：需要根据父母未履行抚养义务的原因分情况处理：

1.如果父母确因经济能力或者其他客观原因(如因犯罪被监禁)未能履行抚养义务，子女成年后主张免除赡养义务的，法院不予支持，子女不能将父母是否尽了抚养教育的义务作为自己履行赡养父母义务的基础和前提。在审判实践中，对此应从严掌握。因为子女赡养父母的义务是法定的和无附加条件的，在目前社会保障机制尚不完善、家庭主要承担养老育幼职责的现状下，不能轻易免除子女对父母的赡养义务。鉴于子女与父母之间特殊的身份关系，也不能简单地用等价有偿、公平合理的一般民法理念加以衡量。

2. 如果父母具有抚养能力而拒不履行抚养义务或者对子女实施虐待、遗弃、故意杀害等行为，情节严重的，可以免除子女的赡养义务。从《民法典》继承编的规定来看，故意杀害被继承人、遗弃被继承人或者虐待被继承人情节严重的，丧失继承权。同样道理，犯有杀害、遗弃、虐待子女罪的父母原则上不再享有子女赡养的权利。因为让身心受到严重摧残的受害者再去赡养加害人，于法、于情、于理均说不过去。如果子女不计前嫌自愿赡养伤害过自己的父母，法律则不予干涉。

69

孙子女、外孙子女对祖父母、外祖父母有无赡养义务？

案例

本应可以好好享受晚年生活、享子女之福的林爷爷、程奶奶，因一场车祸带走了儿子、儿媳，白发人送黑发人，两位老人不得不忍受着巨大悲痛，掏空积蓄、节衣缩食，养育年幼的孙子林林长大成人、成家立业。两位老人本来以为能和孙子、孙媳妇一起生活，享受天伦之乐，但万万没想到，被孙子赶出了家门，并被告知没有义务给他们养老！现老两口没有经济能力、生活自理能力，无奈之下，状告亲孙子，要求孙子赡养。

请问：林林作为孙子，对祖父母林爷爷、程奶奶有无赡养义务？

律师解答

百善孝为先，孝老爱亲是中华民族的传统美德，赡养父母是每个公民应尽的义务。虽然孙辈对祖辈并非第一顺位的赡养义务人，但在同时满足以下条件时，孙子女也需要承担赡养义务：(1)祖父母缺乏劳动能力或者生活困难；(2)祖父母的子女已经死亡或子女无力赡养；(3)孙子女有负担能力。因此本案中，林林应当赡养其祖父母。

法院裁判

法院审理后认为，《民法典》第1074条第2款规定，"有负担能力的孙子女、外孙子女，对于子女已经死亡或者子女无力赡养的祖父母、外祖父母，有赡养的义务"。林爷爷、程奶奶生活不能自理，又无子女，现要求孙子履行赡养义务有法律和事实依据，法院予以支持。

律师评析

尊老爱幼是中华民族传统美德。祖父母、外祖父母与孙子女、外孙子女虽是隔代直系血亲，关系不同于亲子关系，但是在以下情形仍应承担起法定的抚养、赡养义务。

1. 祖父母、外祖父母对孙子女、外孙子女应履行抚养义务的条件

(1)孙子女、外孙子女不满18周岁。与父母应当履行抚养义务的条件不同，即便孙子女、外孙子女年满18周岁后仍未能独立生活，其在法律上无权要求有经济能力的祖父母、外祖父母承担抚养义务。

(2)孙子女、外孙子女的父母已经死亡或父母无力抚养。这里的无力抚养，是指不能以自己的收入满足子女合理的生活、教育、医疗等需要。

(3)祖父母、外祖父母有负担能力。有负担能力，是指祖父母、外祖父母的经济

实力不仅需要满足自身的生活需求，还要满足配偶、子女以及自己的父母生活条件，除此之外仍有剩余，才有可能在法律上履行抚养孙子女、外孙子女的义务。

2. 孙子女、外孙子女对祖父母、外祖父母应履行赡养义务的条件

（1）祖父母、外祖父母缺乏劳动能力或者生活困难。在缺乏劳动能力或者生活困难时，祖父母、外祖父母才可向孙子女、外孙子女提出赡养的要求。

（2）祖父母、外祖父母的子女已经死亡或子女无力赡养。这里的无力赡养，是指祖父母、外祖父母的所有子女不能以自己的收入满足其合理的生活、教育、医疗等需要。

（3）孙子女、外孙子女有负担能力。有负担能力，是指孙子女、外孙子女的经济收入不仅能满足自身的生活需求，同时能满足配偶、子女以及自己的父母的生活条件，除此之外仍有剩余，应在法律上履行赡养祖父母、外祖父母的义务。

法律规定

《中华人民共和国民法典》

第一千零七十四条　有负担能力的祖父母、外祖父母，对于父母已经死亡或者父母无力抚养的未成年孙子女、外孙子女，有抚养的义务。

有负担能力的孙子女、外孙子女，对于子女已经死亡或者子女无力赡养的祖父母、外祖父母，有赡养的义务。

律师提示

实际生活中存在很多祖父母、外祖父母出于对自己子女、对孙子女、外孙子女的爱，会在力所能及的范围内承担起照顾孙子女、外孙子女的责任，形成“隔代抚养”的情形。隔代抚养只有在子女死亡或子女无力抚养的前提下才有可能成为法定义务，因此在这种情形，代为行使抚养义务支出费用后，祖父母、外祖父母有权向应负法定赡养义务的子女及其配偶进行追偿。

70

子女对于有一定经济能力的父母是否可以免除承担赡养义务？

案例

张大爷与老伴育有一子张小保。在老伴去世后，张大爷独自一人抚养儿子长大。今年，年值69岁的张大爷在村里承包的土地被政府征收，取得补偿款13万元，张小保提出把钱给他，他负责给张大爷养老，由他来支配使用该笔补偿款，否则就断绝父子关系。因张大爷不同意，张小保直接把张大爷赶出家门，认为张大爷有钱，不用儿子来养。现张大爷以自己年老体弱，缺乏劳动能力，日常饮食起居均需人员护理照顾为由诉至人民法院，要求张小保每月支付生活费1000元。

请问：张小保认为已经获得补偿款13万元的张大爷，有一定的经济能力，不属于法律规定的应当给予赡养的人，该主张是否得到支持？张小保是否应承担赡养义务？

律师解答

赡养父母是每个成年子女的法定义务。老人有经济能力的，可以减轻子女的经济负担，但不是免除子女承担赡养责任的条件。赡养不仅简单地给付赡养费，还包括生活上照料和精神上慰藉的义务等。本案不存在法定的免除赡养义务情形，张小保的主张无法律依据，其应承担赡养张大爷的义务。

法院裁判

法院经审理认为，子女对父母有赡养的义务。虽然张大爷有13万元补偿款，但是其没有住房、没有生活经济来源，张小保作为唯一子女，应对张大爷晚年生活在经济上给予照顾，现参考当地生活消费水平、张大爷日常生活需要及张小保收入情况、负担能力等因素，最终认定张小保每月支付800元赡养费。

律师评析

根据相关法律法规，以下情形可以免除子女给付赡养费的义务：

(1)未婚或离异的成年子女无经济收入、丧失劳动力或不能独立生活的。

(2)已婚的成年子女本身无经济收入，其家庭的收入不足以维持当地基本生活水平的。

(3)父母对子女有严重犯罪行为，如犯有杀害子女、严重虐待子女、遗弃子女或强奸女儿等行为。被害子女自愿赡养的，法律并不禁止。

给付赡养费是子女对父母履行赡养义务的一项内容，但并不是唯一的一项。对于上述第1种、第2种情形，成年子女虽可免除给付赡养费的义务，但应当履行生活上的照料、精神上的慰藉等赡养义务。

法律规定

《中华人民共和国老年人权益保障法》

第十四条　赡养人应当履行对老年人经济上供养、生活上照料和精神上慰藉的义务，照顾老年人的特殊需要。

赡养人是指老年人的子女以及其他依法负有赡养义务的人。

赡养人的配偶应当协助赡养人履行赡养义务。

第十六条　赡养人应当妥善安排老年人的住房，不得强迫老年人居住或者迁居条件低劣的房屋。

老年人自有的或者承租的住房，子女或者其他亲属不得侵占，不得擅自改变产权关系或者租赁关系。

老年人自有的住房，赡养人有维修的义务。

第十八条　家庭成员应当关心老年人的精神需求，不得忽视、冷落老年人。

与老年人分开居住的家庭成员，应当经常看望或者问候老年人。

用人单位应当按照国家有关规定保障赡养人探亲休假的权利。

律师提示

法律上的赡养义务，是指赡养人应当承担对老年人经济上供养、生活上照料和精神上慰藉的责任，三者缺一不可。随着国家经济社会的发展，社会保障体系、养老服务体系和老年人健康支持体系的不断完善，老年人对子女经济上供养需求减少，对精神照料的需求增加，更多的是希望家庭成员的照顾关怀，而子女们的陪伴有利于老年人健康心态的构建。我们要改变固有的赡养义务等同于给付生活费的思维，多关爱老年人，重视老年人精神健康问题，让老年人在晚年能度过幸福时光。

71

没有工作收入能否成为拒绝履行赡养义务的抗辩理由？

案例

张大爷跟老伴的独生子张轩竟然将两位老人的手机号、微信屏蔽，让亲戚帮忙联系，张轩一听是父母托问，直接挂断电话不予回应。原来前不久老伴出车祸住院治疗，但至今未找到逃逸的司机承担医疗费用，每天高额的医疗费花光了老两口的全部养老积蓄，无奈之下想让儿子支付部分医疗费。儿子拒绝联系的行为，使张大爷一气之下，向法院提起诉讼，诉请儿子张轩每月分别向父母支付赡养费1000元。张轩作为被告，抗辩自己为残疾人、没有工作、没有经济收入，自身都无法维持基本生活，无力支付赡养费，要求法院驳回父母的诉讼请求。

请问：没有工作、没有经济收入能否成为拒绝履行赡养义务的抗辩理由？

律师解答

赡养父母是每个成年子女的法定义务，其不得以无工作、放弃继承权或者其他理由，拒绝履行赡养义务。张轩不得仅以无工作、无收入为由拒绝赡养年老的父母。

法院裁判

本案系赡养费纠纷，成年子女不履行赡养义务，缺乏劳动能力或者生活困难的父母，有要求成年子女给付赡养费的权利。两原告每月分别有1000元的退休收入，结合其就医支出数额、日常生活开销及本地人均生活消费支出情况，其收入不足以维持其基本生活和医疗所需，有权要求被告支付赡养费。考虑到被告是残疾人，享受国家助残补贴，但结合其正值壮年以及具备一定劳动能力的事实，没有工作并不能成为其拒绝履行赡养义务的抗辩理由，最终判决张轩每月向两原告合计支付赡养费800元。

律师评析

父母是否尽到抚养未成年子女的义务，与成年后的子女是否赡养年老的父母，是相互独立的义务责任，不能简单地用等价有偿加以衡量。

法律规定

《中华人民共和国民法典》

第一千零六十七条第二款　成年子女不履行赡养义务的，缺乏劳动能力或者生活困难的父母，有要求成年子女给付赡养费的权利。

《中华人民共和国老年人权益保障法》

第十九条　赡养人不得以放弃继承权或者其他理由，拒绝履行赡养义务。

赡养人不履行赡养义务，老年人有要求赡养人付给赡养费等权利。

赡养人不得要求老年人承担力不能及的劳动。

律师提示

人民法院在审理赡养纠纷案件时会综合考量被赡养人的身体情况、日常生活实际所需、当地消费水平、被赡养人自身和赡养人的经济能力等情况后，对赡养数额予以酌定。因此，如若遇到子女未按法律规定履行给付赡养费义务，老年人在使用法律武器维护权利前，可以先收集、保留一些证据，如关于自身健康状况或丧失劳动能力的医疗病历或诊断证明、经济收入情况证明、居委会证明、日常衣食住行、医疗等消费凭证。另外，存在多名赡养人的，因经济条件、生活状况等不同因素，各赡养人可能承担不同金额的赡养费。

72

生效法律文书已经确定了赡养费，老人身体逐年变差、医疗费增加，可否主张增加赡养费？

案例

赵老太和孙大爷育有两子一女，大儿子赵森、次子赵林和小女儿赵木，2010年年初，赵老太、孙大爷共同向人民法院起诉，诉请三个子女承担给付赡养费的义务，经人民法院审理作出民事判决书，判令三个子女每人每年分别向赵老太和孙大爷支付赡养费1000元。该判决生效后，子女们亦按判决履行给付赡养费义务。前两年，孙大爷去世，赵老太的身体每况愈下，又患上老年疾病，日常医疗费用增加，再加上物价上涨，原生效民事判决书所认定的赡养费已不足以支撑日常生活开销。因三个子女谁都不愿意再多支付赡养费，赵老太迫不得已之下只能再次将三个子女起诉至人民法院，诉请增加赡养费，每个子女每年2000元。

请问：已经生效判决确定的赡养费金额，再次诉诸法院，请求增加赡养费，能否被支持？

律师解答

子女对父母的赡养扶助义务是基于身份关系的法定义务，法定义务是公民必须履行的义务，赡养人应当履行对老年人经济上供养、生活上照料和精神上慰藉的义务，照顾老年人的特殊需要。《最高人民法院关于适用〈中华人民共和国民事诉讼法〉的解释》第218条规定，“赡养费、扶养费、抚养费案件，裁判发生法律效力后，因新情况、新理由，一方当事人再行起诉要求增加或者减少费用的，人民法院应作为新案受理”。现赵老太患老年病，加之经济社会发展致物价上涨，赵老太的生活及医疗费用增加实属必然，其主张增加赡养费符合法律规定。

法院裁判

法院经审理认为，赵老太年事已高、丧失劳动能力与生活自理能力，且因疾病导致医疗费显著增加，生活困难，原判决确定的赡养费已不足以支持其基本生活、医疗所需，综合考虑赵老太实际情况、生活所需，结合当地生活消费水平，支持赵老太增加赡养费的诉讼请求，判令每个子女每人每年向赵老太支付赡养费2000元。

律师评析

随着生活和消费水平的提高,赡养费不应是一成不变的,当老人的身体情况变差,需要经常就医诊治,显然,其花费会有所增加,如果没有子女的支持,老人的基本生活和医疗难以维持。法院在确定赡养费金额的时候,也会充分考虑子女的收入水平、老人的实际需求等因素。可能赵老太的子女会提出,自身经济压力也大,能否把老太太接到自家里,亲自照料,对应少付些赡养费?答案是可以的。赡养费一般包括生活费、医疗费、生活不能自理老人的护理费等必要费用,数额一般根据被赡养人的实际需求、赡养人的经济能力、人数以及当地的经济水平等因素综合确定。对于赡养人本身经济能力不足,以亲自照料、护理代替委托他人的情形,可相应减少部分护理费,而且对于被赡养人来说,自己子女的照料能让老人精神上得到更多慰藉。子女间亦应积极沟通,相互体谅、消除误会,主动履行法定义务,安排好老人的晚年生活,让其老有所养、老有所依。

法律规定

《中华人民共和国民法典》

第二十六条第二款　成年子女对父母负有赡养、扶助和保护的义务。

第一千零六十七条第二款　成年子女不履行赡养义务的,缺乏劳动能力或者生活困难的父母,有要求成年子女给付赡养费的权利。

《最高人民法院关于适用〈中华人民共和国民事诉讼法〉的解释》

第二百一十八条　赡养费、扶养费、抚养费案件,裁判发生法律效力后,因新情况、新理由,一方当事人再行起诉要求增加或者减少费用的,人民法院应作为新案受理。

律师提示

本案中的赵老太再次依据生效裁判文书取得更高固定金额的赡养费,倘若其将来因老年疾病,医疗费再次新增,该新增部分仍属于子女应当履行的赡养义务范畴,赵老太可以凭实际支出的医疗票据要求子女们承担。

"百善孝为先",孝敬父母是中华民族的优良文化传统,也是中华儿女最为崇尚的美德,面对年迈力衰,身患多种老年疾病的父母,作为子女应承担起父母的医疗费,确保父母能安享晚年,这不仅是实践孝行和人伦的重要内容,也是法定的责任和义务。

73

父母要求子女常回家看看,能否获得法律支持?

案例

李大伯已是古稀之年,平常早起遛鸟观花,晚来遛弯赏月,儿子李阿勇又能挣钱又孝顺,每年从北京寄回来的补品一箱又一箱,让众邻居们好生羡慕。可只有李大伯知道,任何补品都不及儿孙们陪伴在身边,多次跟儿子喊话,带上儿媳、孙女常回家看看,但儿子认为努力挣钱养家才是目前应该做的事情,哪有空闲时间回老家,便以各种理由推却,导致李大伯整日郁郁寡欢,甚至不愿出门。现李大伯将儿子李阿勇诉至人民法院,要求儿子每年回家探望三次。

请问:李大伯要求儿子李阿勇常回家看看,有无法律依据,能否获得法院的支持?

律师解答

《常回家看看》是家喻户晓的经典老歌,不仅传承着中华民族传统的优良美德,也是我国老年人权益保障长期发展的必然要求,既是子女的责任,也是子女的法定义务。案例中的李阿勇给予李大伯在物质生活上的满足，系值得肯定的，但同时不能忽视李大伯在精神层面上的需求。依据《老年人权益保障法》第 18 条的规定，常回家看看，不再是停留在子女责任、情感需要等道德层面上的要求，更是法律责任、法律义务，李阿勇应当依法予以履行。

法院裁判

承办法官详细了解了事情的前因后果、李大伯家庭情况后，向李阿勇释法，根据《老年人权益保障法》的规定，与老年人分开居住的家庭成员，应当经常看望或者问候老年人，这是子女的法定义务，现李大伯要求其每年回家探望的次数也符合法律规定。在法院的促和调解、温情释法下，李阿勇明白老人家独自在老家生活，孤独寂寥，更需要得到的是精神上的慰藉、家人的陪伴，答应每年法定休假日抽空带着媳妇、女儿回家陪李大伯不少于四次。案件据此顺利调解结案。

律师评析

随着国家城市化进程，越来越多的子女背井离乡，远赴城市打拼，或迫于生计，或因已在外安家立业，各种原因不回老家，空巢老人不断增加，老年人精神方面的需求日益凸显，子女常回家看看的精神赡养不应该缺席。

为此，我国将“常回家看看”列入《老年人权益保障法》，同时规定，用人单位应当保障赡养人探亲休假的权利，落实职工带薪休假制度，充分保障远行子女“有时间”履行这一项法定义务。老年人作为社会生活中的弱势群体，家庭成员应当给予其更多的关注，关爱其心理健康，给予足够的陪伴和尊重，尤其是与老人不住在一起的家庭成员，应保证回家看望老人的次数，避免老人长期独居而感觉孤独寂寞陷入被忽视甚而抑郁的状态，让老有所依、老有所安。

法律规定

《中华人民共和国老年人权益保障法》

第三条　国家保障老年人依法享有的权益。

老年人有从国家和社会获得物质帮助的权利，有享受社会服务和社会优待的权利，有参与社会发展和共享发展成果的权利。

禁止歧视、侮辱、虐待或者遗弃老年人。

第十四条　赡养人应当履行对老年人经济上供养、生活上照料和精神上慰藉的义务，照顾老年人的特殊需要。

赡养人是指老年人的子女以及其他依法负有赡养义务的人。

赡养人的配偶应当协助赡养人履行赡养义务。

第十八条　家庭成员应当关心老年人的精神需求，不得忽视、冷落老年人。

与老年人分开居住的家庭成员，应当经常看望或者问候老年人。

用人单位应当按照国家有关规定保障赡养人探亲休假的权利。

律师提示

2012年全国人大常委会修订通过的《老年人权益保障法》规定每年农历九月初九为老年节，“九九”被赋予天长地久、生命长久、健康长寿的寓意。该寓意的实现离不开老年人家庭成员的尊重、关心和照顾。子女为了生计外出打工，老年人留守农村系常见现象，本无可厚非，但在一定程度上确实造成老年人亲情上的疏离和精神上的孤寂，随着电子科技化进程，子女日常可多拨打视频通话聊天，多问候老年人身体情况、日常生活所需，缓解老年人心中的孤寂和牵挂，不让法律义务成为“一纸空文”。

74

赡养人拒不履行赡养义务，如何维权？

案例

钱大爷与老伴育有一子一女，老伴与儿子相继去世，女儿前两年已出嫁，组建了新家庭。现耄耋之年的钱大爷，心里惦记着女儿和外孙，千里迢迢赴外地探望女儿，不料连外孙的面都没见上，就被女儿和女婿挡在家门外。钱大爷思念成疾，终日郁郁寡欢，也不知如何是好。隔壁王大爷知道后，陪着钱大爷求助于村民委员会。村民委员会了解情况后，立即安排专门的调解员与钱大爷女儿、女婿取得联系，宣讲赡养相关的法律法规，阐明拒绝赡养的后果，并动之以情，缓解家庭矛盾。经村民委员会多次调解，女儿、女婿只同意给赡养费，不想老人来看望外孙，也不需要老人来照顾外孙，各方无法达成调解。村民委员会建议钱大爷直接向人民法院提起诉讼，让女儿履行赡养义务。

请问：子女拒不履行赡养义务，老人如何救济、维护自己权益？

律师解答

赡养父母不但是中华民族的传统美德，更是子女的法定义务，其体现了家庭亲属关系中的基本价值。《老年人权益保障法》第24条规定："赡养人、扶养人不履行赡养、扶养义务的，基层群众性自治组织、老年人组织或者赡养人、扶养人所在单位应当督促其履行。"子女不履行赡养义务，老年人可以通过以下途径维护合法权益：(1)寻求基层群众性组织、老年人组织或赡养人所在单位帮助，督促履行；(2)寻求法律帮助，向人民法院提起民事诉讼；(3)不赡养老年人情节严重，符合虐待罪、遗弃罪构成要件的，可以向人民法院提起刑事自诉。现经村民委员会调解不成，钱大爷可以直接向人民法院提起民事诉讼，要求女儿履行对其经济上供养、生活上照料和精神上慰藉的义务，如支付赡养费、每年/月探望次数，生活不能自理的可要求承担照料责任等。

法院裁判

在村民委员会的帮助下，钱大爷向人民法院提起赡养纠纷诉讼，诉求女儿每月支付500元赡养费、每两个月探望老人一次。法院受理本案后，考虑到本案为家事纠纷，以化解矛盾、家庭和睦为宗旨，开展一系列有针对性的调解工作，如主动约谈钱大爷的女儿、女婿，普及赡养义务法律法规；联合村民委员会、人民调解组织共同参与调解，最终修复钱大爷与女儿的父女关系，促成双方达成赡养和解协议。

律师评析

百善孝为先，敬老、养老、助老不仅是中华民族的优良传统美德，也是法律对每一位公民的基本要求，全社会都应积极倡导敬老爱老的良好社会风气。在子女不履行赡养义务的情况下，老年人可以寻求村民委员会、居民委员会等基层群众性自治组织及人民调解组织帮助，介入家庭矛盾的化解，促成家庭和谐；也可以直接向法院提起赡养纠纷诉讼，老年人因年龄、身体、文化等原因提起诉讼确有困难或惧于各种原因不敢起诉的，亦可以寻求人民检察院帮助，代为行使诉权。

老人安则家庭安，家庭安则社会安，让老年人老有所养、老有所依是践行社会主义核心价值观的必然要求，维护保障老年人合法权益是全社会的共同责任，我们每一位公民均应将心比心，从自己做起，切实履行赡养义务。

法律规定

《中华人民共和国民法典》

第一千零六十七条　父母不履行抚养义务的，未成年子女或者不能独立生活的成年子女，有要求父母给付抚养费的权利。

成年子女不履行赡养义务的，缺乏劳动能力或者生活困难的父母，有要求成年子女给付赡养费的权利。

《中华人民共和国老年人权益保障法》

第二十四条　赡养人、扶养人不履行赡养、扶养义务的，基层群众性自治组织、老年人组织或者赡养人、扶养人所在单位应当督促其履行。

第三十七条　地方各级人民政府和有关部门应当采取措施，发展城乡社区养老服务，鼓励、扶持专业服务机构及其他组织和个人，为居家的老年人提供生活照料、紧急救援、医疗护理、精神慰藉、心理咨询等多种形式的服务。

对经济困难的老年人，地方各级人民政府应当逐步给予养老服务补贴。

第三十八条　地方各级人民政府和有关部门、基层群众性自治组织，应当将养老服务设施纳入城乡社区配套设施建设规划，建立适应老年人需要的生活服务、文化体育活动、日间照料、疾病护理与康复等服务设施和网点，就近为老年人提供服务。

发扬邻里互助的传统，提倡邻里间关心、帮助有困难的老年人。

鼓励慈善组织、志愿者为老年人服务。倡导老年人互助服务。

律师提示

老年人作为社会的弱势群体需要各方的关心与帮助，在被拒绝赡养、被遗弃虐待、被侵吞财产等事件发生后，可以直接向当地的法律援助机构寻求免费的法律援助服务，如法律咨询，代拟法律文书，刑事辩护与代理，民事案件、行政案件、国家赔偿案件的诉讼代理及非诉讼代理，值班律师法律帮助，劳动争议调解与仲裁代理等法律、法规、规章规定的服务。

第七章

监护

75

离婚后对子女的探望权如何行使?

案 例

2018 年 6 月,吕先生和刘女士登记结婚,婚后生育女儿小吕。2021 年 6 月,二人协议离婚,约定未满 3 岁的小吕由母亲抚养,吕先生享有探视的权利。离婚协议约定,吕先生每周可以与女儿相处一天,在小吕满 8 周岁后,可以偶尔与吕先生共同生活二至三天,寒暑假期间可以延长至五到七天,对此刘女士有协助的义务。

离婚后,刘女士发现在女儿与吕先生单独相处后,小吕原本健康的生活作息被打乱,回家后多次出现拉肚子等情况,还会半夜哭闹。其认为吕先生与女儿的单独相处严重影响了孩子的生活习惯和健康情况,要求在小吕 3 周岁之前,吕先生不能将女儿单独带走,如果有特殊情况需要单独带出,需要自己同意并且在场。

对于刘女士的此类要求,吕先生认为刘女士剥夺了其与女儿相处的权利,不利于孩子的身心成长。由于双方对探望权的履行时间和履行方式产生分歧,吕先生因此诉至法院。

律师解答

探望方式一般可以分为看望式和逗留式。看望式探望是指非直接抚养的一方以看望的方式来探望子女;逗留式探望是指在约定或通过判决确定的时间段内,以非直接抚养的一方领走并按时送回的方式来探望子女。

看望式的探望方式灵活，但是由于时间较短，不利于与未成年子女的深入交流。而逗留式的探望方式时间较长，有利于非直接抚养的一方与子女进行深入交流，但是也需要非直接抚养的一方具有必要的居住、生活条件以及良好的生活习惯。

通常情况下，两种探望方式都可以进行约定并实施。但是如果非直接抚养的探望人存在酗酒、赌博、吸毒等不良嗜好，或者不具有良好的生活条件，居住情况较差，此种情况是不利于子女的身心健康的发展，应当避免采取逗留式探望。

法院裁判

法院认为，吕先生并不存在逗留式看望所不允许的不良因素，让吕先生在一个固定的时间段内带走女儿来行使探望权，既能使父亲足够了解女儿，满足女儿生活上的需求，也能够平衡女儿与母亲之间的依赖关系，更有利于女儿的身心健康成长。法院最终判决："吕先生每月探望婚生女儿小吕四次；探望在每周六 10 时至 18 时进行，其中两次由吕先生到刘女士家中探望，其余两次由吕先生在周六 10 时从张女士住处单独接走女儿小吕，18 时前将女儿小吕送回刘女士住处；两种探望方式轮流使用。"

律师评析

1. 法院在确定子女的抚养权时会考虑如下因素。

首先是以年龄划分，对于未成年的子女，尤其是 2 周岁以下的婴幼儿，根据《民法典》的相关规定，以由母亲直接抚养为原则。但在特殊情况下，如母亲患有久治不愈的传染性疾病或其他严重疾病，子女不宜与其共同生活的也可由父亲抚养。已满 2 周岁的子女，针对抚养问题协商不成的，法院将依据最有利于未成年子女的原则进行判决。对于已满 8 周岁的未成年子女，应当尊重其真实意愿。

除此之外，法院也会考虑，哪一方与子女的共同生活的时间比较长，对于未成年子女来说，频繁地改变其生活环境很有可能会给其心理造成不良的影响，不宜改变子女的生活环境。但是愿意跟随另外一方共同生活、改变生活环境的，还是优先考虑未成年子女本人的意见。同时，如果父母两方相较而言，一方的生活条件明显优于另一方，没有不良嗜好的，对子女身心健康更为有利的，更适宜作为直接监护人与子女共同生活在一起。

2. 父母离婚后，谁是未成年子女的监护人

父母是未成年人的法定监护人，父母对子女的此种地位不会因为父母之间的婚姻关系解除而消灭，即离婚后，父母双方仍然都是未成年子女的监护人。在此项内容上，有很多人经常会把监护人与抚养人混淆。未成年子女的抚养权最终归属于父或母任何一方，都不因此改变另一方为孩子监护人的客观事实。

3. 探望权的具体行使过程中可能存在的问题

探望权基于血缘关系而产生，往往要更多地考虑家庭成员之间的情感关系，不宜做过多干预，因此我国探望权制度只有相对原则性的规定。因法律对探望权具体包含哪些内容没有十分明确具体的规定，当事人在协商探望权时往往对权利界限、范围等出现不同理解，如不直接抚养子女的一方是否可以和子女短暂居住，一方携带子女外出时另一方是否可以在场等，此种问题往往会产生不同意见。

法律规定

《中华人民共和国民法典》

第一千零八十六条　离婚后，不直接抚养子女的父或者母，有探望子女的权利，另一方有协助的义务。

行使探望权利的方式、时间由当事人协议；协议不成的，由人民法院判决。

父或者母探望子女，不利于子女身心健康的，由人民法院依法中止探望；中止的事由消失后，应当恢复探望。

律师提示

探望权的约定应当具体、明确，离婚时约定“随时探视”此类不限次数的探视，看似是对另一方的探视没有设置任何的限制。但在实践中，因缺乏明确具体的探视时间，直接抚养子女的一方很容易以各种借口拒绝配合，同时申请法院执行往往也很难执行到位。所以，离婚时探望权的约定应当尽可能具体、明确，包括时间、次数、方式、接送地点等约定清楚，以文字书面的形式固定下来，确保后续的执行可行性。

76

非近亲属是否可以作为监护人?

案 例

周先生一直未婚,家里的其他亲戚都劝他抱养一个小孩子抚养。2006年,周先生的大嫂卢女士经熟人介绍,将刚出生的小周抱养回家。但未办理收养登记手续。然而,周先生一直在外打工,小周3岁前都由卢女士进行抚养,周先生仅不时地打点抚养费给卢女士。卢女士在小周1岁时将其户口登记在周先生名下,后卢女士将小周送到周先生处由周先生抚养。

周先生和其姐姐周女士及姐夫谭先生还有其他亲属一起居住,小周搬到新家也同他们一起相处。在2020年8月,谭先生对小周实施了恶劣的猥亵行为,在长达半年的时间中共计五六次。2021年2月,小周告诉了养父周先生自己被谭先生猥亵的经历,周先生不但不相信,还责骂小周污蔑。小周气愤割腕未遂,并且告诉了从小养护她的大伯母卢女士。2021年3月,小周向公安机关报警求助。后经过法院审理,谭先生以强奸罪和强制猥亵罪被判有期徒刑五年。

请问:小周的监护人应该由谁来担任?

律师解答

周先生一直未给小周办理收养手续,两人之间没有形成法律上拟制的父母子女关系。根据《民法典》第27条的规定,能够担任监护人的范围,除了生父母,还有祖父母、外祖父母,有监护能力的长兄和长姐,以及其他愿意担任监护人的个人或者组织，但是须经未成年人住所地的居民委员会、村民委员会或者民政部门同意。在本案中，卢女士虽然和小周没有血缘关系，也并非近亲属，但是她有负担小周监护职责的意愿和监护能力，法院可通过判决指定卢女士作为小周的监护人。

法院裁判

小周的生父母作为小周的法定监护人，出生就将其送养，送养后一直未与小周联系，未对小周履行过监护职责。不适宜担任小周的监护人，应撤销其监护人资格。因小周的祖父母、外祖父母均已经去世，与小周有血缘关系的成年姐姐也未表示有监护意愿。在周先生收养小周后，最开始是由卢女士代周先生进行抚养，卢女士和小周之间的感情深厚，卢女士有意愿也有能力担任小周的监护人，并且获得了小周住所地及现居住地居民委员会的同意，小周本人也表示同意由卢女士担任其监护人。最终，法院指定卢女士为小周的监护人。

律师评析

1. 没有血缘关系但有亲属关系的人是否可以作为监护人

(1)继父母与继子女

继父母和继子女之间成立拟制血亲关系，形成监护与被监护的关系一般是通过两种方式：第一种方式是通过收养，由继父母根据《民法典》第 1103 条的规定作出收养的意思表示；第二种方式是通过在生活中的实际抚养教育而形成。

当继父母和继子女之间形成了抚养关系，继父母与未成年的继子女之间就形成了监护与被监护的关系，继父母对无民事行为能力和限制民事行为能力的继子女的合法权益实施管理和进行保护。

(2)养父母与养子女

根据《民法典》第 1111 条的规定，自收养关系成立之日起，养父母与养子女之间的权利义务关系，适用《民法典》关于父母子女的规定。养子女与生父母以及其他近亲属之间的权利义务关系，因收养关系的成立而消除。也就是说，收养关系成立后，养父母与养子女之间形成拟制的父母子女关系，养子女具有与养父母婚生子女相同的地位。养父母对养子女有抚养、教育、保护的权利和义务，养子女对养父母有赡养扶助的义务。

2. 没有血缘关系也没有亲属关系的人是否可以作为监护人

想要使没有血缘关系的人成为自己的监护人，对于成年人来说，可以适用意定监护制度。意定监护是一种新型监护制度，使监护关系不再受血缘、婚姻家庭关系的约束。

法律规定

《中华人民共和国民法典》

第二十八条　无民事行为能力或者限制民事行为能力的成年人，由下列有监护能力的人按顺序担任监护人：

（一）配偶；

（二）父母、子女；

（三）其他近亲属；

（四）其他愿意担任监护人的个人或者组织，但是须经被监护人住所地的居民委员会、村民委员会或者民政部门同意。

第一千零七十二条　继父母与继子女间，不得虐待或者歧视。

继父或者继母和受其抚养教育的继子女间的权利义务关系，适用本法关于父母子女关系的规定。

第一千一百一十一条　自收养关系成立之日起，养父母与养子女间的权利义务关系，适用本法关于父母子女关系的规定；养子女与养父母的近亲属间的权利义务关系，适用本法关于子女与父母的近亲属关系的规定。

养子女与生父母以及其他近亲属间的权利义务关系，因收养关系的成立而消除。

律师提示

对未成年和成年被监护人的监护，均要遵循最有利于被监护人的原则，即监护人在保护被监护人的人身权利、财产权利及其他合法权益的过程中，要综合各方面因素进行权衡，选择最有利于被监护人的方案，采取最有利于被监护人的措施,使被监护人的利益最大化。除为被监护人利益外,监护人不得处分被监护人的财产。对被监护人财产的处分,必须是为维护被监护人的利益,如为了被监护人的生活、教育等,并且也要符合最有利于被监护人的原则。

77

父母一方是否可以通过遗嘱指定监护人?

案 例

2021年6月,朱先生因为交通事故去世,妻子曹女士因交通事故变成植物人长期在医院疗养。朱先生在临终前神志清醒之时留下了一份遗嘱,在遗嘱中将8岁的女儿小朱交由其妹妹朱女士监护。一年后,2022年8月,小朱的外祖父曹阿公以自己女儿即小朱母亲曹女士目前没有民事行为能力,向法院申请成为小朱的监护人。法院判决小朱的监护人为曹阿公。后朱女士知道上述判决后,起诉要求撤销曹阿公的监护人资格,并重新指定自己作为小朱的监护人。

请问:小朱的监护人应当是根据法定监护的规定由外祖父监护还是根据父亲遗嘱的托付由姑姑监护?

律师解答

遗嘱指定监护是《民法典》新增加的监护类型,侧重点在于预防被监护人在特殊情形下的监护失控或监护纠纷。这是我国首次以法律形式明确遗嘱指定监护制度。所谓“遗嘱指定监护”,是指被监护人的父母,通过订立遗嘱的方式,为处于自己监护之下的子女指定监护人的法律行为。

父母一方以遗嘱指定监护人的发生场景，是当遗嘱生效时，父母均已死亡或父母另一方被剥夺监护人资格、丧失监护能力、不能履行监护职责。也就是说，订立遗嘱的父母一方在遗嘱生效时必须是未成年子女唯一能够履行监护职责的人。这时如果遗嘱指定监护人与父母以外的其他法定监护人存在冲突，应按照“约定优先于法定”的民法理论，父母指定的监护人优先于法定监护顺位在前的监护人。

法院裁判

曹阿公在 2022 年 8 月向法院申请成为小朱的监护人时，没有向法院披露朱先生已经在遗嘱中有指定监护人的情况。在法院指定其作为监护人后，曹阿公也没有对小朱尽到监护职责。因此，基于朱先生指定监护人的遗嘱，同时结合小朱的真实意愿，判决撤销曹阿公的监护人资格，指定朱女士作为小朱的监护人。

律师评析

1. 遗嘱监护具体是什么内容

作为以指定监护人为主要内容的遗嘱，同样应符合一般遗嘱的形式要件和实质要件，设立遗嘱不得进行代理，紧急情况下才可使用口头形式以及必须以遗嘱人的死亡作为生效条件等。

2. 遗嘱监护所涉及的主体

被监护人包括未成年人、无民事行为能力或限制民事行为能力的成年人。只有被监护人的父母才可以通过遗嘱进行指定监护。被监护人的父母在担任监护人的过程中，如果已经丧失监护能力或者被撤销监护人资格，则不能遗嘱指定。

3. 遗嘱监护的效力

指定监护应以遗嘱方式进行，而非通过协议等其他方式。遗嘱指定的监护人，不限于《民法典》第 27 条和第 28 条的具有监护资格的人，并且遗嘱指定优先于法定监护，被指定的遗嘱监护人具有优先地位。如果受遗嘱指定的监护人丧失监护能力或者不能执行的，应另行依法确定监护人。

法律规定

《中华人民共和国民法典》

第二十九条 被监护人的父母担任监护人的，可以通过遗嘱指定监护人。

《最高人民法院关于适用〈中华人民共和国民法典〉总则编若干问题的解释》

第七条 担任监护人的被监护人父母通过遗嘱指定监护人，遗嘱生效时被指定的人不同意担任监护人的，人民法院应当适用民法典第二十七条、第二十八条的规定确定监护人。

未成年人由父母担任监护人，父母中的一方通过遗嘱指定监护人，另一方在遗嘱生效时有监护能力，有关当事人对监护人的确定有争议的，人民法院应当适用民法典第二十七条第一款的规定确定监护人。

律师提示

父母通过遗嘱指定了监护人，但遗嘱生效时被指定的人不同意担任监护人，怎么办？《最高人民法院关于适用〈中华人民共和国民法典〉总则编若干问题的解释》第7条第1款规定：担任监护人的被监护人父母通过遗嘱指定监护人，遗嘱生效时被指定的人不同意担任监护人的，应按照法定监护的顺序确定监护人。

遗嘱是一种单方民事法律行为，实践中父母订立遗嘱为子女指定监护人时，可能出于自己的一厢情愿，也可能后续情况发生了变化，这时，以强制手段使监护人履行监护职责是完全不可行的。

被指定人不同意担任监护人的，应当在知道或应当知道遗嘱生效后作出接受或拒绝接受的意思表示，未在合理期限内作出表示的，视为拒绝接受指定。在遗嘱指定之人作出选择前，遗嘱执行人有义务将遗嘱指定之人暂时不能确定是否担任监护人的事实及时告知未成年人的法定监护人，并由该法定监护人临时承担监护职责。遗嘱指定之人确定不同意担任监护人的，应当根据《民法典》规定的法定监护的顺序为未成年人确定监护人。

78

各监护人发生争夺监护权时如何处理？

案例

刘老太于1955年出生，2010年经法院宣告为无民事行为能力人，当地居民委员会指定刘老太的四个子女王一、王二、王三、王四为其监护人。刘老太瘫痪在床，自2008年以来一直是王一照顾刘老太的生活。

2013年1月，王二未经其他三位监护人同意，擅自将刘老太的养老金账户办理了挂失手续，导致刘老太的养老金无法支取。刘老太的另外三个监护人多次要求王二协助办理刘老太养老金账户的解除挂失手续，但其拒不协助。

2018年2月，王一起诉被告王二，请求王二协助办理母亲刘老太名下银行某账户的解除挂失手续，并且要求撤销王二的监护人资格，王二称自己是为了保障母亲刘老太的财产安全，并且提出王一在监护过程中有虐待老人的行为，不应当继续担任监护人。

律师解答

二审法院审理时，首先解决的是最现实的问题，即被监护人的生活问题。根据法律规定，刘老太的生活、医疗等所需要的费用理应由其养老金账户支付，不足部分应再由王一等子女依法负担，故二审法院据此进行了改判。这是根据原《民法总则》与《老年人权益保障法》的规定进行审判的案例，其最终所审查以及依据的原则仍然是最有利于被监护人的原则。

法院裁判

法院认为，本案虽名为监护权纠纷，实则为刘老太的监护人之间因监护利益所产生的矛盾。现王一诉请解除母亲养老金存折的挂失手续，恢复存折的存取功能，但法院认为现在将养老金存折予以解除挂失手续亦缺乏可行性。故一审法院对王一的诉讼请求不予支持。

王一不服上诉，二审法院认为养老金账户现因挂失不能使用，使刘老太丧失了其生活、医疗等费用的主要来源，从有利于解决刘老太的生活、医疗等所需费用的实际需要看，其涉案养老金账户应解除挂失。涉案刘老太养老金账户解除挂失恢复使用后，该存折应由与其共同生活并对其进行照料的监护人掌管并依法合理支取使用。鉴于刘老太目前与王一共同居住生活，故目前刘老太养老金账户在解除挂失恢复使用后，该养老金账户存折应暂由王一掌管并依法合理支取使用。如日后与刘老太共同生活并对其进行照料的监护人发生变更，则涉案存折应改由变更后的与刘老太共同生活并对其进行照料的监护人掌管并依法合理支取使用。

二审法院判决王二、王三、王四协助王一到银行办理刘老太养老金账户存折挂失后续处理（含解除挂失）手续，使该账户恢复正常存储、支取等使用功能。再审维持原判。

律师评析

监护人监护权既是一项权利，更是一项法律和道德上的义务，监护制度的规定一方面要求监护人恪尽监护职责，合理管理被监护人的财产，按照最有利于被监护人的原则维护其利益，除为维护被监护人利益外，不得擅自处分被监护人的财产；另一方面也要求涉及纠纷的其他人，尤其作为被监护人的近亲属的人，要共同保护被监护人，维护其权利。

法律规定

《中华人民共和国民法典》

第三十一条　对监护人的确定有争议的，由被监护人住所地的居民委员会、村民委员会或者民政部门指定监护人，有关当事人对指定不服的，可以向人民法院申请指定监护人;有关当事人也可以直接向人民法院申请指定监护人。

居民委员会、村民委员会、民政部门或者人民法院应当尊重被监护人的真实意愿,按照最有利于被监护人的原则在依法具有监护资格的人中指定监护人。

依据本条第一款规定指定监护人前,被监护人的人身权利、财产权利以及其他合法权益处于无人保护状态的,由被监护人住所地的居民委员会、村民委员会、法律规定的有关组织或者民政部门担任临时监护人。

监护人被指定后,不得擅自变更;擅自变更的,不免除被指定的监护人的责任。

律师提示

一般情况下,成年的无民事行为能力人或者限制民事行为能力人的监护人通常由该被监护人的近亲属协商一致确定。发生争议时,根据《民法典》第31条的规定,主要是被监护人住所地的居民委员会、村民委员会、民政部门和人民法院解决相关监护争议问题。

79

意定监护的风险有哪些?

案例

李爷爷家住上海的郊区,育有一子一女。十几年前老屋拆迁,政府补贴两套动迁安置房。在办理房产证的过程中,一向对老人不闻不问的小儿子主动提出要跑腿办理相关手续。最后李爷爷发现房产证上是小儿子的名字,当时老两口就将小儿子诉至法院,但是由于没有充分的证据,关于房产证的这场官司没有打赢。

李奶奶去世两年后，李爷爷患上"血管性痴呆"只能长期住院。

李爷爷在神志清醒的时候，催着大女儿去公证处办理了意定监护的公证，将大女儿的女儿也就是自己的外孙女小丽作为自己的监护人，为的就是假如未来有一天自己意识不清醒，不能将自己交由小儿子处置。

李爷爷在住院期间，小儿子曾经想接走老人，但是因为外孙女小丽曾经给医生出示过意定监护协议，并且提前做了周全的交代，所以医生拒绝了小儿子接走老人的要求。

律师解答

《民法典》在《老年人权益保障法》的基础上，进一步扩大了意定监护制度的适用范围，明确了具有完全民事行为能力的成年人可以基于自己的意愿选择监护人。

通俗来说，意定监护是指成年人在自己清醒时，选择一个自己信任的人，以书面的形式指定其作为自己失能后的监护人，照顾自己的生活，处置自己的财产的一项制度。

从上述案例可以看出，意定监护的效力是优先于法定监护的，在意定监护制度下，意定监护人的选择范围不再局限于有血缘或亲属关系的人，朋友、伴侣、同居人等只要自己信任的、具有完全民事行为能力的人都可以作为自己的意定监护人，在自己丧失民事行为能力时作为自己的监护人履行监护职责。

意定监护协议签订时，可以事先与意定监护人对于监护期间的各种事项安排进行充分的沟通和协商，详细说明自己对监护事项的具体要求。

律师评析

1. 意定监护的要求

(1)形式要求为书面形式

法律明确要求意定监护必须订立书面的监护合同。在合同中约定意定监护人的权限、行使期间等主要事项，明确双方的权利和义务。所以订立明确的书面监护合同显得尤为重要。

(2)签订意定监护时双方都应当具有完全的民事行为能力

根据《民法典》的规定,在订立意定监护合同时被监护人和意定监护人都要有完全的民事行为能力。要求被监护人有完全的民事行为能力是因为意定监护事关重大,需要能够准确认识到自己行为的性质和协议内容是不是自己真实的意思表示。要求监护人有完全的民事行为能力是因为监护人是最终监护协议的最主要的履行人,他要在签订协议时明白意定监护给其增添的行为负担,能够正确且适当地履行监护职责。

(3)最好对意定监护合同进行公证

公证机构既可以作为办理意定监护协议公证书的公证机构,也可以作为执行意定监护协议公证书的监督人,避免意定监护人滥用权利。

2. 意定监护的效力

(1)监护人的监护职责

《民法典》第 34 条第 1 款规定:监护人的职责是代理被监护人实施民事法律行为,保护被监护人的人身权利、财产权利以及其他合法权益等。

(2)意定监护人的法定责任

当意定监护人不履行相关监护职责或者侵害被监护人的合法权益,将承担相关民事甚至刑事责任。

对于意定监护人加害被监护人构成犯罪的以及不履行或者不适当履行给被监护人造成财产损失的,其他监护人可以向人民法院申请撤销该意定监护人的监护资格,由人民法院指定他人作为被监护人的监护人。

法律规定

《中华人民共和国民法典》

第三十三条　具有完全民事行为能力的成年人,可以与其近亲属、其他愿意担任监护人的个人或者组织事先协商,以书面形式确定自己的监护人,在自己丧失或者部分丧失民事行为能力时,由该监护人履行监护职责。

律师提示

意定监护仍然存在一些潜在的问题,为确保委托人的意愿得到真正全面实现,以及维护其合法权益,在进行意定监护之前,对于需要提前防范的风险要有所了解:

1. 选定的意定监护人可能有的风险

选定意定监护人后,意定监护人可以行使监护人权利,对外代表被监护人处分财产。涉及此种情况,很难保证监护人在获得如此大的权利之后依然保持为被监护人服务的初心,存在较大的道德风险。

2. 对意定监护人权责范围的划定

对于上述情况,最开始在制定意定监护协议的时候就应当将监护事项进行具体化,或者将不同性质的事项进行分类安排,归属不同的监护人管理。同时为了避免在意定监护签订后反目成仇,一般可以将财产信托与意定监护两项措施结合起来,由意定监护人之外的专业财产管理团队来管理被监护人的财产,这样会尽可能最大限度地避免发生监护人侵害被监护人财产的情况。

3. 其他非意定监护人干扰监护的顺利进行

若意定监护伴随着遗嘱、遗赠等财产性利益,被监护人父母的法定继承人就会出现一些纠纷。因为与意定监护人有关的遗嘱或遗赠等使得法定继承人不能在被监护人死亡时按照法定继承获得相关的财产,这种情况下他们就可能采取各种手段和方法来推翻遗嘱和遗赠的内容,或者主张履行监护责任的意定监护人没有完成监护,主张意定监护人不能得到相应的遗产。

80

监护人委托他人监护后是否还应承担监护责任？

案例

江二今年7岁，江一今年12岁，二人为兄弟。江家夫妻常年在外打工，便与邻居魏女士商量帮忙给两个孩子做一日三餐，江先生每月给魏女士1000元作为伙食费，并没有签订书面的委托监护协议，之后夫妻俩便外出工作。江一和江二非常顽皮，在家门口玩耍时，用玩具枪的子弹打中了5岁小刘的眼睛，花费各项医疗费10万元。魏女士认为此项内容不在江家夫妻托付的工作范围内，在事件发生的第一时间也没有带小刘去医院治疗。小刘的父母将江家夫妻和魏女士共同告上法庭，要求他们赔偿各项损失。

律师解答

在本案中，加害行为的实施者为限制民事行为能力和无民事行为能力的两个未成年人，魏女士虽然没有和江先生签订委托监护协议，但是已经形成事实上的委托监护关系，魏女士对江一和江二负有教育、管理和保护的义务，由于存在未尽监护职责的过失，魏女士应当承担相应的责任。另外，江家夫妻仍然对两个孩子的侵权行为承担侵权责任。

法院裁判

监护人对被监护人造成他人损害的民事责任即使监护人没有过错，也要承担责任。委托监护不论是全权委托还是限权委托，监护人仍要对被监护人的侵权行为承担民事责任,受托人只有在有过错时才负赔偿责任。受托人接受监护人对监护职责的委托,在被监护人处于受托人照管的场合,造成他人损害,受托人确有过错的,应当依照过错程度,承担相应的民事责任。在考虑受托人的责任时,应根据委托合同的有偿和无偿等因素,决定责任范围。由于受托人只是协助监护人履行监护职责,监护责任并未因委托监护而转移,故监护人仍应承担侵权责任。

律师评析

委托监护实质是以监护人和受托监护人为主体,以监护职责的代为行使为主要内容的委托合同。因此,委托监护法律关系是建立在监护法律关系上的委托关系。委托监护并非与法定监护、指定监护并列的一项监护制度,因为监护权作为一种身份权,只有法律规定的特定主体才享有,基于身份权的专属性,监护权不得让渡,故受托人并不因委托监护而享有监护权。

委托监护的内容是监护职责的代为行使,即受托人替监护人处理监护事务。因委托监护义务的履行关系未成年人的人身、财产利益,受托人的选定体现了监护人对受托人代为履行监护职责的能力和水平的认可;受托人接受委托事务,也表达了其对监护职责的了解而承担责任的意愿。由于监护职责的特殊性,使委托监护一旦成立,除受托人无法履职等特殊情况,受托人即要亲自完成监护义务和对第三人权益的注意义务。

法律规定

《中华人民共和国民法典》

第一千一百八十九条　无民事行为能力人、限制民事行为能力人造成他人损害,监护人将监护职责委托给他人的,监护人应当承担侵权责任;受托人有过错的,承担相应的责任。

《中华人民共和国未成年人保护法》

第二十二条第一款、第二款　未成年人的父母或者其他监护人因外出务工等原因在一定期限内不能完全履行监护职责的,应当委托具有照护能力的完全民事行为能力人代为照护;无正当理由的,不得委托他人代为照护。

未成年人的父母或者其他监护人在确定被委托人时,应当综合考虑其道德品质、家庭状况、身心健康状况、与未成年人生活情感上的联系等情况，并听取有表达意愿能力未成年人的意见。

律师提示

委托监护指监护人委托他人代行监护的职责，是一种双方的民事法律行为，是被监护人的监护人与受托人之间关于受托人为委托人处理监护职责、处理监护事务的协议，必须监护人与受托人都同意才能成立。

当无民事行为能力人、限制民事行为能力人造成他人损害，但监护人将监护职责委托给他人的，监护人仍然应当承担侵权责任，即实行监护人责任首负原则。监护人虽然可能基于种种原因将未成年人委托他人代为照管，但监护职责并不因委托关系而转移或减轻。但是当受托人有过错的，应承担相应的责任，具体责任范围，由司法机关结合具体案件情况依法裁量。

81/

什么情况下，可以申请撤销监护人的监护资格？

案例

小马于2015年12月出生，其父母马先生和冯女士本身也是因为意外怀孕而结婚，双方感情基础并不深厚，婚后感情不和，长期分居。在小马出生3个月左右，冯女士因为工作原因将其交由爷爷奶奶照顾。2021年马先生和冯女士协议离婚。

2022 年 6 月马先生被判处有期徒刑两年。马先生被采取刑事强制措施后，由其同居女友罗女士代为照顾小马。2023 年 1 月底，小马到了该上学的年纪，罗女士提前打电话与冯女士进行沟通。有关办案机关的工作人员获知相关情况后，也先后联系冯女士要求其履行对小马的监护职责，但冯女士表示无力履行监护职责，自 2022 年 3 月起，当地民政局委托未成年人保护中心，开始对小马进行临时照料监护。

但是小马眼看就到了上学的年龄，如何入学，监护人到底由谁担任，又是一个非常重要的问题。

律师解答

冯女士作为小马的法定监护人，在马先生因为涉嫌犯罪被采取强制措施从而导致小马处于缺乏监护人照料的情况下，拒不履行监护职责超过 6 个月，导致小马生活无着落，其行为严重危害了被监护人小马的身心健康。根据《民法典》第 36 条第 1 款第 2 项及第 2 款的规定，监护人怠于履行监护职责，导致被监护人处于危困状态的，人民法院可以根据未成年人保护组织的申请，撤销其监护人资格。

法院裁判

撤销冯女士为小马的监护人的资格。因小马父亲仍为其监护人，在小马父亲服刑期间，待法院撤销冯女士对小马的监护人资格后，由民政内部协调社会福利服务指导中心履行对小马的监护职责，无须法院另行指定监护人。

律师评析

监护人的撤销更换，是指当监护人不依法履行其法定监护职责时，经有关人员或者相关单位的申请，由法院撤销该监护人的监护资格，另行指定其他人或组织作为监护人的一项制度。

我国法治体系对于此项制度也是在逐渐完善，随着《反家庭暴力法》《民法典》

《未成年人保护法》等法律的实施，我国民事立法对未成年人监护权撤销制度的规定经历了从不完善到相对完善的过程。

法律规定

《中华人民共和国民法典》

第三十六条　监护人有下列情形之一的，人民法院根据有关个人或者组织的申请，撤销其监护人资格，安排必要的临时监护措施，并按照最有利于被监护人的原则依法指定监护人：

（一）实施严重损害被监护人身心健康的行为；

（二）怠于履行监护职责，或者无法履行监护职责且拒绝将监护职责部分或者全部委托给他人，导致被监护人处于危困状态；

（三）实施严重侵害被监护人合法权益的其他行为。

本条规定的有关个人、组织包括：其他依法具有监护资格的人，居民委员会、村民委员会、学校、医疗机构、妇女联合会、残疾人联合会、未成年人保护组织、依法设立的老年人组织、民政部门等。

前款规定的个人和民政部门以外的组织未及时向人民法院申请撤销监护人资格的，民政部门应当向人民法院申请。

律师提示

1. 谁能有权申请撤销监护人资格

根据我国《民法典》第36条第2款的规定，以下个人和组织有权申请撤销监护人的监护资格：被申请人之外的其他依法具有监护资格的人，以及居民委员会、村民委员会、学校、医疗机构、妇女联合会、残疾人联合会、未成年人保护组织、依法设立的老年人组织、民政部门等。

2. 出现哪些事由可以撤销监护人资格

根据我国《民法典》第36条第1款的规定，当监护人出现下述情形之一的，启动相关监护人撤销程序：第一，实施严重损害被监护人身心健康的行为。

第二，怠于履行监护职责，或者无法履行监护职责且拒绝将监护职责部分或者全部委托给他人，导致被监护人处于危困状态。第三，实施严重侵害被监护人合法权益的其他行为。《民法典》第36条第3项作为兜底条款，囊括第1项、第2项没有包含但损害被监护人应当被撤销监护人资格的行为。

3. 监护人资格被撤销后义务不变

《民法典》第37条规定："依法负担被监护人抚养费、赡养费、扶养费的父母、子女、配偶等，被人民法院撤销监护人资格后，应当继续履行负担的义务。"也就是说，监护人资格被撤销，不等于说免除了其原本作为监护人应当承担的义务，被撤销监护人资格的人原先负担的义务尤其是金钱给付义务照常履行。

82

监护人监护资格被撤销后，是否可以申请恢复？

案 例

宋先生与唐女士系夫妻，二人育有一子小宋。唐女士由于婚外情离家出走，宋先生因此脾气大变，经常殴打小宋。小宋的外公向法院申请撤销宋先生、唐女士的监护人资格并指定其为小宋的监护人。小宋的爷爷则要求指定自己为小宋的监护人。法院审理后撤销了宋先生、唐女士的监护人资格，指定小宋的外公为小宋的监护人。

后来宋先生经过社区的批评教育洗心革面，并且找到了一份收入较为可观的工作，希望能够重新抚养小宋，弥补自己的过失，重塑岌岌可危的家庭，并保证再也不会对小宋施加暴力行为。

请问：宋先生能够重新获得小宋的监护权吗？

律师解答

监护人对未成年人实施严重的人身危害行为，已经达到了故意犯罪的程度，是永久不能恢复监护权的。对于没有故意犯罪，如果该被撤销监护资格的监护人确有悔改表现的，经申请，可以在尊重未成年人真实意愿的前提下，视情况恢复监护人资格。并且此种可以恢复监护资格的人群范围仅限于被监护人的父母和子女，其他人如果侵害被监护人利益被撤销监护资格后，通过任何途径也无法再恢复其监护资格。

法院裁判

在法院的主持下，询问了小宋本人的意见，宋先生对小宋进行了真挚的道歉，法院恢复了宋先生对小宋的监护权。

律师评析

监护不仅是一项权利，更是一项义务。尤其是对未成年人的监护人来说，他们对被监护人有着更重的抚养和教育的义务。

从上述案例也可以看出，在未成年人监护中，监护人对未成年被监护人必须承担以下监护职责：

首先，在生活层面，要提供衣食住行以及医疗等条件，来保障未成年人有良好的生存条件，要采取有效措施以保护未成年人的安全。除照顾未成年人的生活外，作为未成年人的监护人，还应当保证未成年人接受学校科学、文化等知识教育，进行正常的义务教育，同时要对未成年人的思想、行为进行正确的教育、引导和管理，预防和制止未成年人的不良行为。在生活的其他方面，监护人应保证未成年人不得早婚，不得允许未满 16 周岁的未成年人做童工等。

其次，监护人在法律方面应当应尽的职责，保障未成年人合法权益不受侵害，同时管理和保护未成年人的财产，并且代理未成年人进行与其智力不相适应的民事活动。涉及参与诉讼，未成年人的监护人要代理未成年人进行诉讼、代为赔偿，向公安机关汇报和请求帮助。

法律规定

《中华人民共和国民法典》

第三十六条第一款 监护人有下列情形之一的，人民法院根据有关个人或者组织的申请，撤销其监护人资格，安排必要的临时监护措施，并按照最有利于被监护人的原则依法指定监护人：

（一）实施严重损害被监护人身心健康的行为；

（二）怠于履行监护职责，或者无法履行监护职责且拒绝将监护职责部分或者全部委托给他人，导致被监护人处于危困状态；

（三）实施严重侵害被监护人合法权益的其他行为。

第三十八条 被监护人的父母或者子女被人民法院撤销监护人资格后，除对被监护人实施故意犯罪的外，确有悔改表现的，经其申请，人民法院可以在尊重被监护人真实意愿的前提下，视情况恢复其监护人资格，人民法院指定的监护人与被监护人的监护关系同时终止。

律师提示

如果监护人重新具备履行监护职责条件，民政部门经评估后，可将未成年人送回监护人抚养。除对被监护人实施故意犯罪行为不得恢复监护人资格外，其他情形主要有两个标准：第一，确有悔改表现。对此可以结合《最高人民法院、最高人民检察院、公安部、民政部关于依法处理监护人侵害未成年人权益行为若干问题的意见》第39条规定的考察方法，即人民法院应当征求被监护人现任监护人的意见，并可以委托申请人住所地的未成年人救助保护机构或其他未成年人保护组织，对申请人监护意愿、悔改表现、监护能力、身心状况、工作生活情况等进行调查，形成调查评估报告，结合申请人提供的证据，对其监护能力综合判断。第二,被监护人同意。

对于临时监护的未成年人,民政部门可以通过委托亲属抚养、家庭寄养等方式进行安置,也可以交由未成年人救助保护机构或者儿童福利机构收留、抚养。

83

丧失监护人身份是否可以不履行监护人义务?

案例

赵爷爷系被监护人小赵的祖父,被申请人周女士系被监护人小赵的母亲,赵先生(已故)系小赵的父亲,小赵现年16岁尚未成年。2005年10月,被申请人周女士与赵先生(已故)离婚。离婚后小赵由其父亲赵先生抚养到现在,并与祖父赵爷爷一起生活。2021年6月,小赵的父亲赵先生去世,被监护人小赵随祖父生活。由于周女士离婚后又重新组成家庭,并生有子女,没有监护能力。村民委员会指定赵爷爷为小赵的监护人。被申请人周女士称:自己已经重组家庭,并育有两个孩子,小赵一直跟随其父亲和祖父母一起生活,自己一直对小赵没有尽到抚养和监护的义务,现在也没有能力尽到监护职责,并且现在的家庭也不能够接受这个孩子,同意撤销自己对小赵的监护权,由孩子祖父母监护。

请问:小赵的监护权应当归谁?假如其母亲丧失监护人身份,是否就跟这个孩子无关了,不用再履行监护人义务了?

律师解答

本案中被监护人小赵的父亲因病去世，作为法定监护人的母亲应当负担抚养监护的义务，但因其没有能力抚养小赵，又因现在家庭现状无法履行监护职责，使孩子处于无人监护状态；而小赵祖父母属于在其父亲死亡母亲无法监护的情况下承担监护责任的第一顺序监护人，且其所在村民委员会指定了由祖父担任监护人，被申请人也同意由其祖父母担任监护人。按照现行法律规定可以由法院进行变更监护人，但是小赵的母亲周女士仍应当承担监护人义务。

法院裁判

法院判决：撤销周女士为小赵的监护人的资格并指定赵爷爷、张奶奶为小赵的监护人。虽然法院依法撤销了被申请人周女士的监护资格，但作为母亲，其仍应当尽到抚养、教育、保护的义务，使孩子健康成长。

律师评析

监护资格和抚养义务、赡养义务虽然有重合之处，但是并非完全相同，对于负有抚养、赡养义务的人，即便被撤销监护资格，其抚养以及赡养义务并不受撤销的影响，其仍然应当履行其原先负担的抚养义务或赡养义务。

实践中，被监护人多无独立财产，其需要的生活费、教育费、医疗费等费用，很大程度上都有赖于监护人。同时，父母、子女、配偶继续履行抚养费、赡养费、扶养费的负担义务，对于新指定的监护人履行监护职责意义重大。如果父母、子女、配偶不履行前述法定义务，势必影响其他具有监护资格人担任监护人的积极性，也会严重影响新的监护人正常履行监护职责。

法律规定

《中华人民共和国民法典》

第三十七条　依法负担被监护人抚养费、赡养费、扶养费的父母、子女、配偶等，被人民法院撤销监护人资格后，应当继续履行负担的义务。

《中华人民共和国未成年人保护法》

第一百零八条 未成年人的父母或者其他监护人不依法履行监护职责或者严重侵犯被监护的未成年人合法权益的,人民法院可以根据有关人员或者单位的申请,依法作出人身安全保护令或者撤销监护人资格。

被撤销监护人资格的父母或者其他监护人应当依法继续负担抚养费用。

律师提示

从法律关系上看,监护资格不同于抚养义务、赡养义务、扶养义务,二者是相对独立的法律关系。被监护人的父母、子女、配偶,在监护资格被撤销后,其直接后果是不再承担监护职责。具言之,即不能再作为监护人代理被监护人实施民事法律行为,不能再作为监护人对未成年被监护人进行教育、监督和管教等。但是,撤销监护资格,并不免除父母、子女、配偶等基于血缘等关系确立的抚养义务,抚养义务、赡养义务、扶养义务是法定义务,独立于监护关系而存在,这些义务不因监护关系的终止而终止。

因此,《民法典》第37条强调,依法负担被监护人之抚养费、赡养费、扶养费的父母、子女、配偶等,即便被人民法院撤销监护人资格,并不能当然免除法定抚养、赡养或扶养的义务,还应当继续履行负担的义务。

监护人被撤销监护资格后仍需承担法定抚养义务,那么作为未成年被监护人的父母被撤销监护资格后,对于未成年人实施的侵害他人人身或财物的侵权行为,是否应当承担赔偿责任?法律要求监护人承担管理、教育被监护人的责任,在保护被监护人人身财产权利的同时,也避免被监护人从事侵权行为,对他人造成损害。一旦被监护人致人损害,法律规定由监护人承担赔偿责任。作为未成年人的父母,如果因某种情形被撤销监护资格,也就意味着丧失了对未成年人的监护权,不再履行监护职责,此时未成年人致人损害,应当由指定的监护人承担赔偿责任,而不是由其父母承担。

84

未成年子女被直接抚养人家暴，谁来申请人身安全保护令？

案 例

小黄2006年出生，小时候由爷爷奶奶带大。黄先生和郑女士是小黄的父母，现在小黄出现多次离家出走的情形，在被派出所民警找到后强烈抗拒回家。小黄在派出所向民警控诉，黄先生和郑女士虽然是自己的亲生父母，但是经常虐待自己。多次把小黄囚禁在房间内的一个货架的下方，货架被铁丝网围住像一个笼子，小黄只能蜷缩在里面。小黄的母亲郑女士还经常殴打小黄，父亲黄先生不但不予以劝阻，有时还和郑女士一起对小黄实施暴力。并且黄先生还因为故意伤害小黄，于2019年就被法院判决成立故意伤害罪。

请问：小黄最亲近的父母对她实施如此严重的家庭暴力，谁能为他申请人身安全保护令？

律师解答

学校、幼儿园、社会工作服务机构、救助机构、福利机构及其工作人员，在发现未成年人遭受家暴或疑似遭受家庭暴力的，应当及时向公安机关报案。法定代理人、近亲属、妇女联合会、未成年人保护组织可以代为申请人身安全保护令，公安机关、村民委员会、居民委员会，亦可代为向法院申请人身安全保护令，并可在人身安全保护令生效后协助人民法院执行具体内容。

法院裁判

(1)禁止黄先生和郑女士暴力伤害或威胁小黄以及为小黄提供服务的未成年人救助保护中心工作人员;(2)禁止黄先生和郑女士骚扰、跟踪小黄;(3)禁止未经小黄或未成年人救助保护中心的许可,到小黄现住所看望、探视。如果黄先生、郑女士违反上述禁令,法院将根据《反家庭暴力法》第 34 条的规定,视情节轻重处以罚款、拘留;构成犯罪的,依法追究刑事责任。

律师评析

1. 对未成年人进行家暴的案件处理

对于严重的家庭暴力案件,通常有两项临时性的处理方式:家外安置和人身保护令。

家外安置是指无民事行为能力人、限制民事行为能力人因家庭暴力身体受到严重伤害、面临人身安全威胁或处于无人照料等危险状态时,公安机关通知并协助民政部门将其安置到临时庇护场所、救助管理机构或者福利性的临时性保护场所,也可以安置到未成年人的近亲属、所在社区、居民委员会、福利机构、未成年人救助中心或未成年人保护中心。

2. 什么是人身安全保护令

人身安全保护令作为人格权行为禁令的一种使用方式,即法院为了保护家庭暴力受害人及其子女和特定亲属的人身安全、确保婚姻案件诉讼程序的正常进行而作出的民事裁定。

在申请人身安全保护令时,要注意受理机关是申请人或被申请人居住地、家庭暴力发生地的基层人民法院。人身安全保护令的形式为民事裁定书。当有遭受家庭暴力或者面临家庭暴力的现实危险,受害人可以申请人身安全保护令。以下主体可以根据受害人的意愿代为申请:受害人的近亲属、公安机关、民政部门、妇女联合会、残疾人联合会、依法设立的老年人组织、居民委员会、村民委员会以及救助管理机构。

法律规定

《中华人民共和国反家庭暴力法》

第二十三条 当事人因遭受家庭暴力或者面临家庭暴力的现实危险,向人民法院申请人身安全保护令的,人民法院应当受理。

当事人是无民事行为能力人、限制民事行为能力人,或者因受到强制、威吓等原因无法申请人身安全保护令的,其近亲属、公安机关、妇女联合会、居民委员会、村民委员会、救助管理机构可以代为申请。

第二十四条 申请人身安全保护令应当以书面方式提出;书面申请确有困难的,可以口头申请,由人民法院记入笔录。

第二十七条 作出人身安全保护令,应当具备下列条件:

(一)有明确的被申请人;

(二)有具体的请求;

(三)有遭受家庭暴力或者面临家庭暴力现实危险的情形。

第二十八条 人民法院受理申请后,应当在七十二小时内作出人身安全保护令或者驳回申请;情况紧急的,应当在二十四小时内作出。

律师提示

申请人身保护令时要注意,首先,要有明确的申请人和被申请人的信息。其次,相关请求也要具体明确,如明确表述禁止被申请人实施家庭暴力,禁止被申请人骚扰、跟踪、接触申请人及其近亲属,请求法院责令被申请人迁出申请人的住所,以及其他保护申请人人身安全的措施。最后,写明主要的事实和依据,如已经遭受家庭暴力或者面临着即将遭受家庭暴力的现实危险的事实以及相关证据。

另外要注意的是,人身安全保护令是有保护期限的,最长有效期不超过6个月,是从作出之日起生效并开始计算时间。人身安全保护令失效之前,人民法院可以根据申请人的申请来撤销、变更或者延长。

根据《反家庭暴力法》第32条的规定，人身安全保护令由人民法院来执行，公安机关以及居民委员会、村民委员会应当协助进行执行。人身安全保护令具有法律强制效力，被申请人如果违反人身安全保护令，构成犯罪的，将依法追究其刑事责任；尚不构成犯罪的，人民法院应当给予训诫，并且可以根据情节的轻重处以1000元以下的罚款、15日以下的拘留。

第八章

法定继承

85

法定继承的顺序如何确定？

案例

阿美、阿文婚后修建农村房屋三间，后生育两个女儿。之后阿文去世，未留下遗嘱。后因老屋陈旧且设施简陋，阿美和两个女儿共同将老房屋重新报建翻建。新屋建成两年后，阿美去世，去世前留下一份录音遗嘱，将所有财产留给大女儿，阿美口述遗言时其众多亲属在场。二女儿认为房屋中包含父亲的遗产，母亲不应将父亲的遗产做主留给大姐。

请问：录音遗嘱是否有效？法定继承的顺序？遗产如何继承？

律师解答

遗嘱有自书遗嘱、代书遗嘱、打印遗嘱、录音录像遗嘱、口头遗嘱以及公证遗嘱六种类型。

特别要注意录音录像遗嘱法律规定的形式，如果不符合法律规定的形式，如没有两个以上见证人在场见证或遗嘱人和见证人没有在录音录像中记录姓名、肖像、年月日的，录音录像遗嘱是无效的。如果录音录像遗嘱无效，也不存在其他遗嘱的，应按照法定继承办理。

法定继承往往会涉及继承的顺序。法定继承人的顺序，是指继承开始后，各个法定继承人继承遗产的先后次序。《民法典》第 1127 条规定，遗产按如下顺序继承：第一顺序为配偶、子女和父母，第二顺序为兄弟姐妹、祖父母、外祖父母。

本案中的老屋是阿文和阿美的夫妻共同财产，有 1/2 属于阿美。《民法典》第

1153 条规定,阿文去世后,应当从老房中先分出阿美 1/2 的房屋份额,剩下 1/2 房屋份额才是阿文的遗产。阿文去世前未留下遗嘱,因此,作为阿文法定继承人的阿美、大女儿、二女儿各继承这 1/2 份额中的 1/3。阿美去世后,如果录音遗嘱无效,两个女儿都是第一顺序继承人。

法院裁判

法院认为,大女儿所提供的录音并不符合录音录像遗嘱的条件,阿美遗言内容不真实,该录音不能达到遗嘱的效力。婚后修建老屋系阿美、阿文共同财产,阿文未留下遗嘱,其遗产部分按照法定继承处理,法定继承人为阿美、大女儿、二女儿,份额均等。

新房屋建造时,两女儿对阿英建房行为支持,与农村习俗不悖。双方均对房屋作出了一定的贡献,楼房的改建部分为阿美、大女儿、二女儿三人共同共有,各享有 1/3。

据此,法院作出一审判决,该录音遗嘱不能达到遗嘱效力,案涉房屋中属于阿美的份额,现即应当由大女儿、二女儿按照法定继承进行分割,同一顺序继承人继承遗产的份额,一般应当均等。酌情认定案涉房屋大女儿、二女儿各享有 1/2。

律师评析

《民法典》将配偶规定为第一顺位继承人,能够很好地保护配偶的合法利益,避免出现因配偶去世,另一方缺少物质保障的情况;将父母规定为第一顺序继承人对于引导社会尊老敬老具有重要意义;将子女划为第一顺序继承人反映了对晚辈的爱护,也符合我国的传统和风俗。

但我们在实践中也要关注法定继承的例外情形。《民法典》虽然把配偶、父母、子女规定为第一顺序继承人,但是《民法典》第 1129 条也规定:“丧偶儿媳对公婆,丧偶女婿对岳父母,尽了主要赡养义务的,作为第一顺序继承人。”这是对尽主要赡养义务的丧偶女婿、儿媳的权益保护,考虑实际情况后对法定继承作出的补充。

除丧偶女婿、儿媳的例外情形,我们也要注意法定继承人不单指成年人和未成年人,依照《民法典》第 1155 条的规定,胎儿也是法定继承人,应当保留一定的继承份额。按照《最高人民法院关于适用〈中华人民共和国民法典〉继承编的解释(一)》

第31条第2款的规定，如果胎儿出生后死亡的，应当由胎儿继承人继承；如果胎儿娩出时就是死体的，由被继承人的继承人继承。

法律规定

《中华人民共和国民法典》

第十条　处理民事纠纷，应当依照法律；法律没有规定的，可以适用习惯，但是不得违背公序良俗。

第一千一百二十七条　遗产按照下列顺序继承：

（一）第一顺序：配偶、子女、父母；

（二）第二顺序：兄弟姐妹、祖父母、外祖父母；

继承开始后，由第一顺序继承人继承，第二顺序继承人不继承；没有第一顺序继承人继承的，由第二顺序继承人继承。

本编所称子女，包括婚生子女、非婚生子女、养子女和有扶养关系的继子女。

本编所称父母，包括生父母、养父母和有扶养关系的继父母。

本编所称兄弟姐妹，包括同父母的兄弟姐妹、同父异母或者同母异父的兄弟姐妹、养兄弟姐妹、有扶养关系的继兄弟姐妹。

第一千一百三十条第一款　同一顺序继承人继承遗产的份额，一般应当均等。

第一千一百三十七条　以录音录像形式立的遗嘱，应当有两个以上见证人在场见证。遗嘱人和见证人应当在录音录像中记录其姓名或者肖像，以及年、月、日。

第一千一百五十三条第一款　夫妻共同所有的财产，除有约定的外，遗产分割时，应当先将共同所有的财产的一半分出为配偶所有，其余的为被继承人的遗产。

《最高人民法院关于适用〈中华人民共和国民法典〉总则编若干问题的解释》

第二条　在一定地域、行业范围内长期为一般人从事民事活动时普遍遵守的民间习俗、惯常做法等，可以认定为民法典第十条规定的习惯。

当事人主张适用习惯的，应当就习惯及其具体内容提供相应证据；必要时，人民法院可以依职权查明。

适用习惯，不得违背社会主义核心价值观，不得违背公序良俗。

律师提示

习惯(包括习俗)是我国的法律渊源之一。

本案中法官对于房屋改建部分份额的认定就结合了事实和农村习俗,由此可以看出习俗习惯在我国法律实践中的重要作用。

86

法定继承的份额如何确定?

案例

阿强跟阿珍为夫妻,二人育有两个女儿,遗憾的是大女儿智力有残疾。2022年2月28日,阿强因病去世,没有留下遗嘱或遗赠协议。阿强父亲早逝,母亲健在,阿强名下有房屋一处以及银行存款100万元。大部分家属同意让患病的大女儿多分遗产,但阿强的母亲对此持有异议,于是诉至法院。

请问:谁是阿强的法定继承人?阿强的遗产应该均分吗?

律师解答

按照《民法典》第1127条第1款的规定,第一顺位继承人指的是被继承人的配偶、子女、父母。本案中,阿强的母亲、阿珍和两个女儿就属于第一顺位继承人,所以阿强的遗产将在这四人之间发生法定继承。

按照《民法典》第1130条第1款的规定,继承人为同一顺序的,遗产原则上应当均分,但在特殊情况下也可以不均分,《民法典》第 1130 条第 2 款同时规定对生活有特殊困难又缺乏劳动能力的继承人,在分配遗产时应当予以照顾。

法院裁判

法院审理后认为,同一顺序继承人继承遗产的份额,一般应当均等。对生活有特殊困难的缺乏劳动能力的继承人,分配遗产时,应当予以照顾。对被继承人尽了主要扶养义务或者与被继承人共同生活的继承人,分配遗产时,可以多分。有扶养能力和有扶养条件的继承人,不尽扶养义务的,分配遗产时,应当不分或者少分。综合考虑本案实际情况,阿强的大女儿系重度智力残疾人,考虑其生活有特殊困难又缺乏劳动能力,在分割遗产时应予以多分。

法院最后依照《民法典》第 1127 条、第 1130 条之规定,判决在阿强遗产中,患病的大女儿分得的遗产份额为 35%,其他三个继承人均分剩余部分。

律师评析

继承从被继承人死亡时开始,被继承人死亡时遗留的合法财产都属于遗产的范围。继承开始后,有遗嘱按遗嘱继承办理,无遗嘱按法定继承办理。

法定继承是有顺序的,顺序由法律直接规定,称为继承顺位,分为第一顺位和第二顺位。第二顺位指的是被继承人的兄弟姐妹、祖父母、外祖父母。同一顺位的继承人之间地位平等。

有第一顺位继承人时,继承只发生在第一顺位,第二顺位的继承人不需要继承遗产。只有在没有第一顺位继承人或者他们都放弃、丧失继承权的情况下,才由第二顺位的人继承。

法律规定

《中华人民共和国民法典》

第一千一百三十条　同一顺序继承人继承遗产的份额,一般应当均等。

对生活有特殊困难又缺乏劳动能力的继承人,分配遗产时,应当予以照顾。

对被继承人尽了主要扶养义务或者与被继承人共同生活的继承人,分配遗产时,可以多分。

有扶养能力和有扶养条件的继承人,不尽扶养义务的,分配遗产时,应当不分或者少分。

继承人协商同意的,也可以不均等。

第一千一百三十二条　继承人应当本着互谅互让、和睦团结的精神,协商处理继承问题。遗产分割的时间、办法和份额,由继承人协商确定;协商不成的,可以由人民调解委员会调解或者向人民法院提起诉讼。

《最高人民法院关于适用〈中华人民共和国民法典〉继承编的解释(一)》

第十六条　代位继承人缺乏劳动能力又没有生活来源,或者对被继承人尽过主要赡养义务的,分配遗产时,可以多分。

第十七条　继承人丧失继承权的,其晚辈直系血亲不得代位继承。如该代位继承人缺乏劳动能力又没有生活来源,或者对被继承人尽赡养义务较多的,可以适当分给遗产。

律师提示

在法定继承中,法律规定遗产按照一定的顺序继承,同一顺位法定继承人之间均分遗产,这一规则在我国古已有之,我国古代《唐律疏议》在分家析产时采取的就是同一亲等所获家产均等原则,宋代和明代的律法均规定"兄弟俱亡,由兄弟诸子均分"。

同一顺位的法定继承人法律地位是平等的,不分男女老幼,不论是真实的血缘关系还是拟制的血缘关系,都平等地享有继承财产的权利,并均等地获得遗产。

凡事总有例外,法律也规定了可以不均分遗产的情况,主要包括以下几种:

1. 生活有特殊困难的缺乏劳动能力的继承人。

2. 对被继承人尽了主要扶养义务的继承人。

3. 与被继承人共同生活的继承人。

4. 代位继承人缺乏劳动能力又没有生活来源的。

5. 代位继承人对被继承人尽了主要赡养义务的。

6. 继承人之间协商同意的。

继承不仅涉及财产，还包含亲情、伦理、价值观念等诸多因素，遗产纠纷中，继承人应当本着互谅互让、和睦团结的精神，协商处理继承问题，不可为了一点权益就疏离了亲情。

87

法定继承和遗嘱，选哪个？

案例

阿辉和阿兰育有两儿一女，阿辉和阿兰的父母均已去世。后来阿辉和阿兰所住房屋拆迁，二人获得180平方米的回迁房屋，登记在二人名下。2021年，阿辉去世，阿兰为了照顾小女儿，于2022年立下公证遗嘱，由小女儿继承属于自己的房屋份额。两年后，阿兰去世，两个儿子不认可公证遗嘱的内容，于是诉至法院，要求法院确认公证遗嘱无效并按照法定继承的规定分割母亲的遗产。

请问：什么是公证遗嘱？阿兰去世后，两儿一女将如何继承父母的房屋？

律师解答

公证遗嘱是指经过国家公证机关办理公证的遗嘱。

本案中，该回迁房屋登记在阿辉和阿兰名下，是夫妻共同财产，二人各占1/2的房屋份额。阿辉去世前未留下遗嘱，按照法定继承的规定，他的遗产，即 1/2 的房屋份额由配偶阿兰和三名子女平均继承，一人的份额是 1/8。所以阿辉过世后，阿兰的房屋份额是 5/8，三名子女的份额都是 1/8。

如果阿兰的公证遗嘱有效，那么阿兰的遗产，即 5/8 的房屋份额由小女儿继承，再加上小女儿之前继承的阿辉 1/8 的房屋份额，小女儿一共继承的房屋份额是 3/4。其余两个儿子各继承 1/8 的房屋份额。

法院裁判

法院认为，本案中阿兰设立遗嘱并且加以公证，该遗嘱合法有效。根据《民法典》第 1123 条的规定，继承开始后，按照法定继承办理；有遗嘱的，按照遗嘱继承或者遗赠办理。阿兰在遗嘱中已经明确新楼房自己的份额归小女儿所有，而余下的份额未有遗嘱，应当按照法定继承进行分配。阿辉和阿兰共有继承人三人，即两儿一女，三人为同一顺序继承人，同一顺序继承人继承遗产的份额，一般应当均等。

律师评析

在《民法典》出台以前，公证遗嘱的效力被认定为最高。但是《民法典》取消了公证遗嘱“效力最高”的规定，《民法典》修改了遗嘱效力规则，删除了原《继承法》关于公证遗嘱效力优先的规定，切实尊重遗嘱人的真实意愿。

根据《民法典》第 1142 条的规定，立有两份或更多的遗嘱，内容不相同的，以最后的遗嘱为准。故《民法典》施行之后，公证遗嘱的效力不再优先，无论是什么样的遗嘱形式，均以最后一份有效遗嘱内容为准。

法律规定

《中华人民共和国民法典》

第一千一百二十三条　继承开始后，按照法定继承办理；有遗嘱的，按照遗嘱继承或者遗赠办理；有遗赠扶养协议的，按照协议办理。

第一千一百三十四条　自书遗嘱由遗嘱人亲笔书写，签名，注明年、月、日。

第一千一百三十五条　代书遗嘱应当有两个以上见证人在场见证，由其中一人代书，并由遗嘱人、代书人和其他见证人签名，注明年、月、日。

第一千一百三十六条　打印遗嘱应当有两个以上见证人在场见证。遗嘱人和见证人应当在遗嘱每一页签名，注明年、月、日。

第一千一百三十七条　以录音录像形式立的遗嘱，应当有两个以上见证人在场见证。遗嘱人和见证人应当在录音录像中记录其姓名或者肖像，以及年、月、日。

第一千一百三十八条　遗嘱人在危急情况下，可以立口头遗嘱。口头遗嘱应当有两个以上见证人在场见证。危急情况消除后，遗嘱人能够以书面或者录音录像形式立遗嘱的，所立的口头遗嘱无效。

第一千一百四十二条　遗嘱人可以撤回、变更自己所立的遗嘱。

立遗嘱后，遗嘱人实施与遗嘱内容相反的民事法律行为的，视为对遗嘱相关内容的撤回。

立有数份遗嘱，内容相抵触的，以最后的遗嘱为准。

律师提示

遗嘱是一项承载家庭成员意愿的重要制度，《民法典》对原有的遗嘱制度进行了部分调整，新增打印遗嘱、完善公证遗嘱的应用。法定遗嘱形式有自书遗嘱、代书遗嘱、打印遗嘱、录音录像遗嘱、口头遗嘱和公证遗嘱。

根据《民法典》第1134条至第1139条的规定，可以参考表1对遗嘱的形式要求和易忽略问题进行的总结。

表 1　遗嘱的注意事项

遗嘱类型	见证人	签字及日期
自书遗嘱	无须见证人	遗嘱的全部内容应当由遗嘱人亲笔书写、签名，注明年、月、日
代书遗嘱	应当有两个以上见证人在场见证	由见证人中的一人代书，并由遗嘱人、代书人和其他见证人签名，注明年、月、日
打印遗嘱	应当有两个以上见证人在场见证	遗嘱人和见证人应当在遗嘱每一页签名，注明年、月、日
录音录像遗嘱	应当有两个以上见证人在场见证	遗嘱人和见证人应当在录音录像中记录其姓名或者肖像，以及年月、日
口头遗嘱	应当有两个以上见证人在场见证	(1)该遗嘱形式仅限遗嘱人在危急情况下使用； (2)危急情况消除后，遗嘱人能够以书面或者录音录像形式立遗嘱的，所立的口头遗嘱无效
公证遗嘱	无须见证人	由遗嘱人经公证机构办理，须遗嘱人向公证机构申请并亲自办理

88

继子女可以继承继父的遗产吗？

案例

阿胜有一子，同村的阿珍有两个未成年女儿。1996 年，阿胜与阿珍结婚组成重组家庭，两个女儿随二人共同生活。2000 年阿胜儿子结婚，育有一子阿文。

二十二年后,阿胜儿子和阿胜相继去世,二人均未留下遗嘱。阿珍的两个女儿认为她们与继父属于具有抚养关系的继父女,可以继承阿胜的遗产;阿文却认为她们和爷爷没有血缘关系,无权继承爷爷的遗产。双方多次协商无果,遂诉至法院。

请问:两个继女儿可以继承继父阿胜的遗产吗?

律师解答

本案中阿胜、阿胜儿子均未留下遗嘱,阿胜的遗产按照法定继承应当由配偶阿珍、阿胜孙子阿文和阿胜的两个继女儿继承。

具有抚养关系的继子女属于法律规定的第一顺序继承人,与婚生子女具有同等的法律地位,具有抚养关系的继子女有权主张继承遗产。

本案中,阿胜与阿珍属于再婚重组家庭,阿珍的两个未成年女儿与阿胜属于继父女关系,四人共同生活,并且阿胜提供两个继女儿生活上的支出,阿胜和继女儿之间形成了抚养关系,两个继女儿可以继承阿胜的遗产。

法院裁判

法院认为,双方均未提交任何遗嘱或遗赠扶养协议,故按照法定继承处理。阿胜与阿珍结婚时,阿珍两个女儿均未成年,之后多年与阿胜、阿珍共同生活,客观上两女儿与阿胜形成了具有抚养关系的继父女关系。法院判决两女儿作为与阿胜有抚养关系的继女,有权作为第一顺序继承人继承阿胜的遗产。

律师评析

《民法典》将形成抚养关系的继子女和婚生子女一起规定为第一顺序继承人,形成抚养关系的继子女和婚生子女在权利义务上会有区别吗?依照《民法典》第 1072 条的规定,形成抚养关系的继子女与继父母之间的权利义务关系,与生父母和子女之间的权利义务关系完全相同,二者地位平等,且平等地享有继承权,所以二者在权利义务上没有区别。

那么现实中继父母和继子女之间的常见情况有哪些?

1. 前夫或前妻的子女与继父或继母长期生活在一起,形成了事实上的抚养关系,继子女和继父母之间的权利、义务关系与生父母和子女关系相同,互有继承权。

2. 生父母再婚时,子女已长大成人,分居另过或者其生父母再婚后,继子女并未与继父或继母共同生活,而由祖父母或外祖父母抚养教育成人。继子女对继父或继母没有尽过赡养义务,继子女也未受到继父母的抚养,没有形成抚养关系,彼此之间也就不享有继承权。

3. 继子女与继父母共同生活,但继子女的生活费用由其生父或生母供给一部分或全部;或者继父母对继子女尽了抚养、教育义务,而继子女未对继父母尽赡养义务。这种情况一般视为形成了抚养关系,但分配遗产时可能会根据情况适当减少其份额。

4. 继子女继承继父母的遗产,不妨碍其继承生父母的遗产。双方都有继承权。

然而现实生活中争议焦点大多在于:继父母和继子女之间是否形成了抚养关系。法院在判断是否存在抚养关系时,会参考以下因素:抚养时间的长期性、经济与精神抚养的客观存在、家庭身份的融合性等。这对继父母抚养未成年继子女或成年继子女赡养继父母提出了物质和精神上的要求,所以大家不能简单地认为仅仅给予经济支持就是抚养。

法律规定

《中华人民共和国民法典》

第一千零七十条　父母和子女有相互继承遗产的权利。

第一千零七十二条　继父母与继子女间,不得虐待或者歧视。

继父或者继母和受其抚养教育的继子女间的权利义务关系,适用本法关于父母子女关系的规定。

《最高人民法院关于适用〈中华人民共和国民法典〉继承编的解释(一)》

第十一条　继子女继承了继父母遗产的,不影响其继承生父母的遗产。

继父母继承了继子女遗产的,不影响其继承生子女的遗产。

律师提示

如果形成抚养关系的继子女可以继承继父母的遗产,那么继子女是否可以继承生父母的遗产?按照《最高人民法院关于适用〈中华人民共和国民法典〉继承编的解释(一)》第11条的规定,继子女继承了继父母遗产的,不影响其继承生父母的遗产。继子女和继父母形成抚养关系后,继子女和生父母的血缘、权利义务关系也不会被消灭,所以继子女仍可以继承生父母的遗产。

89

养子女可以继承生父的遗产吗?

案例

阿茂和阿梅育有一子一女。在女儿7岁那年因家境困难无力抚养,夫妻二人将女儿送养给同村的阿涛,并在当地民政部门办理了收养登记。多年后女儿工作,不仅赡养阿涛,同时也对阿茂和阿梅多有扶助。阿茂觉得亏欠女儿,多次向女儿表示他的遗产有女儿一份。2022年阿茂去世。儿子觉得妹妹已经被阿涛收养,不再属于家庭一员,不能继承父亲的遗产。

请问:阿茂的口头表示是遗嘱吗?女儿可以继承阿茂的遗产吗?

律师解答

口头遗嘱是遗嘱人在危急情况下,通过口述的方式表达的处分其身后财产的意愿。口头遗嘱应当有两个以上见证人在场见证。本案阿茂口头表示女儿可以分得遗产时,不存在危急情况,所以阿茂的口头表示不是口头遗嘱。

按照《民法典》第 1131 条的规定,继承人以外的对被继承人扶养较多的人,可以分给适当的遗产。女儿虽然被送养,与阿涛形成收养关系,和生父阿茂的权利义务关系消除,但是女儿工作后对阿茂扶养较多,按照法律规定可以分给适当的遗产。

法院裁判

法院认为,阿茂去世前未留下遗嘱,女儿主张的口头表示不符合口头遗嘱要件,应按照法定继承处理。收养人同意收养、送养人同意送养即送养人与收养人之间形成收养的合意是收养关系成立的必须要件。阿茂夫妻送养时阿涛表示同意收养,认定阿茂夫妻和阿涛之间存在合法收养关系。继承人以外的对被继承人扶养较多的人,可以分配给他们适当的遗产。如前所述,女儿不能作为阿茂的第一顺序继承人,但从其提交的证据以及法院的调查情况来看,阿茂生前女儿对其照顾较多,故可以分配给女儿适当的遗产。根据本案实际情况,法院酌情确认女儿可分得阿茂部分遗产。

律师评析

按照《民法典》第 1111 条的规定,养子女和生父母之间的权利义务关系因收养关系消除,因此阿茂女儿被送养到阿涛一家,并办理收养登记之后,其与生父阿茂之间的权利义务关系已经消除。所以阿茂的法定继承人是阿梅和儿子,已被收养的女儿不属于法定继承人。

女儿虽然被收养后不再是阿茂的法定继承人,但是因为女儿成年后不仅赡养阿涛,还对阿茂尽到了扶养的义务,法院依据法律规定对女儿给予了一定补偿。这是倡导和鼓励养子女与生父母互相扶助,培育良好社会道德风尚,不因法律上的关系阻隔亲生父母子女之间的感情,共同构建和谐友善的社会氛围。

法律规定

《中华人民共和国民法典》

第一千一百一十一条　自收养关系成立之日起,养父母与养子女间的权利义务关系,适用本法关于父母子女关系的规定;养子女与养父母的近亲属间的权利义务关系,适用本法关于子女与父母的近亲属关系的规定。

养子女与生父母以及其他近亲属间的权利义务关系,因收养关系的成立而消除。

第一千一百三十一条　对继承人以外的依靠被继承人扶养的人,或者继承人以外的对被继承人扶养较多的人,可以分给适当的遗产。

第一千一百三十八条　遗嘱人在危急情况下,可以立口头遗嘱。口头遗嘱应当有两个以上见证人在场见证。危急情况消除后,遗嘱人能够以书面或者录音录像形式立遗嘱的,所立的口头遗嘱无效。

《最高人民法院关于适用〈中华人民共和国民法典〉继承编的解释(一)》

第十条　被收养人对养父母尽了赡养义务,同时又对生父母扶养较多的,除可以依照民法典第一千一百二十七条的规定继承养父母的遗产外,还可以依照民法典第一千一百三十一条的规定分得生父母适当的遗产。

律师提示

收养关系解除后,养子女和生父母及其他近亲属之间的权利义务关系自动恢复,养子女与养父母以及其他近亲属间的权利义务关系即行消除。

如果收养关系解除时养子女已经成年,其与生父母及其他近亲属之间的权利义务关系是否恢复,可以协商确定。

90

父亲和祖父在同一事故中过世，遗产如何继承？

案例

端午节前夕，阿豪的父亲计划和阿豪的祖父一起开车带着阿豪和母亲前往A城出游，祖母未一同前往。途中车辆发生交通事故，阿豪的父亲和祖父不幸去世，二人的死亡时间难以确定。阿豪祖母认为，阿豪祖父和阿豪父亲都已经去世，她可以依法继承阿豪祖父全部遗产；阿豪母亲却认为，婆婆无权继承公公的所有遗产。阿豪祖母遂诉至法院，请求继承阿豪祖父所有遗产。

请问：阿豪的父亲和祖父的死亡时间如何推定？阿豪的父亲和祖父的遗产如何继承？

律师解答

阿豪父亲和祖父是父子，二人在同一场事故中去世，难以确定死亡时间。根据《民法典》第1121条第2款的规定，应当推定没有其他继承人的人先死亡；都有其他继承人的，辈份不同的，推定长辈先死亡。

本案中，阿豪祖母、阿豪母亲、阿豪都健在，三人为去世的祖父和父亲的法定继承人，即二人都有其他继承人，适用《民法典》第1121条第2款的规定，推定长辈先死亡。所以本案的推定结果为祖父死亡时，父亲尚未死亡。

既然已经确定阿豪祖父先死亡，那么祖父遗产由法定继承人阿豪祖母和阿豪父亲继承；父亲在后死亡，父亲继承的祖父遗产计入父亲遗产中，由法定继承人阿豪祖母、阿豪母亲和阿豪继承。

法院裁判

法院认为，依据《民法典》第 1121 条“相互有继承关系的数人在同一事件中死亡，难以确定死亡时间的，推定没有其他继承人的人先死亡。都有其他继承人，辈份不同的，推定长辈先死亡；辈份相同的，推定同时死亡，相互不发生继承”的规定，祖父死亡时，推定阿豪父亲尚且在世，其作为祖父儿子，应当享有相应遗产份额。

根据《民法典》第 1127 条第 1 款、第 2 款“遗产按照下列顺序继承：（一）第一顺序：配偶、子女、父母；（二）第二顺序：兄弟姐妹、祖父母、外祖父母。继承开始后，由第一顺序继承人继承，第二顺序继承人不继承；没有第一顺序继承人继承的，由第二顺序继承人继承”之规定，阿豪、阿豪母亲、阿豪祖母均系阿豪父亲第一顺序继承人，阿豪父亲所享有遗产份额由三人共同继承。

律师评析

《保险法》第 42 条第 2 款规定，受益人与被保险人在同一事件中死亡，且不能确定死亡先后顺序的，推定受益人死亡在先。本案中，如果阿豪的祖父是被保险人，阿豪的受益人是父亲，那么依照《保险法》应该推定父亲先于祖父死亡，这就与《民法典》的规定相冲突。

按照“特别法优于一般法”的法律适用规则，《民法典》是一般法，而《保险法》是针对保险这一特殊事项规定的法律，是特别法。《最高人民法院关于适用〈中华人民共和国保险法〉若干问题的解释（三）》第 15 条规定：“受益人与被保险人存在继承关系，在同一事件中死亡且不能确定死亡先后顺序的，人民法院应根据保险法第四十二条第二款的规定推定受益人死亡在先，并按照保险法及本解释的相关规定确定保险金归属。”

由此看出，在死亡顺序的推定上，存在部分例外情形，所以在继承问题发生的时候需要我们特别注意，结合具体的情形与法律文件进行分析。

法律规定

《中华人民共和国民法典》

第一千一百二十一条　继承从被继承人死亡时开始。

相互有继承关系的数人在同一事件中死亡,难以确定死亡时间的,推定没有其他继承人的人先死亡。都有其他继承人,辈份不同的,推定长辈先死亡;辈份相同的,推定同时死亡,相互不发生继承。

《中华人民共和国保险法》

第四十二条第二款　受益人与被保险人在同一事件中死亡,且不能确定死亡先后顺序的,推定受益人死亡在先。

《最高人民法院关于适用〈中华人民共和国保险法〉若干问题的解释(三)》

第十五条　受益人与被保险人存在继承关系,在同一事件中死亡且不能确定死亡先后顺序的,人民法院应根据保险法第四十二条第二款的规定推定受益人死亡在先,并按照保险法及本解释的相关规定确定保险金归属。

律师提示

1. 死亡赔偿金是遗产吗

根据《民法典》的规定,遗产必须是被继承人死亡时就已经存在的财产。死亡赔偿金是侵权人对死者近亲属遭受的财产损失在一定范围内的赔偿,属于死者近亲属的共同共有财产,赔付的对象不是死者,而是死者的近亲属,既然赔付的对象不是死者,赔偿金不是死者的财产,所以死亡赔偿金性质上不属于遗产。

2. 死亡赔偿金如何分配

死亡赔偿金具有财产属性,所以分配时也可参照遗产分配处理。分割死亡赔偿金时法院会考虑当事人与死者的亲密程度以及生活状况等因素,在被继承人的亲戚家属之间分配。

91

子女先于父母死亡，遗产如何继承？

案例

阿琳和阿德婚内育有两个儿子，并购买了一套房屋。1990 年，阿德与阿琳签署了一份婚内财产协议，约定该房屋完全由阿琳个人单独所有。1992 年阿德去世。2000 年政府对其房屋进行拆迁，阿琳获得一笔拆迁款。同年，大儿子为了改善自身居住条件，计划修建新房，但是大儿子自己手里的资金只够建房款的一半，于是向阿琳求助，想让阿琳从其获得的拆迁款中拿出建房款的另一半资金。最终，阿琳和大儿子各出了修建新房的一半资金。新房修好后，登记在大儿子名下。

2020 年阿琳的二儿子去世，去世时二儿子之子阿勇已经 18 岁。两年后阿琳去世，阿琳未留下任何遗嘱。阿琳去世后，阿勇要求分割遗产，其大伯（阿琳的大儿子）认为新房中不存在母亲的遗产，侄子阿勇无权继承；阿勇则认为新房中包含奶奶的遗产，大伯不应独占新房。二人争执不下，于是阿勇诉至法院。

请问：新房为什么是阿琳和大儿子的共有财产？阿勇如何继承奶奶阿琳的遗产？所有的遗产继承都可以代位继承吗？

律师解答

本案中，房屋是阿琳个人所有，房屋的拆迁款自然也归阿琳个人所有。大儿子和阿琳各出一半资金修建的新房，因阿琳和大儿子对于新房的建立都具有贡献，故新房是阿琳和大儿子的共同财产。继承阿琳遗产时，新房只有 1/2 是阿琳的遗产，还有 1/2 的份额是大儿子的。

本案中阿琳没有留下遗嘱，所以按照法定继承办理。阿琳的两个儿子是第一顺序法定继承人。被继承人的子女先于被继承人死亡的，由被继承人的子女的晚辈直系血亲代位继承。二儿子先于阿琳死亡，阿勇作为二儿子之子，是晚辈直系血亲，代位继承二儿子应继承的阿琳遗产，符合法律关于代位继承的规定。

法院裁判

法院认为，大儿子建房资金一半源于房屋的拆迁款，房屋拆迁款属于阿琳所有，因此新房是阿琳与大儿子共同共有，阿琳去世后，新房中的 1/2 属于阿琳的遗产。

两个儿子是阿德夫妻的婚生子女，是阿琳的法定继承人。因二儿子先于阿琳去世，且阿琳未留下遗嘱，所以二儿子可以继承的份额由其子阿勇代位继承。

律师评析

代位继承是法定继承的一种特殊情况，代位继承人要根据被代位继承人的地位和顺序继承遗产。被继承人的子女是第一顺序继承人，因此被继承人的子女的直系晚辈血亲在代位继承时是以第一顺序继承人的身份参与继承，在有其他第一顺序继承人时与他们共同继承，在没有其他第一顺序继承人时独自继承，第二顺序继承人不继承。

被继承人的兄弟姐妹为第二顺序继承人，因此被继承人的兄弟姐妹的子女在代位继承时是以第二顺序继承人的身份参与继承。

需要注意的是，法律对被继承人的子女与兄弟姐妹的限制是不同的。被继承人的子女的代位继承人为其直系晚辈血亲，如代位继承人的子女、孙子女等，不受辈份的限制；可被继承人的兄弟姐妹的代位继承人仅限于其子女，主要是由于兄弟姐妹属于旁系血亲，如果将旁系血亲的代位继承人的范围规定得过于宽泛，就会使与被继承人没有太多血缘以及情感联系的人取得遗产，因此要对兄弟姐妹的代位继承人采取限制，仅限于被继承人的侄子女、甥子女。

但是代位继承不是所有情况都可以适用的，因为代位继承只是法定继承中的特殊情况，所以遗嘱继承中不适用代位继承。

法律规定

《中华人民共和国民法典》

第一千一百二十八条 被继承人的子女先于被继承人死亡的，由被继承人的子女的直系晚辈血亲代位继承。

被继承人的兄弟姐妹先于被继承人死亡的，由被继承人的兄弟姐妹的子女代位继承。

代位继承人一般只能继承被代位继承人有权继承的遗产份额。

第一千一百五十二条 继承开始后，继承人于遗产分割前死亡，并没有放弃继承的，该继承人应当继承的遗产转给其继承人，但是遗嘱另有安排的除外。

《最高人民法院关于适用〈中华人民共和国民法典〉继承编的解释（一）》

第十四条 被继承人的孙子女、外孙子女、曾孙子女、外曾孙子女都可以代位继承，代位继承人不受辈数的限制。

律师提示

转继承是什么？和代位继承有什么区别？

转继承是指继承开始后，继承人于遗产分割前死亡，并没有放弃继承的，该继承人应当继承的遗产转给其继承人，但是遗嘱另有安排的除外。

转继承和代位继承的主要区别：

1. 继承发生的时间不同。转继承是被转继承人在被继承人死亡之后、遗产分割前死亡时发生；代位继承是被代位继承人在被继承人死亡之前死亡时发生。

2. 继承的主体不同。转继承中的转继承人包括被继承人的直系晚辈血亲和被转继承人的其他法定继承人；代位继承中的代位继承人仅限于被继承人的直系晚辈血亲，如果被代位继承人是兄弟姐妹的，代位继承人仅限于兄弟姐妹的子女。

92

儿媳能否继承公婆的遗产?

案例

董老太有三个儿子,老伴去世后董老太一直住在小儿子家。2015 年小儿子不幸遭遇车祸去世,小儿媳便带着小孙子照顾董老太。董老太于 2021 年去世,留下一套房子。小儿媳认为自己照顾董老太,有权继承董老太的部分遗产,但董老太的两个儿子认为母亲的遗产应当都由他们两兄弟继承,于是诉至法院。

请问:小儿媳能继承董老太的遗产吗?小孙子应如何继承董老太的遗产?董老太的遗产应由谁继承?

律师解答

本案中,董老太的小儿子早于董老太去世,之后小儿媳一直与董老太共同生活,尽到了主要赡养义务,属于法律特殊规定的情况,即被继承人尽到主要赡养义务的丧偶儿媳可作为第一顺序继承人继承,所以小儿媳可以继承董老太的遗产。

董老太的小儿子早于董老太去世,《民法典》第 1128 条规定,被继承人的子女先于被继承人死亡的,由被继承人的子女的直系晚辈血亲代位继承。

本案中,小孙子作为董老太小儿子的直系晚辈血亲,可以通过代位继承的方式继承遗产。法律规定代位继承人一般只能继承被代位继承人有权继承的遗产份额,所以小孙子继承的是本应属于自己父亲的那份遗产。

本案中,董老太的配偶和父母已早逝,故法定继承只发生在第一顺位的子女中，而董老太的小儿子已先于其去世，所以她的法定继承人为大儿子和二儿子。根据前文分析，小儿媳和小孙子也有继承权，所以最终董老太的遗产应由她的大儿子、二儿子、小孙子和小儿媳继承。

法院裁判

法院审理后认为，儿媳对公婆虽然没有法定的赡养义务，但事实上足以认定小儿媳对董老太尽了主要赡养义务，《民法典》第1129条规定："丧偶儿媳对公婆，丧偶女婿对岳父母，尽了主要赡养义务的，作为第一顺序继承人"，这种情形下小儿媳可以作为第一顺序的继承人酌情分得遗产，并且不影响小孙子的代位继承权。

律师评析

按照《民法典》的一般规定，儿媳或女婿并不是法定的第一顺位继承人，不能直接继承公婆的财产，案例中的大儿媳和二儿媳就属于一般情形，无法继承董老太的遗产。

有原则就有例外，《民法典》第1129条中对丧偶儿媳的继承作了特殊规定：如果儿子早于公婆死亡，同时丧偶儿媳对公婆尽了主要赡养义务，这种情况下，儿媳就可以作为第一顺序继承人与其他继承人一起继承公婆的遗产。

在实践中，这类案件的焦点在于：认定丧偶儿媳、女婿尽到主要赡养义务的标准是什么？

丧偶儿媳、女婿不仅是要尽赡养义务，而是要尽到主要赡养义务才能作为第一顺序继承人。根据《最高人民法院关于适用〈中华人民共和国民法典〉继承编的解释（一）》第19条的规定，认定是否尽了主要赡养义务，可以从两方面综合考虑：一是在经济上为老人提供了主要经济来源或在生活上提供了主要劳务帮助；二是对老人的帮助具有长期性、经常性。以上两个条件同时具备，就可以认定尽了主要赡养义务。

《民法典》第1129条关于尽了主要赡养义务的丧偶儿媳和丧偶女婿列入法定继承人范围内并可作为第一顺序继承人的规定，打破了继承人与被继承人之间一般基于血缘关系而发生法定继承的惯例。这一特色制度设计立足于正面临老龄化挑战的中国国情，通过鼓励丧偶儿媳或女婿承担赡养公婆或岳父母的义务，使老人的生活能够得到照料，安度晚年，体现了中华民族尊老敬老的优良传统美德，有利于促进家庭和睦、社会和谐，为实现“人人亲其亲，长其长，而天下平”奠定了厚重基础。

法律规定

《中华人民共和国民法典》

第一千一百二十九条　丧偶儿媳对公婆，丧偶女婿对岳父母，尽了主要赡养义务的，作为第一顺序继承人。

《最高人民法院关于适用〈中华人民共和国民法典〉继承编的解释（一）》

第十八条　丧偶儿媳对公婆、丧偶女婿对岳父母，无论其是否再婚，依照民法典第一千一百二十九条规定作为第一顺序继承人时，不影响其子女代位继承。

第十九条　对被继承人生活提供了主要经济来源，或者在劳务等方面给予了主要扶助的，应当认定其尽了主要赡养义务或主要扶养义务。

律师提示

儿媳或女婿再婚对继承的影响？

从法律规定上看，儿媳或女婿对公婆或岳父母并没有法律上的赡养义务，因为他们与公婆或岳父母之间不存在血缘关系，只是姻亲关系。法定继承以血缘关系和姻亲关系为基础，所以一般情况下儿媳或女婿没有法定继承权，《民法典》第1129条将尽了主要赡养义务的丧偶儿媳和丧偶女婿拟制为第一顺序继承人，其继承遗产的权利具有独立性。

《最高人民法院关于适用〈中华人民共和国民法典〉继承编的解释（一）》第18条规定：“丧偶儿媳对公婆、丧偶女婿对岳父母，无论其是否再婚，依照民法典第一千一百二十九条规定作为第一顺序继承人时，不影响其子女代位继承。”

所以尽了主要赡养义务的丧偶儿媳和丧偶女婿是否再婚、其子女是否代位继承，均不会影响他们的继承权。

93

“父债子还”是真的吗？

案 例

阿威和阿玉有一个儿子，阿威父母皆在早年去世。2020 年 10 月阿威为了做生意，向阿明借款 4 万元，约定还款期限是两年。一年后阿威去世，去世前阿威已偿还阿明 1.4 万元。阿明认为，阿玉和阿威儿子作为阿威的继承人，应当负责偿还剩余的债务；阿玉认为，丈夫已经去世，已无须偿还剩余债务。双方多次沟通后，仍无法达成共识，后阿明诉至法院，请求阿玉和阿威儿子偿还阿威的剩余债务。

请问：阿威的债务如何处理？阿玉和阿威儿子需要偿还剩余的欠款吗？

律师解答

根据《民法典》第 1161 条的规定，如果被继承人生前有债务，继承人继承遗产后，需要同时承担偿还债务的义务，但继承人需要承担还款义务的债务以其继承到的遗产的价值为限。

本案中，阿威去世时留有遗产及债务，阿玉和阿威儿子若选择继承阿威的遗产，那么阿威的债权人可请求阿玉和阿威儿子清偿债务，根据法律规定，二人清偿债务仅以继承所得遗产实际价值为限，对于超过遗产实际价值部分的债务，继承人可以选择偿还，也可以选择不还。

阿玉和阿威儿子是否需要偿还剩余欠款，首先要关注的是阿玉和阿威儿子是否继承了阿威的遗产。因为阿威未留下遗嘱，应当按照法定继承办理，阿玉和阿威儿子为阿威的法定继承人,有权继承阿威的遗产。

《民法典》第 1161 条规定,继承人以所得遗产实际价值为限清偿被继承人依法应当缴纳的税款和债务。如果阿玉和阿威儿子继承了阿威的遗产,那么阿玉和阿威儿子需要在所得遗产实际价值的范围内清偿阿威剩余的 2.6 万元欠款。

法院裁判

根据《民法典》第 667 条的规定,阿威在借款到期后应向原告偿还借款本金 2.6 万元。《民法典》第 1161 条第 1 款规定:“继承人以所得遗产实际价值为限清偿被继承人依法应当缴纳的税款和债务。超过遗产实际价值部分,继承人自愿偿还的不在此限。”《民法典》第 1163 条规定:“既有法定继承又有遗嘱继承、遗赠的,由法定继承人清偿被继承人依法应当缴纳的税款和债务;超过法定继承遗产实际价值部分,由遗嘱继承人和受遗赠人按比例以所得遗产清偿。”由于阿威死亡,被告阿玉和阿威儿子作为继承人应在继承阿威遗产价值范围内偿还阿明的借款 2.6 万元。

律师评析

《民法典》规定,继承人以所得遗产实际价值为限清偿被继承人依法应当缴纳的税款和债务。如果法定继承人想要继承遗产,那么被继承人的债务也需要一起继承。但法律也予以继承人放弃继承的权利,如果继承人放弃继承遗产,那么其对被继承人依法应当缴纳的税款和债务可以不负清偿责任。

《民法典》第 1124 条规定,放弃继承必须在特定时间作出,即继承开始后、遗产处理前。

《民法典》第 1124 条在原《继承法》的基础上,明确放弃的意思表示必须以书面方式作出,以示慎重。

《最高人民法院关于适用〈中华人民共和国民法典〉继承编的解释(一)》保留了原《最高人民法院关于贯彻执行〈中华人民共和国继承法〉若干问题的意见》的规定,即在法院诉讼中,继承人可以通过口头方式放弃继承,并通过在法院笔录签名的方式固定证据,转化为书面形式。

法律规定

《中华人民共和国民法典》

第一千一百四十五条　继承开始后，遗嘱执行人为遗产管理人；没有遗嘱执行人的，继承人应当及时推选遗产管理人；继承人未推选的，由继承人共同担任遗产管理人；没有继承人或者继承人均放弃继承的，由被继承人生前住所地的民政部门或者村民委员会担任遗产管理人。

第一千一百五十九条　分割遗产，应当清偿被继承人依法应当缴纳的税款和债务；但是，应当为缺乏劳动能力又没有生活来源的继承人保留必要的遗产。

第一千一百六十一条　继承人以所得遗产实际价值为限清偿被继承人依法应当缴纳的税款和债务。超过遗产实际价值部分，继承人自愿偿还的不在此限。

继承人放弃继承的，对被继承人依法应当缴纳的税款和债务可以不负清偿责任。

第一千一百六十三条　既有法定继承又有遗嘱继承、遗赠的，由法定继承人清偿被继承人依法应当缴纳的税款和债务；超过法定继承遗产实际价值部分，由遗嘱继承人和受遗赠人按比例以所得遗产清偿。

《最高人民法院关于适用〈中华人民共和国民法典〉继承编的解释(一)》

第三十二条　继承人因放弃继承权，致其不能履行法定义务的，放弃继承权的行为无效。

律师提示

《民法典》实施之前，由于缺乏遗产管理制度，被继承人死亡后至遗产交付前，可能出现“遗产无人管理”困境，继而导致遗产分配混乱、债权人利益无法实现等问题。

对此，《民法典》第1145条规定，继承开始后，没有继承人或者继承人均放弃继承的，由被继承人生前住所地的民政部门或者村民委员会担任遗产管理人。

《民法典》新设立的“遗产管理人”制度，有利于打破遗产处理僵局、启动遗产处理程序，进而维护遗产利害关系人利益、维护交易安全和经济秩序稳定。目前，深圳市南山区人民法院已多次将“遗产管理人”制度运用到审判实践中，切实解决了问题，保障了债权人利益的实现。

94

丧失继承权后，还可以继承遗产吗？

案例

张老伯和张老太育有一子一女。

2020年2月，张老伯和张老太找律师立下代书遗嘱，遗嘱中表明夫妻二人长期以来仅受到女儿的赡养照顾，儿子未尽赡养义务且长期殴打夫妻二人，所以张老伯和张老太决定将仅有的一套房屋全部留给女儿。

两年后，张老太去世。张老伯再次找律师立下代书遗嘱，遗嘱中又表明负责夫妻二人生活起居的是儿子，女儿出嫁后很少照顾二人，所以房屋由儿子继承。

2022年7月，张老伯去世。两份代书遗嘱均形式完备。

请问：代书遗嘱的效力如何？前后存在两份有效遗嘱时如何处理？如果儿子真的殴打了父母，还可以继承父母遗产吗？

律师解答

代书遗嘱是由他人代为书写的遗嘱。在立下代书遗嘱时要注意代书遗嘱的法定形式，否则该遗嘱不会发生效力。

本案中，张老伯的代书遗嘱形式完备，内容意思真实，具备遗嘱效力。

张老伯的第一份遗嘱将房屋留给女儿，第二份遗嘱将房屋留给儿子，内容明显相抵触，根据《民法典》第 1142 条第 3 款的规定，立有两份或更多的遗嘱，内容不相同的，以最后的遗嘱为准。

根据《民法典》第 1125 条第 3 款的规定，儿子长期殴打父母，属于虐待被继承人，情节严重的行为，会因此丧失继承权。但是此条规定同时也对丧失继承权的继承人补充了救济措施，即“继承人有前款第三项至第五项行为，确有悔改表现，被继承人表示宽恕或者事后在遗嘱中将其列为继承人的，该继承人不丧失继承权”。

本案中，儿子之前的行为导致其丧失了继承权，但儿子之后确有悔改表现，父母表示宽恕或者事后在遗嘱中将其列为继承人的，仍然可以继承父母的遗产。

法院裁判

法院认为，遗产是公民死亡时遗留的个人合法财产，涉案房产是张老伯、张老太的遗产，其二人在生前立有遗嘱，该遗产应按遗嘱进行分配。根据 2020 年 2 月的遗嘱内容可确认，张老太在房产中所占的 50%份额应由女儿继承。张老伯生前立有内容相抵触的两份遗嘱，依照《民法典》第 1142 条第 3 款的规定，以 2022 年的遗嘱为准。第一份遗嘱中虽有儿子不但没尽过赡养义务，长期殴打夫妻二人的内容，但从第二份遗嘱内容可确认儿子在之后有悔改表现，张老伯对儿子的行为表示宽恕，依照《民法典》第 1125 条的规定，儿子不丧失继承权，所以张老伯房产中所占的 50%份额由儿子继承。

律师评析

继承权丧失制度是指继承人因法定事由而被剥夺继承遗产资格的制度。《民法典》第 1125 条规定丧失继承权有以下五种情形：(1)故意杀害被继承人；(2)为争夺遗产而杀害其他继承人；(3)遗弃被继承人，或者虐待被继承人情节严重；(4)伪造、篡改、隐匿或者销毁遗嘱，情节严重；(5)以欺诈、胁迫手段迫使或者妨碍被继承人设立、变更或者撤回遗嘱，情节严重。

针对后三项行为，《民法典》对其规定了救济措施，“继承人有前款第三至第五项行为,也就是继承权相对丧失行为的,确有悔改表现,被继承人表示宽恕或者事后在遗嘱中将其列为继承人的,该继承人不丧失继承权”。对于继承权相对丧失的,如需恢复必须同时具备两个条件:一是继承人确有悔改表现;二是被继承人表示宽恕。

法律规定

《中华人民共和国民法典》

第一千一百三十五条　代书遗嘱应当有两个以上见证人在场见证,由其中一人代书,并由遗嘱人、代书人和其他见证人签名,注明年、月、日。

第一千一百四十二条　遗嘱人可以撤回、变更自己所立的遗嘱。

立遗嘱后,遗嘱人实施与遗嘱内容相反的民事法律行为的,视为对遗嘱相关内容的撤回。

立有数份遗嘱,内容相抵触的,以最后的遗嘱为准。

《最高人民法院关于适用〈中华人民共和国民法典〉继承编的解释(一)》

第六条　继承人是否符合民法典第一千一百二十五条第一款第三项规定的“虐待被继承人情节严重”,可以从实施虐待行为的时间、手段、后果和社会影响等方面认定。

虐待被继承人情节严重的,不论是否追究刑事责任,均可确认其丧失继承权。

律师提示

结合本案“殴打”被继承人的情节,可以认定儿子虐待父母。根据《最高人民法院关于适用〈中华人民共和国民法典〉继承编的解释(一)》第6条的规定,“情节严重”可以从实施虐待行为的时间、手段、后果和社会影响等方面认定。本案中,儿子长期殴打老人,且没有尽到赡养义务,所以在儿子悔改之前应当认定儿子虐待被继承人,情节严重。

95

股权如何继承？

案例

王总婚后开始与两个同学在深圳创业，两年后公司逐渐走向正轨，王总却不幸突发脑出血死亡，王总生前未留下任何遗嘱或遗赠协议，王总的父母均已过世，留下妻子和两个儿子，两个儿子已成年。王总过世后，其妻儿想继承其股权，但遭到了公司其他股东拒绝。沟通无果后，王总妻子与两个儿子将公司及其他股东起诉至法院。

请问：王总的股权所对应财产利益属于夫妻共同财产吗？哪些人有权继承王总的股权，各自的继承比例如何划分？公司是否能以王总妻子和两个儿子不懂公司业务为由，拒绝为他们办理股权变更登记？

律师解答

王总的股权在婚后取得，股权代表的财产性利益是夫妻共同财产。本案中，王总的妻子和两个儿子均为第一顺位的继承人，均有权参与继承。按照《民法典》第1130条的规定，遗产原则上应当在同一顺序继承人里均分。

法院裁判

法院认为，根据我国现行《公司法》的规定，公司股东依法享有资产收益、参与重大决策和选择管理等权利，据此，股权（股东权）系股东基于其股东资格而享有的权利，非股东不享有上述权利。股东的配偶对于股权的共有财产体现在基于股权所对应的财产性收益，如公司分红或者转让股权所取得的对价均应视为股东与配偶的共同财产。

本案股权中对应的财产性利益，应当按照《民法典》第1153条的规定，应当先将共同所有股权中的财产性利益的一半分出为王总妻子所有，其余的为王总的遗产；而公司章程没有对股东权利的继承条件加以限制，剩余一半的股权财产性利益应当按照《民法典》第1130条的规定，在同一顺位的三位继承人里均分。

律师评析

现实中，基于股权是否属于夫妻共同财产引发了相当多的争议。最高人民法院在(2019)最高法民终424号判决中认为，股权是基于股东资格而获得的一种财产性权利，其中只有股权的财产性收益可以被认定为夫妻共同财产，若仅以股权取得的时间是否在婚姻关系存续期间为标准，将会使不熟悉的人成为新股东，将会破坏有限公司的人合性，造成公司经营的诸多不便，所以股权中夫妻共同财产的范围是股权相对应的财产利益，并非股权的全部都是夫妻共同财产。

股权不同于一般的财产，公司可以对股东资格继承进行一定的限制，但也要符合相关条件。我国《公司法》第75条规定："自然人股东死亡后，其合法继承人可以继承股东资格；但是，公司章程另有规定的除外。"结合最高人民法院在(2018)最高法民终88号判决中"《公司法》赋予了自然人股东的继承人继承股东资格的权利，但是同时亦允许公司章程对死亡股东的股权处理方式另行作出安排"的裁判观点可知，公司能否对死亡股东的股权继承进行限制，关键在于公司章程是否对股东资格继承问题进行提前约定和限制。

法律规定

《中华人民共和国民法典》

第一千零六十二条　夫妻在婚姻关系存续期间所得的下列财产，为夫妻的共同财产，归夫妻共同所有：

(一)工资、奖金、劳务报酬；

(二)生产、经营、投资的收益；

(三)知识产权的收益；

（四）继承或者受赠的财产，但是本法第一千零六十三条第三项规定的除外；

（五）其他应当归共同所有的财产。

夫妻对共同财产，有平等的处理权。

第一千一百五十三条第一款　夫妻共同所有的财产，除有约定的外，遗产分割时，应当先将共同所有的财产的一半分出为配偶所有，其余的为被继承人的遗产。

《中华人民共和国公司法》

第七十五条　自然人股东死亡后，其合法继承人可以继承股东资格；但是，公司章程另有规定的除外。

律师提示

1. 哪些人不能继承股权

根据我国《公务员法》《中国人民解放军内务条令》等相关法律法规的规定，公务员、现役军人不能经商，绝对禁止其成为公司股东；领导干部的配偶、子女，国企领导人及其配偶、子女，银行工作人员在符合条件后可以成为公司股东。

若继承人的身份不符合股东资格要求，该继承人只能依法继承该股东所拥有的相对应的财产权益，但不能继承股东资格。

2. 有限公司章程设计之“股权继承”

《公司法》规定原则上自然人股东的合法继承人可以继承其股东资格，但基于有限公司的人合性，股东可以在公司章程规定自然人股东死亡后，其合法继承人不能继承其股东资格。但公司章程只能限制继承人继承股东资格，而不能剥夺继承人获得与股权价值相适应的财产对价。

不同有限公司对于人合性的要求不尽相同，所以法律只是赋予有限公司章程有另行规定股东资格继承的权限，没有直接限制股东资格继承。所以有限公司股东若想将自己的股权继承给他人，需要事先设计公司章程中有关股权继承的条款。

96

没有亲缘关系的人可以继承遗产吗？

案例

高老伯和祝老太育有两个儿子大高和小高。

祝老太因身体问题早逝，高老伯的身体也每况愈下，于是2003年，高老伯的堂兄找到了秦老太，让其照顾高老伯的生活起居，秦老太照顾高老伯直至其去世，未收取任何费用。

高老伯去世时未留下遗嘱，留下房屋一套、存款若干。

小高觉得秦老太长期陪护高老伯，应对秦老太给予补偿。

大高却认为秦老太和高老伯之间没有任何血缘或法律上的关系，秦老太无权继承高老伯的遗产。

秦老太表示不要房屋份额，只需要一些存款即可。

请问：秦老太可以继承高老伯的遗产吗？高老伯的房子如何继承？

律师解答

《民法典》第1131条规定，继承人以外的对被继承人扶养较多的人，可以分给适当的遗产。

本案中，秦老太虽不是继承人，但长期照顾高老伯生活起居，尽了较多的扶养义务，给予高老伯生活上的帮助和情感上的慰藉，所以秦老太可以继承高老伯的遗产。

而秦老太自愿放弃继承房屋份额，法律尊重当事人的真实意思表示，因此秦老太可适当分得高老伯的部分存款。

而高老伯留下的房屋是夫妻共同财产，祝老太有 1/2 的份额。祝老太去世后，房屋的 1/2 是祝老太遗产，由法定继承人高老伯和其两个儿子继承。

高老伯去世未留下遗嘱，应按照法定继承办理，大高和小高是高老伯的儿子，都是第一顺序继承人，遗产份额一般应当均等，因秦老太自愿放弃房屋的继承，所以大高和小高各继承高老伯遗产的 1/2。整个房屋的份额两个儿子各占 1/2。

法院裁判

法院认为，对继承人以外的依靠被继承人扶养的缺乏劳动能力又没有生活来源的人，或者继承人以外的对被继承人扶养较多的人，可以分给他们适当的遗产。根据当事人陈述，可以确认秦老太经高老伯堂兄介绍于 2003 年到高老伯家与高老伯同住，并照顾高老伯生活起居至高老伯死亡。

高老伯作为高龄独居老人，秦老太不仅在生活上对其进行了照料，还给予高老伯长时间的陪伴与精神上的慰藉，应当认定其尽了较多扶养义务，可以分得适当的遗产。审理中，秦老太表示不主张房屋所有权，要求分得部分存款，法院对此予以支持，考虑到扶养时间及二人的经济状况，法院酌情确定秦老太分得存款 50 万元。

房屋系高老伯与祝老太夫妻关系存续期间购买的，应为二人的夫妻共同财产。祝老太死亡后，其享有房屋中的一半份额属于祝老太的遗产，由高老伯、大高、小高均等继承，每人各继承房屋的 1/6 份额。高老伯死亡后，其享有的房屋份额由大高、小高均等继承，每人最后各继承房屋的 1/2 份额。

律师评析

《民法典》第 1131 条的规定打破了法定继承的固定顺序，分给继承人之外扶养被继承人较多的人部分遗产，体现了我国立法机关对于赡养老人传统美德的提倡，有利于弘扬社会主义核心价值观，培育扶养老人、敬老养老的良好社会风尚。

“适当”分给遗产时会考虑什么因素？

1. 请求权人和被继承人的扶养关系。就扶养被继承人的角度而言，主要观察扶养人扶养被继承人的具体情况、扶养时间、扶养方式等。

2. 被继承人遗产状况。具体包括遗产的种类、数量多寡等，一般以满足生活和生产需要为原则。

3. 继承人的状况。包括继承人自己经济状况、是否尽到扶养义务、与继承人关系如何等，如果继承人之中有缺乏劳动能力和生活来源的人，应当优先考虑此种继承人的权益，保障其基本生活。

法律规定

《中华人民共和国民法典》

第一千一百三十一条　对继承人以外的依靠被继承人扶养的人，或者继承人以外的对被继承人扶养较多的人，可以分给适当的遗产。

第一千一百五十三条第一款　夫妻共同所有的财产，除有约定的外，遗产分割时，应当先将共同所有的财产的一半分出为配偶所有，其余的为被继承人的遗产。

律师提示

有偿照顾老人，还能继承遗产吗？

基于有偿合同照顾老人的生活起居的人，如保姆，已经在老人生前获得自己的劳动报酬，不属于可以获得遗产补偿的范围，保姆无法继承遗产。但如果去世老人留有遗赠协议，明确表示愿意将自己的遗产留给保姆继承，此时保姆仍有权继承遗产。

97

子女不赡养父母,还可以继承父母的遗产吗?

案例

阿荣夫妻育有一女阿丽,阿丽成年后就离家前往外地工作,阿荣的父母均已早逝。

2017 年,阿荣夫妻因感情不和离婚。后阿荣患病,其生活起居、就医透析和住院陪护等事项一直由他的侄子以及哥哥负责。

四年后,阿荣去世未留下遗嘱,阿荣名下有一栋自己的房屋。

阿荣的丧葬事宜由阿荣哥哥和侄子共同操办,阿丽未参与丧葬事宜也未负担费用。

请问:阿丽可以继承父亲阿荣的遗产吗?阿荣的遗产如何继承?

律师解答

本案中阿丽成年工作后有扶养能力,但是很少回家探望照顾阿荣,不仅没有给阿荣提供精神上的慰藉,也没有给予阿荣经济上的支持,未完全尽到扶养义务。按照《民法典》第 1130 条的规定,虽然阿丽是第一顺序继承人,但是应当不分或少分。

因为阿荣去世时已经离婚,所以阿荣第一顺序继承人是阿丽,第二顺序继承人是阿荣哥哥。阿荣的前妻不再属于配偶,不能继承阿荣遗产。

阿荣哥哥在阿荣患病后一直悉心照顾,尽到主要扶养义务,虽然是第二顺序继承人,仍可以适当分得遗产;阿荣侄子虽然不是法定继承人,但阿荣患病期间扶养较多,可以适当分得遗产。

法院裁判

法院认为，虽然法律规定继承开始后，由第一顺序继承人继承，第二顺序继承人不继承。但法律亦规定了继承人以外的对被继承人扶养较多的人，可以分给适当的遗产。离婚后阿荣患病，其日常生活、就医等事宜一直由阿荣侄子安排。阿荣侄子虽然不是法律规定的阿荣的继承人，但其作为对阿荣扶养较多的人，可以适当分得阿荣的遗产。

阿荣哥哥作为阿荣的第二顺序继承人，对阿荣亦尽到了扶养、照顾的责任，其中阿荣每周三次透析由阿荣哥哥陪伴，住院期间由阿荣哥哥陪护，丧葬事宜由阿荣哥哥和侄子共同操办，法院认为阿荣哥哥也可依法分得部分阿荣的遗产。

从阿丽很少回家照顾阿荣的情况来看，阿丽未完全尽到其作为第一顺序继承人应尽的赡养义务，其对阿荣的赡养、照顾少于阿荣哥哥和侄子。有扶养能力和有扶养条件的继承人，不尽扶养义务的，分配遗产时，应当不分或者少分，综合考虑各方对阿荣所尽扶养义务的程度，法院酌定涉案房屋分配给阿丽、阿荣哥哥、阿荣侄子的份额分别为 10%、60%、30%。

律师评析

按照《民法典》第 1127 条的规定，配偶、父母、子女都是第一顺序继承人，没有以尽到扶养义务作为前置条件，所以无论有没有尽到扶养义务，子女都享有继承的资格。但是《民法典》将是否尽到扶养义务作为遗产份额的考量，如果具有扶养能力的继承人没有扶养被继承人的，那么在分配遗产时，应当不分或少分；同理对被继承人尽了主要扶养义务或者与被继承人共同生活的继承人，分配遗产时，可以多分。

尽了主要扶养义务或共同生活，可以作为多分遗产的一个考量因素，而不是必须多分遗产；但是继承人没有扶养被继承人，继承人继承的遗产一定会低于均等分配情况下继承的遗产。未尽到扶养义务，情节恶劣的，还可能构成犯罪。

法律规定

《中华人民共和国民法典》

第一千零六十三条　下列财产为夫妻一方的个人财产：

（一）一方的婚前财产；

（二）一方因受到人身损害获得的赔偿或者补偿；

（三）遗嘱或者赠与合同中确定只归一方的财产；

（四）一方专用的生活用品；

（五）其他应当归一方的财产。

第一千一百三十条第四款　有扶养能力和有扶养条件的继承人，不尽扶养义务的，分配遗产时，应当不分或者少分。

第一千一百三十一条　对继承人以外的依靠被继承人扶养的人，或者继承人以外的对被继承人扶养较多的人，可以分给适当的遗产。

第一千一百五十三条　夫妻共同所有的财产，除有约定的外，遗产分割时，应当先将共同所有的财产的一半分出为配偶所有，其余的为被继承人的遗产。

遗产在家庭共有财产之中的，遗产分割时，应当先分出他人的财产。

律师提示

百善孝为先，赡养老人是中华民族的传统美德，“权利与义务相一致”也是我国法律始终秉承的司法原则和价值取向，无论是原《继承法》还是现行《民法典》在“遗产分配的原则”“继承人以外的人分得遗产权”“丧偶儿媳、丧偶女婿的继承权”等多个法条中都体现了“尽孝者可分财产”“尽孝多者可多分财产”的原则与精神。长辈进入老年后需要亲情的慰藉和生活上的照顾，尤其对患病的老年人来说，精神上承受着大于常人的痛苦，生活上也会产生诸多不便，更需要赡养人尽孝道，给予各种帮助。

现实生活中很多子女认为只给钱就尽到了扶养义务，这是只注意到了物质上的支持却忽略了精神上的照顾，很多时候可能给予老人的扶养不如时刻陪伴在老人身边、照顾老人生活起居的人。所以我们在关心、赡养老人的时候，不仅要在物质上满足老人，更要在精神上给予足够的慰藉，这样才能真正地尽到我们身为子女应尽的义务。

98

子女移民后如何继承父母国内的遗产？

案例

柴老先生与关老太太是夫妻，育有三个子女，分别是哥哥柴一、弟弟柴二、妹妹柴三。柴一在国内但不与父母同住，而柴二、柴三均于20世纪80年代移居美国，多年定居国外。

2021年6月，关老太太被诊断为肺癌，住院一段时间后便不幸离世，关老太太的父母都已先于关老太太死亡。

柴老先生与关老太太婚后购买一套房屋，登记在柴老先生名下。现三个子女要求分割柴老先生名下房屋中属于关老太太的1/2份额。

请问：移民美国的柴二、柴三有权继承父母的房屋吗？移民美国的柴二、柴三可以委托他人办理遗产继承吗？

律师解答

柴二、柴三可以继承父母的房屋。按照《涉外民事关系法律适用法》第31条的规定，不动产法定继承，适用不动产所在地法律。本案房屋位于国内，应当适用我国法律。

按照《民法典》第1127条的规定，子女是第一顺序继承人。该规定未将国籍作为继承的前置条件，子女移民海外后不会改变与家人的亲属关系，不影响其国内的继承权，因此移民海外的子女可以继承国内父母或其他被继承人在中国境内的遗产。

如果在海外的子女不便回国继承遗产的，可以委托他人办理遗产继承。在继承人本人不能亲自前往中国办理继承手续而委托他人代办时，需有委托书。委托书除有委托事项等主要内容外，还应包括如下项目：委托人（继承人）姓名、性别、年龄、国籍、住址和受委托人的姓名、性别、住址及房产坐落具体地址等有关情况。

法院裁判

法院认为，柴老先生名下房屋中属于关老太太的1/2份额由柴一、柴二、柴三以及柴老先生共同继承。柴二、柴三均为关老太太的第一顺位法定继承人，二人以寄钱给父母等方式照顾老人，移民国外也仍享有继承权。

律师评析

我国是世界知名的人口大国，移民海外人数较多，移民海外子女如何继承国内遗产已经成为继承问题中的重要一环，其中首要问题是要适用哪个国家的法律，即准据法的问题。准据法是国际私法中的一个概念，指经冲突规范指定援用具体确定民商事法律关系当事人权利与义务的特定的实体法。我国法律对此作出了详细规定，按照我国《涉外民事关系法律适用法》第31条的规定，法定继承，适用被继承人死亡时经常居所地法律，但不动产法定继承，适用不动产所在地法律。

如果适用我国法律，《民法典》第1122条规定："遗产是自然人死亡时遗留的个人合法财产。依照法律规定或者根据其性质不得继承的遗产，不得继承。"外籍人士可以继承遗产的范围与我国公民没有差别，只要是依法可以由自然人享有，并且是被继承人合法取得的财产，都可以继承。

移民后的人继承国内遗产，主要有两个途径：公证和诉讼。

继承人之间就遗产继承没有纠纷的：可选择前往公证机关办理遗产继承公证，再凭公证书进行遗产分割，如房屋过户，银行存款分配和转移等。

继承人之间就继承问题存在纠纷：继承人需要向被继承人死亡时住所地或者主要遗产所在地人民法院提起遗产继承诉讼，继承人需要证明被继承人死亡，继承人与被继承人的亲属关系等基本事实，其他事项可以在审理过程中通过法庭调查查明，待法院作出判决，继承人再根据法院的生效判决或调解书，进行遗产分割。

法律规定

《中华人民共和国涉外民事关系法律适用法》

第三十一条　法定继承，适用被继承人死亡时经常居所地法律，但不动产法定继承，适用不动产所在地法律。

《中华人民共和国民法典》

第一千一百二十条　国家保护自然人的继承权。

律师提示

继承中国境内遗产需要提供的材料：

1. 被继承人的身份证明和已经死亡的证明。死亡证明的形式包括医院出具的死亡证明、火葬场的火化证明、派出所户籍注销的相关档案材料等。

如果被继承人在境外死亡，相应的死亡证明还需要办理死亡所在国的公证和认证手续，并附上中文翻译。

2. 亲属关系证明。由此证明继承人和被继承人存在亲属关系，有权继承遗产。一般通过出生医学证明、结婚证、户籍资料等文件证明。如被继承人父母均已死亡，还需要提供被继承人父母死亡的证明。

3. 证明遗产的范围、属性和价值的材料，如银行存款单、股权证、房产证、专利证书等，可以作为遗产分配的依据。

第九章

遗嘱继承

99

立遗嘱需要注意哪些问题？

案 例

被继承人陈某(男)与曹某原系夫妻关系，二人于1963年5月7日结婚，婚后育有三个子女，分别为陈某一、陈某二及陈某三。陈某名下有一套位于北京市昌平区某镇某村10号楼1单元102号的房屋，该房屋系夫妻共同财产。2018年11月1日，陈某与曹某办理离婚登记，离婚协议约定位于北京市昌平区某镇某村10号楼1单元102号房屋离婚后归陈某所有。陈某与曹某离婚后，仍然一直共同居住、共同生活，特别是陈某生病期间也一直由曹某进行照顾，曹某不仅出钱还出力，完全像一个妻子似的照顾了陈某最后的一段日子。

陈某于2019年1月31日留下遗嘱一份，该遗嘱写明“我名下有一套楼房某镇某村10号楼1门102号，如果我去世在曹某(前妻)之前，房产权归曹某所有”。该遗嘱签名及年份均由陈某本人亲笔书写，但是月、日非其本人书写。

陈某于2019年2月12日去世，其去世后，曹某立即向儿女们告知父亲写了文件，房产归曹某所有。陈某一不认可，陈某二不置可否，陈某三认可父亲遗赠。曹某与子女多番沟通，均未确定房屋归属，遂诉至法院。

请问：陈某的遗嘱形式是否存在瑕疵，立遗嘱需要注意哪些问题？

律师解答

遗嘱是指遗嘱人生前在法律允许的范围内，按照法律规定的方式对其遗产或其他事务所作的个人处分，并于遗嘱人死亡时发生效力的法律行为。遗嘱必须是具备遗嘱能力之人所为，符合法定要式者，才是一个在法律上有效的遗嘱。因此，以上案例的遗嘱落款处月、日非本人书写，形式存在瑕疵，遗嘱无效。

法院裁判

法院认为，继承开始后，按照法定继承办理，有遗嘱的，按照遗嘱继承或者遗赠办理。公民可以立遗嘱将个人财产赠与国家、集体或者法定继承人以外的人。本案中，曹某以陈某的自书遗嘱主张涉案房屋归其所有，应举证证明该自书遗嘱的真实性。经鉴定，涉案遗嘱中的正文字迹、署名字迹、落款日期中的“2019”字迹与陈某样本字迹是同一人书写，落款日期中的“1 月 31”字迹与陈某样本字迹不是同一人书写，故该份遗嘱不符合自书遗嘱的法定形式要件。现曹某提供的证据不足以证明涉案遗嘱的订立时间，进而影响遗嘱效力的认定，其应承担举证不能的不利后果，法院对其基于该份遗嘱主张涉案房屋所有权，不予支持，因此驳回曹某的全部诉讼请求。

律师评析

《民法典》第 1123 条规定：继承开始后，按照法定继承办理；有遗嘱的，按照遗嘱继承或者遗赠办理；有遗赠扶养协议的，按照协议办理。但由于遗嘱往往涉及公民的重大财产利益，作为一种要式法律行为，必须严格按照法律规定的形式订立，不符合法定形式要件的，则不能产生相应的法律效力，导致遗嘱无效。

遗嘱无效的原因主要在于不符合法定形式要件、见证程序存在瑕疵、内容违反法律规定等，公民订立遗嘱，须依照不同的遗嘱类型按法律规定严格进行。

法律规定

《中华人民共和国民法典》

第一千一百二十三条　继承开始后，按照法定继承办理；有遗嘱的，按照遗嘱继承或者遗赠办理；有遗赠扶养协议的，按照协议办理。

第一千一百三十三条　自然人可以依照本法规定立遗嘱处分个人财产，并可以指定遗嘱执行人。

自然人可以立遗嘱将个人财产指定由法定继承人中的一人或者数人继承。

自然人可以立遗嘱将个人财产赠与国家、集体或者法定继承人以外的组织、个人。

自然人可以依法设立遗嘱信托。

律师提示

1. 立遗嘱人必须注明年、月、日，在遗嘱开头，写明立遗嘱人的身份信息。

2. 立遗嘱所处分的财产必须系立遗嘱人有权处分的财产；处分的财产必须明确，如房产必须有具体的地理位置。

3. 立遗嘱时，还需要注意“必留份”原则，即应为缺乏劳动能力又没有生活来源的继承人预留份额，这也是一种对遗嘱自由的必要限制。如果遗嘱没有预留份额，则在处理时，应当先为该继承人留下必要份额的遗产，所剩部分按照遗嘱确定的分配原则处理。

4. 遗嘱内容不能违反社会公序良俗，如不能把财产给婚外情人。

5. 无论是何种遗嘱，下列人员均不能作为遗嘱见证人：无民事行为能力人、限制民事行为能力人以及其他不具有见证能力的人；继承人、受遗赠人；与继承人、受遗赠人有利害关系的人。若不符合见证人人数要求或者资格要求，那么所立的遗嘱即不符合法律规定的生效要件，无法发生相应的法律效力。

100

遗嘱的形式有哪些，以什么样的方式立遗嘱？

案 例

梅某与前妻生育一女敏敏，与现任妻子彭女士生育一子聪聪。2021年9月梅某患癌住院期间，邀请两个好友张某及龚某到医院帮忙录制视频遗嘱。张某、龚某各自使用手机，站在梅某病床的斜对角同时开始录制。张某的手机镜头中出现的是梅某和龚某，龚某的手机镜头中出现的是梅某和张某，梅某在两部手机的同时录像下通过口述的方式宣读了遗嘱，而见证人张某和龚某均只是出现在了对方的手机镜头中，整个订立遗嘱的过程没有梅某和张某、龚某3人处于同一镜头中的画面。遗嘱主要内容为去世后其遗产由现任妻子彭女士及儿子聪聪继承。

梅某去世后，其大女儿敏敏与现任妻子彭女士及其儿子聪聪就如何继承梅某的遗产发生争议。

请问：梅某的录音录像遗嘱是否有效？遗嘱的形式有哪些，该以什么样的方式立遗嘱？

律师解答

根据《民法典》的规定，遗嘱的形式有如下几种：自书遗嘱、代书遗嘱、打印遗嘱、录音录像遗嘱、口头遗嘱及公证遗嘱。

录像遗嘱是《民法典》中新增的遗嘱形式。按照法律规定，以录音录像形式订立的遗嘱，应当有两个以上见证人在场见证，遗嘱人和见证人均应当在录音录像中记录其姓名或者肖像，以及年、月、日。梅某的录音录像遗嘱符合法律规定的形式要件，为有效遗嘱。

法院裁判

法院审理后认为，梅某的继承人提交了两份录像，该两份录像为两位见证人在梅某订立遗嘱时分别持手机录制，系同一时间、同一场景形成，符合录像遗嘱形式要件中“在场”的规定。虽然两位见证人的肖像未曾同时出现在同一份录像画面，但两份录像内容相结合可以认定梅某订立遗嘱时有两位见证人在场，符合录像遗嘱关于见证人人数的法律规定。据此，法院认定两份录像视频组成了一个合法有效的录像遗嘱，符合法律规定的要件，应为有效，各方均应按照遗嘱内容恪守履行。

律师评析

《民法典》规定了包括自书遗嘱、代书遗嘱、打印遗嘱、录音录像遗嘱、口头遗嘱及公证遗嘱在内的六种遗嘱形式。采用不同形式订立的遗嘱有不同的要求。

法律规定

《中华人民共和国民法典》

第一千一百三十四条　自书遗嘱由遗嘱人亲笔书写，签名，注明年、月、日。

第一千一百三十五条　代书遗嘱应当有两个以上见证人在场见证，由其中一人代书，并由遗嘱人、代书人和其他见证人签名，注明年、月、日。

第一千一百三十六条　打印遗嘱应当有两个以上见证人在场见证。遗嘱人和见证人应当在遗嘱每一页签名，注明年、月、日。

第一千一百三十七条　以录音录像形式立的遗嘱，应当有两个以上见证人在场见证。遗嘱人和见证人应当在录音录像中记录其姓名或者肖像，以及年、月、日。

第一千一百三十八条　遗嘱人在危急情况下，可以立口头遗嘱。口头遗嘱应当有两个以上见证人在场见证。危急情况消除后，遗嘱人能够以书面或者录音录像形式立遗嘱的，所立的口头遗嘱无效。

第一千一百三十九条　公证遗嘱由遗嘱人经公证机构办理。

律师提示

1. 自书遗嘱必须由遗嘱人亲笔书写，签名，注明年、月、日。遗嘱上的签名必须是遗嘱人正式的姓名，即身份证、户口簿上登记的姓名，而不能是笔名、艺名。

2. 有效的代书遗嘱必须同时满足以下要求：(1)有两个以上见证人现场全程见证；(2)见证人是完全民事行为能力人（不能是未满18周岁自然人或精神病人），且非继承人、受遗赠人及其他有利害关系人；(3)见证人之一代书，如实地记载遗嘱人口述的遗嘱内容；(4)遗嘱写完后，遗嘱人、代书人和所有见证人必须每一页亲笔签名，并且注明日期；(5)代书遗嘱后建议附见证人及代书人身份证复印件，写明联系方式，以备产生争议时联络使用。

3. 打印遗嘱必须同时满足以下三点要求：(1)两人以上见证并全程参与订立遗嘱的过程，包括全程见证在电脑上书写遗嘱，全程见证电脑中的遗嘱被打印机打印出来；(2)见证人是完全民事行为能力人（不能是未满18周岁自然人或精神病人），且非继承人、受遗赠人及其他有利害关系人；(3)遗嘱人、见证人在每一页上签名并注明年、月、日才生效。

4. 在使用录音录像方式订立遗嘱时，为保证音像资料所呈现信息的完整性，应该使用一镜到底的方式进行录制。开始录制后不要暂停、不要被来电干扰、不要将一份遗嘱录制成几段，立遗嘱人和见证人的上半身、全身影像尤其是脸部清晰图像应在镜头中有体现。若录制过程中出现干扰或故障，为避免影响录音录像遗嘱的效力，最好从头开始录制。录音录像经过拼接、剪辑后，可能导致遗嘱无效。

5. 口头遗嘱一般是当事人发生紧急情况下的不得已选择，如发生了突然的自然灾害、突发意外事故、爆发战争、突患危及生命的疾病等情况，一旦紧急情况消失，当事人有能力订立其他形式的遗嘱，口头遗嘱就无效了。

6. 公证遗嘱只要根据公证员的指导进行就可以。

101

自书遗嘱可以由他人代笔或者用打印机打印吗?

案例

被继承人张某与第一任妻子钱某育有一子张某一(本案原告),后双方离婚;与第二任妻子刘某(本案被告)于2019年登记结婚,婚后无子女。2021年1月15日张某死亡,其曾于2020年4月24日找朋友代为书写遗嘱一份,遗嘱载明“张某去世后,张某的住房公积金由张某一继承”,该遗书下方注明年、月、日并有被继承人张某及代为书写朋友的签名。被告刘某提出,被继承人张某于2020年9月21日订立了一份打印遗嘱,遗嘱载明“张某的住房公积金由刘某继承”,遗嘱下方注明年、月、日,并有两位见证人在遗嘱上签字。两位见证人并没有见证遗嘱形成的过程,只是在打印好并有张某签字的遗嘱上签字。

请问:张某的两份遗嘱中由他人代笔的遗嘱及打印机打好由见证人见证的遗嘱属于自书遗嘱吗?

律师解答

自书遗嘱既不能由他人代笔,也不能用打印机打印,只能由遗嘱人自己用笔将其意思记录下来。自书遗嘱须由遗嘱人亲笔书写,签名,注明年、月、日;且除前述要求外,还需满足意思表示真实、不违反法律规定、遗嘱人具有完全民事行为能力等条件才生效。

法院裁判

法院经审理认为，首先，被继承人张某的第一份遗嘱，形式不符合法律规定，不属于自书遗嘱，该份遗嘱无效。其次，关于被告刘某主张应依据被继承人张某的打印遗嘱分割遗产的意见，经庭审调查，两位见证人出庭接受质询均表示是在该份打印遗嘱已经形成后，并且看到遗嘱上有张某签字后才在遗嘱上签字，两位见证人并没有见证遗嘱形成的过程，无法确定该份遗嘱是否为被继承人张某的真实意思表示，故法院认定该份打印遗嘱亦无效，对于被告刘某的主张不予支持。张某住房公积金中属于遗产的部分应当以法定继承进行分割，故对于张某住房公积金属于其个人的部分，由张某一以及刘某共同继承。

律师评析

自书遗嘱需全文由遗嘱人亲笔书写，既不能由他人代笔，也不能用打印机打印。但是自书遗嘱并不需要见证人。

一份有效的自书遗嘱应符合以下几个要件：

1. 遗嘱的全部内容是由遗嘱人亲笔书写

自书遗嘱既不能由他人代笔，也不能用打印机打印，只能由遗嘱人自己用笔将其意思记录下来。全部内容指的是遗嘱的全部字迹，既包括遗嘱中关于遗产如何处理的主干部分，也包括遗嘱人的签名和注明的年、月、日，都必须是遗嘱人亲笔所写。如果遗嘱中有内容不是遗嘱人亲笔所书写，就是一份无效的自书遗嘱。

2. 自书遗嘱应由遗嘱人注明年、月、日

本条规定的是由遗嘱人注明“年、月、日”，而不仅仅是注明日期。即遗嘱人在遗嘱中应该写明的是哪一年哪一月哪一日，年、月、日均应齐全。即年、月、日三个要素缺一不可。

3. 关于自书遗嘱中的涂改、增删问题

（1）涂改、增删的内容部分是遗嘱人本人亲自所为，亲笔书写。

（2）遗嘱人应该在涂改、增删的地方进行签名确认并注明涂改、增删的年、月、日。

法律规定

《中华人民共和国民法典》

第一千一百三十四条　自书遗嘱由遗嘱人亲笔书写，签名，注明年、月、日。

《最高人民法院关于适用〈中华人民共和国民法典〉继承编的解释（一）》

第二十七条　自然人在遗书中涉及死后个人财产处分的内容，确为死者的真实意思表示，有本人签名并注明了年、月、日，又无相反证据的，可以按自书遗嘱对待。

律师提示

1. 自书遗嘱，是立遗嘱人自己书写的遗嘱。其形式要件主要有三点：第一，立遗嘱人亲笔书写。这里要注意，必须用立遗嘱人平时常用的字体，不能采用特殊字体，不然一旦发生争议，无法做笔迹鉴定。同时，还要注意保管立遗嘱人生活中其他相关书写记录，如日记、账本、往来信件等，以便在笔迹鉴定时可以进行比对。如果没有比对材料，其鉴定也是没法进行的。第二，立遗嘱人亲笔签名。没有签名的遗嘱当然无效，这里的签名必须是立遗嘱人身份证和户口簿上的名字，不能签绰号、乳名等。第三，注明年、月、日。立遗嘱的时间是判定遗嘱效力的重要因素之一，因此，遗嘱中必须注明立遗嘱的具体时间，年、月、日三个要素缺一不可。

2. 我国的习俗强调签名，不认可盖章、按手印。如果遗嘱人没有签名，尽管遗嘱内容真实，但因欠缺形式要件也是无效的。若是自书遗嘱有些许改动，建议在改动的地方签名、按手印，同时注明改动的日期。

102

打印遗嘱要具备哪些条件才具有法律效力?

案例

刘某1、刘某2系刘某的子女。刘某于2018年死亡。刘某1持有《遗嘱1》一份,为打印件,加盖有立遗嘱人刘某的人名章和手印,另见证人有律师祁某、陈某签名。刘某1称该《遗嘱1》系见证人根据刘某意思进行打印。刘某1还提供视频录像,但录像内容显示张某仅在一名见证人宣读遗嘱内容后加盖人名章、按手印。见证人未出庭作证。刘某2亦持有刘某的打印《遗嘱2》一份,主张为刘某的见证遗嘱,落款处签署了遗嘱人刘某签名、手印和日期。该份遗嘱每一页上均有见证律师李某、高某和立遗嘱人刘某署名及日期。刘某订立遗嘱的全过程有视频录像作为佐证。视频录像主要显示刘某在两名律师见证下签署了遗嘱。《遗嘱2》见证人之一的高某出庭接受质询,证明其与律师李某共同见证刘某订立遗嘱的过程。

请问:刘某的两份打印遗嘱是否具有法律效力?

律师解答

刘某的《遗嘱1》因不满足打印遗嘱形式要件而无效。两个见证人虽在场,但刘某1提供的视频仅能证明签署过程,并未见证遗嘱从无到有的全程。且遗嘱人和见证人并未在遗嘱的每一页签名。

打印遗嘱应当具备的条件:第一,两个以上见证人在场见证。第二,遗嘱人和见证人要在遗嘱的每一页签名。打印遗嘱是由电脑和打印机制作出来的,其具有可替换性,因此如果仅在落款处签名,不能证明非落款页的内容是否被替换,进而也无法保证其是被继承人的真实意思表示。所以法律对打印遗嘱做出了要求,即每一页都签名的特殊规定,这一点往往也是实践中决定打印遗嘱是否有效的关键点。第三,注明年、月、日。

法院裁判

生效裁判认为,刘某 1 提交的《遗嘱 1》为打印形成,应认定为打印遗嘱而非代书遗嘱。在其他继承人对该遗嘱真实性有异议的情况下,刘某 1 提交的遗嘱上虽有两名见证人署名,但相应录像视频并未反映见证过程全貌,且录像视频仅显示一位见证人,经法院多次释明及向《遗嘱 1》记载的两位见证人邮寄出庭通知书,见证人均未出庭证实《遗嘱 1》真实性,据此对该份《遗嘱 1》的效力不予认定。刘某 2 提交的《遗嘱 2》符合打印遗嘱的形式要件,亦有证据证明见证人全程在场见证,应认定为有效。

律师评析

打印遗嘱是指由遗嘱人亲自或者委托他人操作计算机记载遗嘱内容并将其储存,并由打印机输出而形成打印件,遗嘱人在该打印件上签名并记载日期的一种遗嘱。打印遗嘱无论是由遗嘱人本人打印还是他人代为打印,均应认定为打印遗嘱,而不能因打印人不同而认定为自书遗嘱或者代书遗嘱。

打印遗嘱有以下特征:(1)遗嘱的具体内容由电脑输出数据打印而成;(2)遗嘱人亲笔书写的痕迹并不多,常见的只有遗嘱人的签名和注明年、月、日;(3)清晰易认,美观大方,且比较规范。

法律规定

《中华人民共和国民法典》

第一千一百三十六条　打印遗嘱应当有两个以上见证人在场见证。遗嘱人和见证人应当在遗嘱每一页签名,注明年、月、日。

《最高人民法院关于适用〈中华人民共和国民法典〉时间效力的若干规定》

第十五条 民法典施行前,遗嘱人以打印方式立的遗嘱,当事人对该遗嘱效力发生争议的,适用民法典第一千一百三十六条的规定,但是遗产已经在民法典施行前处理完毕的除外。

律师提示

打印遗嘱,是指以打印形式制作的遗嘱,即先用电脑将遗嘱内容书写完整,然后用打印机将书写好的遗嘱打印出来的遗嘱。可见,打印遗嘱实际上是通过两个步骤形成的:一是书写遗嘱;二是将遗嘱打印出来,即将在电脑上书写的遗嘱用打印机打印出来。

在电脑上书写、用打印机打印遗嘱以及立遗嘱人在打印遗嘱上签字时,见证人均需在旁见证。当然与代书遗嘱不同的是,打印遗嘱并不要求遗嘱由见证人用电脑打印和记录,遗嘱人自行用电脑记录和打印,见证人对整个过程进行见证也是可以的。

当打印遗嘱为多页时,遗嘱人和见证人应当分别在每一页上都签上自己的姓名并注明年、月、日。因为仅在遗嘱的最后一页签名,前面的打印内容存在被后期替换的可能,因此一般认定未签名部分无效,如果未签名部分和签名部分不可分,或者签名部分并无遗嘱的实质内容的,则遗嘱整体无效。哪怕是双面打印,也最好在每一页都签字并注明年、月、日,否则后续要证明未签名部分与原始电子文稿一致,形成时间相同,没有经过修改,证明责任较重。此外全程录像,可以补强整个见证过程。

103

可以通过遗嘱为他人设立居住权吗？

案 例

被继承人李某(男)丧偶,其四个子女均已移民海外,晚年与保姆英姐相依为命,其在生前立下遗嘱,该遗嘱载明在其百年以后其现居住的房屋由其四个子女均等继承,但保姆英姐有权居住直至其去世除非其不愿居住。2021年6月,李某因病去世,其四个子女料理完其后事即更换涉案房屋门锁,并要求保姆英姐限期搬离。保姆英姐诉至法院,要求确认保障其对房屋的居住权并办理居住权登记。

请问:李某可以通过遗嘱的形式在自己的房屋上为保姆设立居住权吗?保姆英姐可以获得房屋的居住权吗?

律师解答

被继承人有权通过订立遗嘱的方式处理个人遗产,房屋是被继承人最为重要的遗产之一,房屋属于被继承人所有,被继承人可以通过订立遗嘱的方式设立房屋的居住权,遗嘱生效时居住权设立,居住权人有权居住使用涉案房屋。

法院裁判

法院审理后认为,李某生前所立遗嘱符合法定形式,合法有效。李某去世后,此时《民法典》已经开始实施,并增设了居住权制度,李某的遗嘱符合设立居住权的法定要件,据此,法院作出一审判决,确认了保姆英姐的居住权,并要求李某四个子女配合保姆英姐到不动产登记中心办理居住权登记手续。一审判决后,李某的四个子女不服,提起上诉。该案经二审判决,维持了一审判决。

律师评析

居住权是一种用益物权,房屋所有权人通过合同或遗嘱的方式设立居住权,居住权人即有权对他人的房屋享有占有、使用的权利。也就是说,即便以后房子被卖掉或继承,新房主也不能要求居住权人搬离,居住权人可以安心居住在房子内,享有居住房子的权利。

当事人可通过合同(或遗嘱)约定,对他人的住宅享有占有、使用的用益物权,以满足生活居住的需要。基于此,居住权有以下法律特征:

1. 居住权可通过协议或遗嘱确立,是一种基于他人房屋所有权而产生的用益物权。另外,通过法院判决或调解也可以有效设立居住权。

2. 居住权仅限于在住宅上设立,主要用途是满足生活居住需要,而非商业收益。

3. 居住权经登记后设立,自居住权期限届满或居住权人死亡时消灭。居住权消灭的,应及时办理注销登记。

4. 居住权一般无偿设立,不得再行出租。

5. 居住权只能居住权人享有,不得转让或继承。

6. 设立居住权的房屋转让或被继承的,不影响居住权人继续占有、使用房屋。

法律规定

《中华人民共和国民法典》

第二百三十条　因继承取得物权的,自继承开始时发生效力。

第三百六十六条　居住权人有权按照合同约定,对他人的住宅享有占有、使用的用益物权,以满足生活居住的需要。

第三百六十八条　居住权无偿设立,但是当事人另有约定的除外。设立居住权的,应当向登记机构申请居住权登记。居住权自登记时设立。

第三百七十一条　以遗嘱方式设立居住权的,参照适用本章的有关规定。

律师提示

1. 被继承人去世后，居住权登记的办理流程

如果房主留下遗嘱约定你对该房屋享有居住权，房主去世后，首先应当召集遗嘱人的全体继承人到不动产登记窗口，书面确认该遗嘱是否为生效遗嘱，然后你要持遗嘱人死亡证明、该生效遗嘱申请办理居住权登记。如果被继承人怠于配合办理居住权登记，或对遗嘱约定的居住权产生争议，可诉至法院要求法院确认居住权并要求各继承人配合办理居住权登记，待法院的生效判决确定了居住权人享有的居住权，居住权人可持判决书到不动产登记中心单方申请居住权登记。

2. 居住权的设立方式

根据我国《民法典》的相关规定，居住权的设立方式有两种，即通过合同设立和通过遗嘱设立。遗嘱设立居住权，不以书面形式为必要条件，应以符合遗嘱法定形式和效力为准。设立居住权的严格书面要件主要是针对合同设立居住权而言的。对于遗嘱设立居住权，只要符合遗嘱的法定形式，遗嘱就是有效的，以录音录像遗嘱、口头遗嘱这种非书面形式的方式设立居住权也是合法有效的，这也能充分尊重并还原立遗嘱人的真实意愿。但如果以书面遗嘱的方式设立居住权，必须要载明居住权期限、房屋位置等内容。

3. 遗嘱设立居住权的登记手续

办理登记手续不是设立居住权的必要程序，居住权多基于亲属关系或扶养扶助关系而产生，带有一定的身份属性，因此居住权专属于居住权人，不得转让或继承，并至居住权人死亡或居住权期限届满时消灭。同时，作为一项新物权，办理物权的设立登记及注销登记可以避免不必要的麻烦，当事人在签署居住权协议或订立遗嘱时，如同时办理设立登记，更能确保居住权依法有效，并据此对抗其他权利人。

104

以遗嘱方式设立居住权需要登记吗？

案例

李某有三段婚姻。第一段婚姻生育了小李。第二段婚姻关系存续期间，李某买了一所房子，登记在自己名下，但第二段婚姻只维持了一年。柯某是李某的第三任妻子，2012年结婚，相守到李某去世。2015年，李某立下遗嘱并办理公证，遗嘱内容其中之一就是为其第三任妻子柯某设立居住权。2017年李某将房子提前过户给了小李，但老两口仍然照常居住在内。2021年1月李某一去世，小李就以所有权人的身份更换了门锁，要求柯某限期搬离。柯某诉至法院，要求确认保障其对房屋的居住权并办理居住权登记。

作为被告的小李认为房子购买于父亲与第二任妻子的婚姻关系存续期间，属于夫妻共同财产，父亲擅自设立居住权的遗嘱是无效的；父亲于2017年就将房屋卖给了自己，说明已经不打算让柯某继续居住，原来的遗嘱不必再履行；自己现在是房屋的所有权人，柯某没有登记居住权就是没有设立，自己也不同意继续为柯某登记设立居住权。

在案件审理过程中，李某的第二任妻子表示，二人离婚时已明确没有其他财产争议，自己和房子没有瓜葛。因此，离婚后李某有权根据自己的意愿处置房产。关于房产过户的具体情况，法庭也进行了核实，父子虽签订了买卖合同，但交易价格远低于市场价格，且小李没有实际支付购房款的凭证。

请问：以遗嘱方式设立居住权，是否需登记后才发生法律效力？

律师解答

以遗嘱方式设立居住权的，登记不是设立要件，但未经登记的居住权不具有公示效力和公信效力，不得对抗善意第三人。因此建议在遗产继承开始后，及时办理登记，以保障居住权益。故柯某有权居住使用该房屋，小李应当协助柯某进行居住权的登记。

法院裁判

法院审理后认为，李某的遗嘱自其去世开始产生效力，此时《民法典》已经开始实施，并增设了居住权制度，李某的遗嘱符合设立居住权的法定要件，不需要登记即产生法律效力。李某将房产提前过户给儿子，从客观结果上看与遗嘱安排并不矛盾，过户之后李某并未撤销遗嘱，且主动向民警要求协调解决柯某居住问题，其未改变安置柯某居住的意思表示。小李在获得房产所有权的同时，应当尊重李某的意愿及柯某享有的居住权益。

据此，法院作出一审判决，确认了柯某的居住权，并要求小李配合柯某到不动产登记中心办理居住权登记手续。一审判决后，小李不服，提起上诉。该案经二审判决，维持了原判。

律师评析

居住权既可以通过订合同也可以通过遗嘱设立。根据《民法典》第 371 条的规定，以遗嘱设立居住权“参照”适用居住权章的规定，未规定须遵循严格的书面形式要求，符合遗嘱继承和遗赠的法定形式即可。《民法典》第 230 条规定，“因继承取得物权的，自继承开始时发生效力”，第 1121 条第 1 款规定，“继承从被继承人死亡时开始”。当发生以遗嘱设立居住权的问题时，首先要考虑《民法典》第 230 条的规定，优先适用，只有在该条无法适用时，才能考虑适用第 368 条的规定。质言之，居住权人通过遗嘱或遗赠取得居住权的，居住权应从继承或受遗赠开始时发生效力，继承人继承房产不影响设立在先的居住权继续存在。

法律规定

《中华人民共和国民法典》

第二百三十条　因继承取得物权的，自继承开始时发生效力。

第三百六十八条　居住权无偿设立，但是当事人另有约定的除外。设立居住权的，应当向登记机构申请居住权登记。居住权自登记时设立。

第三百七十一条　以遗嘱方式设立居住权的，参照适用本章的有关规定。

第一千一百二十一条第一款　继承从被继承人死亡时开始。

律师提示

遗嘱设立居住权，如果也适用自登记时设立，就会面临以下两个问题：一是如果立遗嘱人在生前去登记机构办理居住权登记，那么此时立遗嘱人尚未死亡，遗嘱也未生效，遗嘱可能存在被撤销、变更以及无效等诸多法律后果。如果居住权自登记时设立，势必会与遗嘱的上述变动产生矛盾。二是立遗嘱人去世后，继承人依据遗嘱取得房屋的所有权，如果继承人拒绝配合办理居住权登记，如果适用登记生效要件，则居住权人实际将无法享有居住的权利。因此，对归属于用益物权的居住权来说，无论是采用登记生效主义还是采用登记对抗主义，通过遗嘱设立取得居住权的权利人在行使权利时均会面临上述权利实现困境。

基于遗嘱继承的特殊性，居住权自继承开始时设立。即通过遗嘱设立居住权不采用登记生效主义，若要对抗善意第三人，居住权人可在取得居住权后向登记机构申请居住权登记，以公示自己的居住权，维护自身合法权益。

105

立遗嘱人能否将遗产赠与婚外情人？

案例

赵某与曹某婚外同居七年。2022 年 5 月，赵某因病住院，为了感谢曹某多年来对自己的照顾，赵某立下遗赠书，将名下存款 200 万元遗赠给曹某，并在其去世前将其中的 100 万元款项转账给曹某。后赵某病故，曹某为其办理了丧事。同年 9 月，赵某配偶陈某诉至法院，认为赵某与曹某的行为侵害了其权益，要求曹某返还丈夫赠与其的财产。

律师解答

在夫妻对财产未作出特别约定的情况下，夫妻对共同财产享有所有权、处分权。有配偶者擅自将夫妻共同财产赠与婚外同居者，显然超出了日常生活需要的范围，侵犯了另一方的财产利益，该赠与行为无效，且赠与行为是全部无效，而非部分无效，夫妻中的另一方有权以侵犯共有财产权为由请求婚外同居者予以返还。当财产被他人无合法依据占有，所有权人有权要求非法占有人返还财产。在婚姻存续期间，夫妻中的受害方可以行使物上请求权，以配偶和婚外同居者为共同被告，主张赠与无效、请求返还赠与物，人民法院应予支持，且应当全部返还，而非返还一半数额。

法院裁判

法院审理后认为，自然人可以立遗嘱将个人财产赠与国家、集体或者法定继承人以外的组织、个人，但民事主体从事民事活动，不得违反法律，不得违背公序良俗。

赵某为“报答”曹某的照顾之情将名下财产赠与曹某，该行为不受法律保护，赵某书写的遗赠书因违背公序良俗而无效，民事法律行为无效后，行为人因该行为取得的财产，应当予以返还。曹某因此取得的100万元财产应予以返还。鉴于赵某去世后，曹某为其办理了丧事、购买了墓地，支出的部分费用，从曹某应返还的100万元中扣除。

律师评析

《民法典》第8条规定，民事主体从事民事活动，不得违反法律，不得违背公序良俗。公序良俗是指民事主体的行为应当遵守公共秩序，符合善良风俗，不得违反国家的公共秩序和社会的一般道德，如禁止有配偶者与他人同居、禁止在婚内将财产赠与第三者等。夫妻在婚姻关系存续期间所获财产，除有特殊规定外，应为夫妻共同财产。夫妻其中一人随意赠与夫妻共同财产给第三者都是对另一方财产的侵犯，也是对社会良知的挑战。在本案中，曹某主张遗赠人因感激其照顾而遗赠，但是她却不能否认其对遗赠人的照顾是基于双方违法的同居关系，因此该事实不足以改变此遗赠行为有违公序良俗的本质。

法律规定

《中华人民共和国民法典》

第八条　民事主体从事民事活动，不得违反法律，不得违背公序良俗。

第十条　处理民事纠纷，应当依照法律；法律没有规定的，可以适用习惯，但是不得违背公序良俗。

第一百四十三条　具备下列条件的民事法律行为有效：

（一）行为人具有相应的民事行为能力；

（二）意思表示真实；

（三）不违反法律、行政法规的强制性规定，不违背公序良俗。

第一百五十三条　违反法律、行政法规的强制性规定的民事法律行为无效。但是，该强制性规定不导致该民事法律行为无效的除外。

违背公序良俗的民事法律行为无效。

第一千零四十三条　家庭应当树立优良家风，弘扬家庭美德，重视家庭文明建设。

夫妻应当互相忠实，互相尊重，互相关爱；家庭成员应当敬老爱幼，互相帮助，维护平等、和睦、文明的婚姻家庭关系。

第一千零六十二条 夫妻在婚姻关系存续期间所得的下列财产，为夫妻的共同财产，归夫妻共同所有：

（一）工资、奖金、劳务报酬；

（二）生产、经营、投资的收益；

（三）知识产权的收益；

（四）继承或者受赠的财产，但是本法第一千零六十三条第三项规定的除外；

（五）其他应当归共同所有的财产。

夫妻对共同财产，有平等的处理权。

律师提示

遗嘱无效在本案的两种表现形式：

1. 违反法律规定（遗嘱内容涉及无权处分的财产）：违反法律规定的遗嘱无效。比如，一方处分夫妻共同财产（非属于自己的一部分）；再如，违章建筑，没过户的房屋车辆等国家、集体、他人所有的财产，都不在遗嘱处分的范围。

2. 违反公序良俗：违反我国法律和社会公共利益的遗嘱无效。比如，婚姻不忠的一方立遗嘱将其财产赠给与其同居者。因这种遗嘱违背了社会公共利益，违反了公序良俗，应被认定为无效。再如，立遗嘱人表明，生了儿子的，有权继承，生了女儿的，少继承，无子女的无权继承，诸如此类。此类遗嘱体现的是男尊女卑和封建传宗接代思想，违反我国宪法、民法规定的男女平等原则。

106

遗嘱将财产赠与法定继承人以外的人，受赠人是否不受期限地享有受赠权？

案例

被继承人李爷爷与其妻李奶奶于20世纪70年代结婚，婚后育有三个孩子，长子李某1、次子李某2、女儿李某3，李奶奶于20世纪90年代去世。长子李某1于2001年去世，其有一子李某卫，被继承人李爷爷于2007年5月在律师见证下订立了一份遗嘱，内容为："一、我现在的住房是一个偏单，共计××平方米，坐落在某市某区某室。该房是我个人私产房，我去世后，此房产权由我长孙李某卫继承，别人不得干涉"。该遗嘱有被继承人李爷爷，李某卫及遗嘱见证律师签名。

被继承人李爷爷于2007年9月去世，2018年次子李某2以法定继承为由，将侄子李某卫及李某3诉至人民法院，要求分割继承被继承人李爷爷遗留的诉争房屋。

次子李某2向法院提出诉讼请求：(1)判令李某2依法继承被继承人李爷爷名下房产1/3份额；(2)判令被告负担本案诉讼费。

李某卫庭审中辩称，不同意李某2的诉讼请求。李爷爷立了遗嘱将诉争房屋给我，所以要求驳回李某2的全部诉讼请求。

李某3辩称，同意李某2的诉讼请求。

请问：遗嘱将财产赠与法定继承人以外的人，受赠人是否不受期限地享有受赠权？

律师解答

受赠人不享有不受期限的受赠权，根据《民法典》的规定，受遗赠人应当在知道受遗赠后 60 日内或遗嘱生效时，作出接受或者放弃受遗赠的表示。到期没有表示的，视为放弃受遗赠。与继承不同，继承人没有表示的，视为接受继承。

法院裁判

法院经审理认为，本案的争议焦点是依据法定继承，还是依据遗嘱继承。继承从被继承人死亡时开始。继承开始后，按照法定继承办理；有遗嘱的，按照遗嘱继承或者遗赠办理，有遗赠扶养协议的，按照协议办理。本案李某卫并非法定继承人，被继承人李爷爷所书的遗嘱实为一份遗赠。受遗赠人应当在知道受遗赠后 60 日内，作出接受或者放弃受遗赠的表示。到期没有表示的，视为放弃受遗赠。遗赠的生效时间应从被继承人死亡时开始计算，附条件的应从条件成就时计算；遗赠内容的明知，应从接受遗赠人知道或应当知道时计算。

被继承人李爷爷所书遗嘱符合法律规定属生效遗嘱，李某卫在遗嘱上签字，可证实李卫对遗嘱的内容是明知的。被继承人李爷爷去世后，此时继承开始，李某卫应在法定的期限内作出接受或放弃遗赠的表示，但李某卫无证据证实其在规定的时间内对遗嘱的内容作出了是否接受的意思表示，故依法律规定应认定李某卫放弃遗赠，被继承人李爷爷遗留的诉争房屋应适用法定继承。判决李某 2、李某 3，李某卫各自享有诉争房屋 1/3 的份额。

律师评析

除办理房屋过户手续是明确表示接受赠与的方式以外，李某卫还可以通过以下方式表示自己接受赠与：

1. 搬入案涉房屋居住，通过对房屋占有、使用的实际行动表示自己接受赠与；
2. 向人民法院提起诉讼；
3. 向公证机构提出办理继承公证的申请；
4. 向其他继承人表示接受遗赠。

法律规定

《中华人民共和国民法典》

第一千一百二十四条　继承开始后，继承人放弃继承的，应当在遗产处理前，以书面形式作出放弃继承的表示；没有表示的，视为接受继承。

受遗赠人应当在知道受遗赠后六十日内，作出接受或者放弃受遗赠的表示；到期没有表示的，视为放弃受遗赠。

律师提示

受遗赠人可以采用明示或者默示的方式作出接受遗赠的意思表示。常见明示接受遗赠的方式有：向法定继承人邮寄“接受遗赠声明书”，作出接受遗赠的意思表示；持有遗嘱向公证处申请公证；向法院提起诉讼等。实践中，比较常见的默示接受遗赠的方式是实际占有或管理受遗赠的财产。

遗赠行为属于单方法律行为，仅凭遗赠人一方的意思表示便可成立，并于遗赠人死亡时当然地发生法律效力。受遗赠人基于遗赠人所立有效遗嘱，取得受遗赠权。一般而言，遗赠对受遗赠人有益，但即使有益，也不能违背受遗赠人的意思而强制使其受益，受遗赠人有选择接受或放弃受遗赠的权利，这种处分权因涉及受遗赠人与继承人或其他利害关系人权利义务关系的确定而被赋予期限限制。现实生活中，通常由于遗嘱人对遗嘱内容未予以保密或将遗嘱交由受遗赠人保管，使受遗赠人提前知悉遗嘱内容，故实践中一般以继承开始时，即遗嘱人去世时点开始起算。基于遗嘱人去世、家人忙于后事的现实，受遗赠人很容易一不小心就超过了作出意思表示的期限。所以受赠人自知道受遗赠时应快速地作出接受遗赠的意思表示，避免超期。

107

遗嘱中能否指定遗产管理人，遗产管理人的职责有哪些？

案 例

曾彩云系刘某2的母亲，曾某2的姐姐。曾彩云与刘某1于2004年结婚，在婚姻关系存续期间，双方取得涉案房产所有权，房屋权属登记于曾彩云与刘某1名下。2009年曾彩云与刘某1登记离婚，离婚协议书约定，房产归曾彩云所有。2017年7月2日，曾彩云去世。曾彩云在去世前，于2017年4月15日，亲笔书写遗嘱一份，载明：城区内两个房产由刘某1帮忙处理变现，处理变现的钱一部分用于还清曾彩云之子刘某2的房贷，剩余现金交由曾彩云之弟曾某2保管。由曾某2保管的钱主要用于刘某2看病和以后刘某2的生活等一切费用开支，如果刘某2不需要，由曾某2支配使用。刘某1与曾彩云离婚后，诉争房屋由刘某1管理。2018年刘某1将诉争房屋以租金12,000元交给曾某2，曾某2支付了刘某1管理费2400元。

曾某2请求法院确认自己为遗产管理人，刘某1协助办理房屋及土地使用证的过户手续并交付房屋；刘某1认为遗嘱中不能指定遗产管理人，请求法院确认自己为遗嘱执行人，继续出租房屋进行变现。

请问：遗嘱中能否指定遗产管理人？遗产管理人的职责有哪些？

律师解答

遗嘱中可以指定遗产管理人，刘某1并非曾彩云指定的遗产管理人，曾某2才是曾彩云指定的遗产管理人。刘某1仅有协助曾某2进行遗产管理的义务，或帮助曾某2进行房屋代管的义务，并非真正的遗产管理人。遗产管理人既可以是法定继承人，也可以是法定继承人以外的人。具体谁是遗产管理人，关键看遗嘱人的指定，这样才能最大化保障遗嘱人的意思自治。遗产管理人也可以是法人或者非法人组织。在遗嘱内容不明确的时候，遗产管理人确有义务弄清遗嘱含义、作出解释。故曾某2有义务对遗嘱中的变现进行合理解释，认定曾彩云意在出卖而非刘某1认为地出租。

法院裁判

法院审理后认为，被继承人曾彩云于2017年7月2日去世，曾彩云生前留下遗嘱，各方当事人对曾彩云于2017年4月15日的自书遗嘱均无异议。曾彩云在遗嘱中表示由刘某1将诉争房屋变卖后资金交由曾某2保管，主要用于刘某2偿还房屋贷款、看病和一切生活费用开支。可见曾彩云在遗嘱中的真实意思表示是将诉争房屋留给刘某2所有，曾某2只是曾彩云指定的遗产管理人，刘某1仅为协助执行人。继承开始后，诉争房屋的所有权归刘某2所有。刘某1作为诉争房屋的管理人，并未按照曾彩云的遗嘱变卖诉争房屋后将款项交由曾某2保管。

故法院查明事实后依法判决刘某1向刘某2交付房屋并配合办理不动产权变更登记手续，二审予以维持。

律师评析

继承开始后，遗嘱执行人为遗产管理人；没有遗嘱执行人的，继承人应当及时推选遗产管理人；继承人未推选的，由继承人共同担任遗产管理人；没有继承人或者继承人均放弃继承的，由被继承人生前住所地的民政部门或者村民委员会担任遗产管理人。

遗嘱执行人只能适用于遗嘱继承，且需遗嘱人在遗嘱中进行指定；而遗产管理人既可以适用于遗嘱继承，也可以适用于法定继承，较之遗嘱执行人，遗产管理人的适用形式和范围更广。

法律规定

《中华人民共和国民法典》

第一千一百四十五条 继承开始后，遗嘱执行人为遗产管理人；没有遗嘱执行人的，继承人应当及时推选遗产管理人；继承人未推选的，由继承人共同担任遗产管理人；没有继承人或者继承人均放弃继承的，由被继承人生前住所地的民政部门或者村民委员会担任遗产管理人。

第一千一百四十七条 遗产管理人应当履行下列职责：

（一）清理遗产并制作遗产清单；

（二）向继承人报告遗产情况；

（三）采取必要措施防止遗产毁损、灭失；

（四）处理被继承人的债权债务；

（五）按照遗嘱或者依照法律规定分割遗产；

（六）实施与管理遗产有关的其他必要行为。

第一千一百四十八条 遗产管理人应当依法履行职责，因故意或者重大过失造成继承人、受遗赠人、债权人损害的，应当承担民事责任。

第一千一百四十九条 遗产管理人可以依照法律规定或者按照约定获得报酬。

律师提示

1. 遗产管理人的职责

(1)遗产管理人需要对遗产进行盘点清算，同时向继承人报告遗产情况；

(2)遗产管理人在力所能及的范围内保证遗产存在的形式和价值；

(3)遗产管理人需要对被继承人的债权债务进行清算；

(4)按照遗嘱或者法律规定对财产予以分割。

2. 遗产管理人发生履职过错是否要担责

遗产管理人的职责是维护遗产价值和维护利害关系人的合法权益。一般来讲，遗产管理人对利害关系人不承担民事责任，但若在履行管理职责过程中因故意或重大过失，致使遗产毁损、灭失，进而减少了继承人所继承的遗产价值或使债权人原本所能获得的清偿金额减少，其行为符合侵权责任的构成要件的，按照《民法典》规定遗产管理人应当向利害关系人承担民事责任。

108

被继承人的债权人能否向法院申请指定遗产管理人？

案例

A公司于2019年与B公司签订购销合同，A公司依约履行供货义务。B公司等三家公司及靳某向A公司出具担保书，其中载明：现B公司因资金周转紧张，不能按合同约定向A公司支付追加保证金和其他应付款项，请给予最长不超过3个月的宽限期，靳某及另外两家公司为此愿提供担保，承担一切连带责任。A公司多次催款未果，故诉至法院，要求B公司支付因违约给其造成的损失800万元；被告B公司等三家公司、靳某对上述损失承担连带责任。

起诉后，靳某突发疾病去世。A公司遂更改部分诉讼请求，要求以靳某的遗产范围为限，对其损失承担连带责任。法院查明，靳某死亡前未立遗嘱或遗赠扶养协议，且靳某的继承人均放弃继承。A公司变更部分诉讼请求，要求指定靳某生前住所地民政局作为靳某的遗产管理人，在靳某的遗产范围内处理靳某所负债务。

请问：被继承人靳某的担保债权人A公司能否向法院申请指定遗产管理人？

律师解答

当被继承人遗产处于无人继承、无人管理状态时,对遗产享有债权的债权人等利害关系人可以申请人民法院指定遗产管理人。被继承人靳某的顺位继承人均放弃继承,故其生前住所地民政局为其遗产管理人。A 公司可以指定遗产管理人对靳某的遗产进行管理并承担相应的担保责任。

法院裁判

法院经审理认为,被告 B 公司未依约支付货款或全部保证金,构成违约。B 公司等三家公司、靳某与 A 公司的保证合同关系成立,保证责任已触发,亦未过保证期间,应对相关债务承担连带保证责任。

关于遗产管理人的指定,法院认为,虽然本案系《民法典》实施之前的法律事实引起的纠纷,但靳某死亡于 2021 年 4 月,在《民法典》施行之后,故《民法典》规定的遗产管理人制度可以在本案适用。靳某的第一顺位继承人和第二顺位继承人均放弃继承,A 公司主张靳某生前住所地民政部门作为遗产管理人参加诉讼并履行法定职责的诉讼请求应予支持。

据此,法院判决,被告 B 公司向 A 公司赔付损失 900 余万元,担保人靳某生前住所地民政局作为遗产管理人,以靳某的遗产范围为限对前述债务承担连带保证责任,处理靳某的债务。

宣判后,各方当事人均未上诉,该案现已生效。

律师评析

《民法典》规定,当被继承人遗产处于无人继承、无人管理状态时,对遗产享有债权的债权人等利害关系人可以申请人民法院指定遗产管理人,以便及时、有效、妥善地处理被继承人的遗产;被继承人生前住所地的民政部门承担着社会救济、社会福利事业、社区服务等工作,可依法被指定为被继承人的遗产管理人,完成被继承人遗产的后续处理。

法律规定

《中华人民共和国民法典》

第一千一百四十五条 继承开始后，遗嘱执行人为遗产管理人；没有遗嘱执行人的，继承人应当及时推选遗产管理人；继承人未推选的，由继承人共同担任遗产管理人；没有继承人或者继承人均放弃继承的，由被继承人生前住所地的民政部门或者村民委员会担任遗产管理人。

第一千一百四十六条 对遗产管理人的确定有争议的，利害关系人可以向人民法院申请指定遗产管理人。

《最高人民法院关于民事执行中变更、追加当事人若干问题的规定》

第十条第一款 作为被执行人的自然人死亡或被宣告死亡，申请执行人申请变更、追加自然人的遗产管理人、继承人、受遗赠人或其他因该自然人死亡或被宣告死亡取得遗产的主体为被执行人，在遗产范围内承担责任的，人民法院应予支持。

律师提示

1. 关于遗产管理人的产生

(1)遗嘱执行人担任遗产管理人

若被继承人生前留有遗嘱且明确遗嘱执行人的，那么该遗嘱执行人为遗产管理人。

(2)继承人推选产生遗产管理人

若遗嘱未指定遗嘱执行人或遗嘱执行人无法履行管理义务或没有遗嘱的情况下，继承人应当及时推选遗产管理人。

(3)继承人共同担任遗产管理人

若继承人未推选遗产管理人的，由继承人共同担任遗产管理人。

(4)民政部门或村民委员会担任遗产管理人

若没有继承人或者继承人均放弃继承的，由被继承人生前住所地的民政部门或者村民委员会担任遗产管理人。

2. 遗产管理人在履行管理、处理、分配遗产职责过程中是否享有独立的诉讼权利

《民法典》未规定遗产管理人享有独立的诉讼权利。但司法实践中，为便于解决争议已有法院生效裁判认可遗产管理人独立的诉讼地位。2020 年 12 月修正的《最高人民法院关于民事执行中变更、追加当事人若干问题的规定》第 10 条第 1 款规定，执行程序中，可以变更、追加遗产管理人为被执行人，让其在遗产范围内承担责任。依据该规定，被继承人死亡后，继承人未推选遗产管理人的，由继承人共同担任遗产管理人，在执行程序中，可将被继承人(债务人)的继承人变更、追加为被执行人，并要求继承人在遗产范围内承担责任。

第十章

家族财富保障与传承

109

大半辈子辛苦打拼攒下的家业，转眼成“负翁”，企业家债务防火墙要怎么设？

案 例

王先生是A公司的大股东，持有公司98.6%的股权。2020年6月30日，A公司的全资子公司B公司，因资金周转需要，向杨女士借款2亿元（人民币，下同），月息1.5%，借款期限6个月。2020年12月16日，杨女士与B公司结算，B公司尚欠杨女士借款本金1.9亿元。杨女士（甲方，出借人）与B公司（乙方，借款人）、王先生（丙方）签订续借合同一份，约定：乙方B公司向甲方杨女士续借1.9亿元，续借期限：2020年12月16日～2022年12月31日，在此期间分期偿还，并约定若B公司逾期支付任何一期本金或利息，杨女士可要求B公司提前还本付息；丙方王先生对乙方B公司的债务共同承担连带责任保证，保证范围包括主债务及利息、违约金、赔偿金、甲方杨女士实现债权的一切相关费用等。续借合同签订后，B公司依然无力按期偿还借款。

杨女士遂诉至法院，要求B公司、王先生偿还借款本息1.9亿元，支付实现债权的费用200万元。

请问：王先生需要对1.92亿元的债务承担还款责任吗？

律师解答

本案中，在借款协议已经实际履行交付后，王先生作为连带责任保证人在续借合同上签字，续借合同及保证条款真实有效。在借款人B公司未按期归还借款的情况下,债权人杨女士有权请求连带责任保证人王先生承担还款责任。

法院裁判

法院经审理认为,被告B公司向杨女士借款2亿元,杨女士按约向B公司交付款项,B公司向杨女士出具借条,借条系借贷双方的真实意思表示,没有违反法律及行政法规的强制性规定,合法有效,依法予以确认。2020年12月16日,B公司与杨女士就案涉借款签订了续借合同,约定了还款期限,并约定若B公司逾期支付任何一期本金或利息,杨女士可要求B公司提前还本付息。续借合同签订后,B公司未能按约还本付息,故对杨女士要求两被告立即偿还借款本息的诉讼请求依法予以支持。

律师评析

守住财富同创造财富一样重要。创造需要辛勤劳动、智慧、机遇,还需要运气,财富的积累相当不易。在取得一定财富之后如何守住财富,防范各种风险同样不容易。被誉为"股神"的沃伦·巴菲特,1998年10月在佛罗里达大学商学院演讲中说过:一辈子富一次就够了。对于像王先生这样的企业家来说,在取得财富之后,能守住财富,一辈子只富这一次,那他的智慧不逊色于"股神"。守住财富,首先就需要守住风险,下面笔者将从法律的角度,谈一谈企业家守富面临的法律风险点以及几点建议:

风险一:以个人名义承担保证责任,比如以个人名义为他人出具担保函,或作为保证人在合同签字等,风险指数5颗星。简单地签几个字,引来的可能是无法想象的债务风险。抵押尚以抵押财产价值为限为抵押权人提供担保,不同于抵押担保,保证是以保证人的全部财产价值为债权人提供担保,对于保证人来说风险非常大。

风险二:设立一人公司,特别是以个人名义设立一人公司,风险指数4颗星。原因是,根据法律规定,一人公司无法偿还债务时,一人公司的股东在不能证明公司财产独立于自己财产的时候,很可能会被直接追加为被执行人。司法实务中发生了大量追加一人公司股东为被执行人的案例,因为在这类案件中,证明公司财产独立的举证责任在股东,所以股东的风险非常之大。

风险三：股东个人财务与公司财务界限不清，关联企业人、财、物混同，风险指数4颗星。我们国家法律意义上的人分为两种：自然人和法人。公司属于营利法人，有独立的法人财产，享有法人财产权，公司以其全部财产对公司的债务承担责任，股东以认缴的出资额或认购的股份为限对公司承担责任。但是如果发生了影响法人独立人格的事由，法人的面纱被刺破，那么股东就需要对公司债务承担连带责任，而不再是以出资额为限对公司承担责任。

律师建议

1. 严肃认真对待企业家以个人名义提供的担保。此等高风险之事能不做就不做，先贤说“君子不立危墙之下”，防范风险最好的方式就是不参与风险。

2. 商场如战场，总有需要破釜沉舟不得不做高风险事情的时候。那么建议您，在做行动之前，先对资产做一些配置。信托是非常好的方式，它既有隔离风险的作用，又有财富保护和分配的作用。在我国，依法设立的信托财产是有保障的，它既独立于企业家的财产，又独立于信托公司的财产。目前，我国拥有信托金融牌照的机构有60多家，他们都受国家金融监督管理总局的严格监管。根据《信托公司信托业务具体分类要求》的规定，实收信托1000万元以上，可以设立家族信托；实收信托100万元以上的，可以设立家庭服务信托。信托公司对信托财产还可以按照约定做保值增值的服务。

3. 为了防范来自公司的风险，公司一定要合规经营，公司架构、部门及功能设置要合法合规。

法律规定

《中华人民共和国民法典》

第六十条　法人以其全部财产独立承担民事责任。

第六百八十八条　当事人在保证合同中约定保证人和债务人对债务承担连带责任的，为连带责任保证。

连带责任保证的债务人不履行到期债务或者发生当事人约定的情形时，债权人可以请求债务人履行债务，也可以请求保证人在其保证范围内承担保证责任。

《中华人民共和国信托法》

第十六条　信托财产与属于受托人所有的财产(以下简称固有财产)相区别,不得归入受托人的固有财产或者成为固有财产的一部分。

受托人死亡或者依法解散、被依法撤销、被宣告破产而终止,信托财产不属于其遗产或者清算财产。

律师提示

1. 企业家应尽量避免以个人名义为企业或他人提供保证担保。
2. 能采用不动产抵押担保,就绝不提供保证担保。
3. 建议企业家提前设立信托,隔离未来可能发生的债务风险。
4. 公司要合规经营,公司架构、部门及功能设置要合法合规。

110

企业家突然离世,由别人代持的资产,继承人如何继承?

案例

贾先生于2017年2月26日因病去世,去世之前留下自书遗嘱,写明“朴先生代持的A公司股权,由大女儿贾一和小女儿贾二各继承50%”。

贾先生去世后,朴先生否认A公司股权系其代持,主张是受让自贾先生。无奈,贾一和贾二将朴先生诉至法院,要求分割由朴先生代持的股权。因为姐妹二人一直在国外念书,父亲贾先生又突然去世,除了父亲的自书遗嘱,姐妹二人并没有掌握股权代持的材料和线索，未能向法庭提供证据证明存在股权代持的情形。

请问：由他人代持的财产，怎样才能使继承人顺利继承？

律师解答

最好的方式当然是被继承人在世的时候就将他人代持的财产更正为自持财产，同其他财产一样安排，由继承人继承。

法院裁判

法院经审理认为，贾一和贾二对其诉请的主张负举证责任，贾一和贾二仅提供被继承人贾先生的自书遗嘱，不足以证明A公司股权系朴先生代持。相反，朴先生提交的股权转让协议，证明各方当事人真实意思表示，更具有说服力，予以采纳，法院据此判决驳回贾一和贾二的全部诉讼请求。

律师评析

代持股权、代持房产、代持股票甚至是代持银行存款，生活中代持财产的情况很常见，因代持而出现的法律纠纷也很多。下面笔者从资产代持常见的法律风险角度谈一谈资产代持的风险控制。

1. 代持人的道德风险，即代持人不认账，像案例中的朴先生那样，否认资产代持，企图据为己有。为了防范此类风险，实际权利人与代持人一定要签署书面的资产代持协议，在银行转账时备注要清晰，保留好银行转账凭证，与代持人关于代持资产的微信聊天记录也要保存好，必要时做公证保全，做好证据固化。实际权利人持有的代持资产证据越充分，代持人道德风险发生的概率越小。

2. 代持人离婚，代持资产易被作为夫妻共同财产，有被代持人的配偶分割的风险。为避免此种风险，建议资产代持协议应由代持人的配偶签字确认代持资产不属于夫妻共同财产。

3. 代持人去世，代持资产有被作为遗产分割的风险。为避免此种风险，若代持人为实际权利人的近亲属，建议代持人提前做遗嘱安排，将代持财产指定给实际权利人继承，谨慎起见，最好找专业的律师协助办理遗嘱事项；若代持人为近亲属以外的人，则建议通过有效的遗嘱，将代持财产遗赠给实际权利人，需注意的是，根据《民法典》第 1124 条第 2 款的规定，受遗赠人应当在知道受遗赠后 60 日内，作出接受或者放弃受遗赠的表示，若到期没有表示，则将视为放弃受遗赠。

4. 代持人对外负债，代持资产很可能会被代持人的债权人申请查封、冻结，甚至强制执行。为避免此种风险，建议实际权利人应当审慎选择代持人，代持人的信誉、品行、资产状况，工作生活习惯等都要有所考虑，力求避免此种情况发生。

5. 实际权利人去世，代持资产的传承风险。为了避免继承人不知代持情况存在，而遗漏代持资产，建议在签署书面的资产代持协议时，实际权利人应当立遗嘱，建议找专业的律师一并办理。同时，资产代持文件及有关证据要以继承人可知的方式，如家中的保险箱，常用银行卡所在银行的保险箱等方式妥善保管，以便诉讼发生时继承人有充分的证据证明代持资产的权利归属。

法律规定

《中华人民共和国民法典》

第一千零六十二条　夫妻在婚姻关系存续期间所得的下列财产，为夫妻的共同财产，归夫妻共同所有：

（一）工资、奖金、劳务报酬；

（二）生产、经营、投资的收益；

（三）知识产权的收益；

（四）继承或者受赠的财产，但是本法第一千零六十三条第三项规定的除外；

（五）其他应当归共同所有的财产。

夫妻对共同财产，有平等的处理权。

第一千一百二十二条　遗产是自然人死亡时遗留的个人合法财产。

依照法律规定或者根据其性质不得继承的遗产，不得继承。

第一千一百二十四条　继承开始后，继承人放弃继承的，应当在遗产处理前，以书面形式作出放弃继承的表示；没有表示的，视为接受继承。

受遗赠人应当在知道受遗赠后六十日内,作出接受或者放弃受遗赠的表示;到期没有表示的,视为放弃受遗赠。

律师提示

1. 他人代持财产存在诸多法律风险,笔者建议尽量避免由他人代持财产。

2. 若不得不采取代持的方法,笔者建议咨询律师,由法律专业人士帮助制定包括代持协议在内的相关法律文件,以期降低代持面临的法律风险。

3. 在操作代持事宜时,笔者建议在交易时清晰备注“系代持所需”,并保留好交易凭证。与代持人关于代持资产的微信聊天记录也要保存好,存有聊天记录的原始介质要妥善保管。为防止证据遗失或毁坏,建议去公证处提前做好公证保全,固化证据,以备不时之需。

111

高净值人群如何做好婚姻财富规划与保护?

案 例

周先生是A公司的创始人兼软件开发者。2016年6月12日,在一次交流会上,32岁的周先生对年轻美丽的崔女士一见钟情。不久后,崔女士主动约会周先生,并向他表达好感。崔女士在朋友圈发布了一段别墅花园的视频,周先生见了欣喜不已,自信崔女士想要的生活,以他的财力可以轻松满足。周先生还给崔女士看了自己的银行账户,明确表示自己也有别墅。崔女士当即开玩笑说“要为他生孩子”,于是二人确定了恋爱关系。

几天后，周先生为崔女士买了一辆特斯拉Model X，价值108万元，还频繁为崔女士买名贵的衣服、鞋和包包。两人度假时，周先生还买了一套房子送给崔女士。2016年8月20日，二人闪婚，婚后周先生又赠送了一套价值千万元的房产给崔女士。

婚后不久，崔女士就向周先生提出要离婚，并以周先生偷税漏税和经营灰色产业为由对周先生苦苦相逼，要求周先生向其支付3000万元离婚赔偿。

请问：像周先生这样的高净值人群，有没有法律工具为婚姻和个人财富保驾护航？

律师解答

婚姻兼具人身属性和财产属性，根据《民法典》的规定，我国实行的是夫妻共同财产制，法律也规定夫妻双方可以通过书面协议，对个人婚前财产和婚内取得的财产约定为各自所有、共同所有或者部分各自所有、部分共同所有。夫妻根据双方实际情况对财产作出的个性化约定是受法律保护的。夫妻对财产的合理安排，有利于家庭树立优良家风，有利于弘扬家庭美德和家庭文明建设。

律师评析

婚姻是神圣的，它虽然不是每个自然人的必需品，但却是当代人类社会运行的基础制度。夫妻财产作为婚姻的物质基础，对婚姻的运行始末均有重大影响。一直以来，民众的观念是夫妻财产是共同的，结婚以后你的就是我的。有所谓的“捞女”“捞男”，甚至利用婚姻为自己谋取巨额财产，根本违背了婚姻和家庭的法律初衷。

像周先生这样的高净值人群应当运用好法律赋予的权利，为自己的婚姻和财富保驾护航。要怎么做呢？笔者建议如下：

1. 在结婚之前男女双方可以就个人婚前财产、将来的夫妻财产进行合理的约定，并用书面形式将具体的财产，及婚姻关系存续期间夫妻财产分配制度，是归各自所有、共同所有或者部分各自所有、部分共同所有，进行详细约定。可能有人担心，在结婚前夕用协议的方式处理这些物质财富，会伤害新人感情。

婚姻从来都是严肃的事情,理性是对待它是最好的方式。而且,财产约定,并不意味着“以强欺弱”,在财产约定里面可以约定许多对于经济弱势方有利的条款,或直接赠与,或附条件赠与,或附期限赠与等。通过条款的设计,合理地约定财产,既有利于经济强势方保护个人财产,又有利于经济弱势方取得经济安全感,实现夫妻平等、和睦、文明的婚姻家庭关系。

2. 在婚前,一方全款购置房产时,为厘清房屋权属关系,建议以一方自己名义签订房屋买卖合同,而且最好将产权证办理妥当,产权证上只登记出资人一方;该房产涉及的借款、税费等费用建议不要用夫妻共同财产来缴纳,而是要用一方个人所拥有的财产来支付。这样安排下来,该婚前购置的房产,产权清晰的属于登记人,而不存在夫妻财产混同的复杂情况。

3. 婚前直接赠送大额财产,不一定是取得芳心的最好方式。相反,它可能吸引到不劳而获之人,或者使人变成不劳而获之人。案例中周先生给初识的崔女士看资产数字,赠送房产、豪车都是不妥当的。表达爱意的方式有很多种,饱含个人心意的方式或许才是住进佳人芳心的佳径。

4. 建议高净值人士提前做财富规划。家族信托和遗嘱是财富保障和传承的重要手段,合理的遗嘱安排可以降低财富传承风险,家族信托不仅可以隔离离婚风险,而且在家风建设方面也发挥着重要的作用。在信托条款中明确将配偶加入受益人行列的条件、设定受益人获取收益分配的条件,并附加对受益人的约束条款,如果违反家族精神、观念及其他家族恪守的家风传统,受益人将无法按期获取分配,或被取消受益权;以达到促使家庭成员包括配偶遵守家风,从而实现优良的家风建设。

法律规定

《中华人民共和国民法典》

第一千零四十三条　家庭应当树立优良家风,弘扬家庭美德,重视家庭文明建设。

夫妻应当互相忠实,互相尊重,互相关爱;家庭成员应当敬老爱幼,互相帮助,维护平等、和睦、文明的婚姻家庭关系。

第一千零六十五条　男女双方可以约定婚姻关系存续期间所得的财产以及婚前财产归各自所有、共同所有或者部分各自所有、部分共同所有。约定应当采用书面形式。没有约定或者约定不明确的，适用本法第一千零六十二条、第一千零六十三条的规定。

夫妻对婚姻关系存续期间所得的财产以及婚前财产的约定，对双方具有法律约束力。

夫妻对婚姻关系存续期间所得的财产约定归各自所有，夫或者妻一方对外所负的债务，相对人知道该约定的，以夫或者妻一方的个人财产清偿。

律师提示

1. 在登记结婚之前，建议就个人婚前财产，将来婚姻期间可取得的财产及分配制度，咨询专业的律师。由律师根据需求和目标，协助妥善安排、制定协议文本，帮助您与未来的另一半签订婚前协议，解除双方关于婚姻财产的顾虑。

2. 登记结婚之前，一方全款购置房产，若不是赠与给对方的，建议以出资方一人名义签订房屋买卖合同，且在登记结婚之前办理好产权证，并登记在出资方一人名下。若该房产涉及借款、税费等支出，建议不要用夫妻共同财产来支付，而要用一方个人所拥有的财产来支付。

3. 建议高净值人士提前做财富规划，家族信托和遗嘱是财富保障和传承的重要手段，合理的安排可以为婚姻保驾护航，养成优良家风。

112

婚前设立公司，如何防范因离婚带来的股权分割风险？

案例

赵先生与蔡女士于2010年6月17日登记结婚，婚后未生育子女。2016年8月，赵先生起诉至法院要求与蔡女士离婚。双方对于离婚双方争议都不大，但是对于赵先生持有的北京A公司股份是否属于夫妻共同财产，以及股份应当如何分割争议巨大。

2009年6月，北京A公司成立，赵先生作为原始股东持有606,000股，占总股本比例为0.55%。2012年4月，北京A公司上市，发行价格为88元每股。2013年至2015年，北京A公司分四次通过资本公积转增注册资本金。截至2016年8月，赵先生共持有北京A公司股数为2,782,552股。

蔡女士主张赵先生持有的上述股票均为夫妻共同财产，要求分割一半股票。赵先生对蔡女士的主张不予认可，称北京A公司原始股份为其婚前持有，属于他婚前个人财产，婚后北京A公司上市并经资本公积金转增获得的股份并非其婚后的经营行为而来，因此增加的股份属于他婚前财产的自然增值，不属于婚内共同财产，不同意分割。

请问：企业家婚前设立公司持有的公司股份，离婚后另一方是否有权分割？

律师解答

对于这个问题，笔者从以下三个角度解答：(1)如果仅是婚前取得的股权，婚后未参与经营亦未增资，只是被动持股，那么根据法律规定和司法实务，该股权当属于一方婚前个人财产。（2）如果一方婚后参与公司的经营管理，股权在婚后的增值部分，有可能会被法院认定属于夫妻在婚姻关系存续期间所得的生产经营收入，对股权增值的部分可能会依法分割。（3）若对婚前设立的公司，在婚后用夫妻共同财产增资扩股，根据法律规定和司法实务，该增资扩股部分的股权会被认定为夫妻共同财产，被依法分割。

法院裁判

法院经审理认为，自然增值是指财产增值的原因是通货膨胀或市场行情变化而致。而本案中，赵先生作为北京 A 公司股东，实际参与公司的经营管理，该公司在双方婚姻关系存续期间上市并进行资本公积金转增之行为与赵先生投入的劳动、管理等经营行为密不可分，该财产的增值原因并非通货膨胀或市场行情变化，上述股权应属于赵先生在从事生产经营活动中的一种收益形式载体，故法院对赵先生的主张不予采信。赵先生于双方婚姻关系存续期间取得的北京 A 公司股份 2, 176, 552 股应属于与蔡女士的夫妻共同财产。判决蔡女士分得北京 A 公司 1, 088, 276 股。

律师评析

本案是典型的一方在婚前取得股权，离婚后双方对股权的分割发生纠纷的案例。该案例法院判决有理有据，说理部分清晰明确，是一个合法合理的司法判例。对于婚前持有公司股权的高净值人士来说，如何避免因为离婚而使自己股权被分割，是一个值得探讨的议题，它不仅关乎一对离婚夫妻的经济利益，更可能关乎一家对社会具有重要意义的公司的稳定经营。现实案例告诉我们，大股东婚姻状态的变化，极易引发股权财产分割、企业控制权争夺等争端，进而导致企业股价波动、公司治理混乱，阻碍企业良性发展。那么企业家或持有股权的高净值人士可以通过哪些合法的方式防范此类风险呢？笔者建议如下：

1. 在公司章程内加入对非股东一方进入公司成为股东的限制条款，以期规避因股东离婚进而引发影响公司稳定经营的风险。

2. 在缔结婚姻之前企业家或高净值人士可以就个人持有的公司股权财产及婚姻关系存续期间夫妻财产分配制度，与未来的配偶进行合理的约定，并用书面形式将公司股权财产及将来取得的股权及收益财产，约定属于一方个人所有。对于其他财产，可以根据夫妻具体情况，约定为共同所有，或者一方所有等。通过有效的财产协议，可以很好地达到保护某一项财产属于一方所有的目的，同时通过在其他财产或事务上作出让步，从而很好地兼顾对方的利益。良好的经济关系，有利于稳定夫妻的人身关系。

3. 在婚姻关系存续期间，若公司需要增资扩股，该增加的投资，建议由持股一方的个人财产出资。若个人资产不够，也不建议直接拿另一方资产出资，但是可以通过向对方借款的方式筹集资金。且日后要按时返还，同时保留好借款凭证，建议通过银行转账的方式还款，并备注转账归还借款的用途。

4. 通过将股权注入信托的方式设立股权信托。由于目前我国信托财产登记制度尚存在一定的缺失，股权需要通过交易或增资方式装入信托中，为了克服这种情况带来的弊端，信托机构探索通过在目标公司上层架设 SPV[1] 结构，通过有限合伙企业或者有限公司来持有目标公司，由受托人作为 SPV 的财务投资者，将企业的管理权交给委托人或者委托人指定的主体，但是有限公司架设 SPV 结构可能面临双重征税的问题。因此从目前实务来说，我国股权信托操作上还存在一定困难，相信在不久的将来制度一定更加完善，信托作为稳定股权，隔离风险的功能将得到充分发挥。

法律规定

《最高人民法院关于适用〈中华人民共和国民法典〉婚姻家庭编的解释(一)》

第二十六条　夫妻一方个人财产在婚后产生的收益，除孳息和自然增值外，应认定为夫妻共同财产。

第三十一条　民法典第一千零六十三条规定为夫妻一方的个人财产，不因婚姻关系的延续而转化为夫妻共同财产。但当事人另有约定的除外。

第七十二条　夫妻双方分割共同财产中的股票、债券、投资基金份额等有价证券以及未上市股份有限公司股份时，协商不成或者按市价分配有困难的，人民法院可以根据数量按比例分配。

---

[1] Special Purpose Vehicle，特殊目的载体。

律师提示

1. 为避免股东个人婚姻情况影响公司经营，可在公司章程内加入对非股东一方进入公司成为股东的限制条款。

2. 登记结婚前，企业家或高净值人士可就个人持有的公司股权财产及婚姻期间夫妻财产分配制度，与未来的配偶进行合理的约定，建议由专业的律师协助您起草相关法律文件。

3. 在婚姻关系存续期间，若公司需要增资扩股，建议增加的投资为持股一方的个人财产。

4. 可采用将股权注入信托的方式设立股权信托，稳定股权，隔离风险。

113

在未签订夫妻财产协议的情况下，高净值人群婚前个人资产要如何与婚内共同财产隔离？

案例

2015 年，刘女士与孙先生在深圳市罗湖区民政局登记结婚，婚后育有一女。婚前及婚后夫妻未签订过财产协议。2020 年开始，孙先生经常“玩失踪”，既不接电话也不回微信，动不动就消失十天半个月，刘女士主动找孙先生表示想知道原因，孙先生也不理会。夫妻感情越来越差，有一次吵架，孙先生动手殴打刘女士，心灰意冷的刘女士搬回娘家居住，夫妻二人开始分居。分居期间刘女士与孙先生通过微信协商离婚，对于离婚和女儿抚养权双方都没有太大争议，但是对于大额存单、理财产品和房产如何分割双方争议巨大。

刘女士一直经营网店，婚前名下就有800万元存款和一套深圳罗湖区的房产，孙先生是高校教师婚前也有些许积蓄。婚后一个月，刘女士以600万元价格卖掉了自己罗湖区的房产，又于2016年10月，以夫妻二人名义在南山区全款购买了一套145平方米，总价980万元的房产。

离婚时，刘女士名下有大额存单300万元，银行理财产品600万元，孙先生名下存款20余万元，丰田皇冠汽车一辆，以及登记在二人名下的南山区房产（市值1800万元）。孙先生主张刘女士名下的大额存单、银行理财产品和房产均属于夫妻共同财产，要求分割一半。刘女士认为大额存单和银行理财产品有800万元属于其婚前个人财产，南山区的房产有600万元是其个人婚前房产的售楼款，主张这部分房产及其对应的增值属于她婚前个人财产，因此不同意平均分割。

请问：在未签订夫妻财产协议的情况下，一方婚前个人资产或转换后的财产，另一方有权分割吗？

律师解答

根据《民法典》第1063条的规定，一方的婚前财产为夫妻一方的个人财产，而离婚时仅对夫妻共同财产进行分割，所以单纯从法律的角度来说，一方婚前个人财产另一方没有权利分割。但是现实中，像上述案例的情况，一方个人财产与婚后产生的财产发生了混同，那么此种情况下可能会被当作夫妻共同财产进行分割。

法院裁判

法院经审理认为，由于双方对争议款项的性质均未进行明确约定，相互支付的款项、各自的收入、对外的支出、业务经营等与双方共同生活开支及收入产生高度混同，刘女士没有提供证据证明其婚前房产600万元售房款用于婚后购买房产，对刘女士的主张不予支持。判决300万元大额存单，600万元银行理财产品归刘女士所有，刘女士支付孙先生折价款 450 万元；南山区房产归刘女士所有，刘女士向孙先生支付房屋折价款 738 万元。

律师评析

《民法典》第 1063 条规定了一方个人婚前的财产为其个人财产，《民法典》第 1062 条规定，婚姻关系存续期间所得的财产为夫妻共同财产，现实生活中，由于婚后疏于对个人资产的管理和隔离，导致婚前个人财产与婚后夫妻共同财产发生混同的情况比比皆是，当发生离婚事由时，若对方诚信讲理，双方好聚好散倒罢了，若是双方无法协议离婚，到了诉讼离婚时，一方主张婚前个人财产，是需要承担举证责任的，若无法提供有效证据证明确实属于婚前个人财产，法庭是不会支持个人财产主张的。做好婚前个人资产与婚内共同财产的管理与隔离才是理性与务实的。笔者建议如下：

1. 要识别清楚婚前个人财产与婚后共同财产的范围。根据《民法典》的规定，结婚时，一方婚前的财产属于婚前个人财产，婚姻关系存续期间取得的财产，包括夫妻双方的工资、奖金、劳务报酬、生产、经营、投资的收益等，属于夫妻共同财产。需要特别注意的是，个人婚后所得的工资和奖金，生产和投资收益都属于夫妻共同财产。

2. 做好婚前银行存款与婚后银行账户的隔离。建议结婚前将存款资产转至一个银行账户，然后在银行打印好银行存款余额，该银行账户即作为您个人婚前财产账户，注意该账户不要与婚后财产混同使用。婚后单独使用一个银行账户，用于婚后存款和消费。婚前的个人银行账户的资金可以保留不动，婚后家庭的日常收入与开支，都从婚后银行账户进出。这样做可以避免婚前存款与婚后的夫妻共同财产发生混同，保护您婚前个人存款。

3. 做好婚前存款类理财产品的管理，如大额存单、国债、企业债券类等。对于该类资产，管理的方法可参考上述银行存款的方法，需要注意的是不要转账至婚后财产账户，避免与婚内共同财产发生混同。

4. 一方婚前购买的房屋，属于一方婚前个人财产，如果在婚内出卖，则要对房屋的出售款做好管理，需要注意的是房屋出售款不要转账至婚后存款账户，建议由个人资产账户进行管理，避免与婚内共同财产发生混同。

法律规定

《中华人民共和国民法典》

第一千零六十二条 夫妻在婚姻关系存续期间所得的下列财产,为夫妻的共同财产,归夫妻共同所有:

(一)工资、奖金、劳务报酬;

(二)生产、经营、投资的收益;

(三)知识产权的收益;

(四)继承或者受赠的财产,但是本法第一千零六十三条第三项规定的除外;

(五)其他应当归共同所有的财产。

夫妻对共同财产,有平等的处理权。

第一千零六十三条 下列财产为夫妻一方的个人财产:

(一)一方的婚前财产;

(二)一方因受到人身损害获得的赔偿或者补偿;

(三)遗嘱或者赠与合同中确定只归一方的财产;

(四)一方专用的生活用品;

(五)其他应当归一方的财产。

律师提示

做好婚前个人财产与婚内共同财产的管理与隔离,笔者有如下建议:

1. 从认识上,识清婚前个人财产与婚后共同财产的范围。一方婚前的财产属于婚前个人财产,婚姻关系存续期间取得的财产,包括夫妻双方的工资、奖金、劳务报酬、生产、经营、投资的收益等,属于夫妻共同财产。

2. 做好婚前银行存款、理财产品等与婚后财产的隔离,避免婚前个人财产与婚内共同财产发生混同。

3. 一方婚前购买的房屋,属于一方婚前个人财产,如果在婚内出卖,则要对房屋的出售款做好管理,需要注意的是,房屋出售款不要转账至婚后存款账户,建议由个人资产账户进行管理,避免与婚内共同财产发生混同。

114

如何防范因子女个人问题，导致父母传承的财富受损？

案 例

老张是深圳本地人，有一个儿子小张。因为市政规划，他们家成了拆迁的对象，一夜之间，老张家就因拆迁，收获了六套房产和上千万元的补偿款。房子都在深圳的中心地段，价值不菲。老张勤勤恳恳一辈子，自己年纪大了，只有小张这么一个儿子，于是房产都登记在了小张名下。自小张坐实了拆二代的身份之后，便辞去了工作，开始潇洒地光顾赌场。然后，老张一家的噩梦就此拉开了序幕。小张迷恋上了赌博，而且赌瘾随着时间的推移，水涨船高，一发不可收拾，在赌场上豪情万丈，挥金如土，短短七年时间，小张就把一夜暴富得来的家产挥霍一空。

请问：父母如何防范因子女个人问题引发的财富传承受损的风险？

律师解答

根据法律规定和法律实务，父母安排财富传承，常用的方法包括生前赠与、遗嘱继承、大额保单、保险金信托、家族信托、财产协议等，以上各种方法都有各自的优缺点，需要结合您的实际情况选择运用，为了防范子女挥霍带来的父母财富传承受损的风险，可以综合使用上述传承方法。

律师评析

近年来,由于拆迁而突然取得大额财富的情况不少,同时财富来得容易去得快的案例在社会上也不少见。取得财富不容易,守好财富,顺利传承财富同样不容易。顺利将财富传承给下一代需要精心规划。顺利良好的财富传承,需要结合下一代对财富的掌控能力,甚至可以通过良好的财富传承规划来培养下一代对财富的掌控力。不考虑下一代自身情况,一股脑儿或者一下子让下一代突然拥有大额财富,往往存在财富丧失的风险。对于高净值人士财富传承规划,笔者有以下几点建议:

1. 如果传承对象是房子或商铺之类的不动产,为了避免下一代不当处置,培养下一代财富掌管能力,笔者建议可以采取父母和子女按份共同持有不动产所有权的方式,由父母保留小部分产权比例与子女共同持有不动产,这样做的好处是父母仍属于该套房屋所有权人,在没有父母的签字配合的情况下,子女则无法私自变卖房产,或将房产抵押贷款,从而保证传承资产的安全,将子女败家的可能性降到最低。在子女取得大部分的产权之后,可以将房产交由子女打理,在父母可控的情况下培养子女财富管控能力。

2. 如果传承对象是现金存款类资产,为了避免子女挥霍或防范子女债务风险,建议采用大额保单的方式传承。常见大额保单有以下类型:年金类大额保单、储蓄分红类大额保单、大额终身寿险保单等,其中年金类大额保单,被保险人为子女,子女生存期内可以定期获得定量保险金,从而有助于改善子女的生活质量,您可以结合实际情况和目的配置。

3. 如果传承对象是股权类资产,为了避免子女传承风险,建议采取用股权设立家族信托的方式进行传承。若不愿采取家族信托的方案,还可以通过分期传承股权的方案,在传承中培养子女的能力,如可以先通过转让的方式将少部分股权交给子女传承,教导子女管理公司,行使股东权利;时机成熟时还可以通过代持协议,将父母的部分股权交由子女代持,由子女行使股东权利、管理公司,父母提供指导和监督;再通过遗嘱的方式指定父母股权由子女个人继承,如此分步骤进行,以期在传承中培养子女的财富管理能力。

法律规定

《中华人民共和国公司法》

第七十五条　自然人股东死亡后，其合法继承人可以继承股东资格；但是，公司章程另有规定的除外。

《中华人民共和国民法典》

第一千一百二十三条　继承开始后，按照法定继承办理；有遗嘱的，按照遗嘱继承或者遗赠办理；有遗赠扶养协议的，按照协议办理。

第一千一百三十三条　自然人可以依照本法规定立遗嘱处分个人财产，并可以指定遗嘱执行人。

自然人可以立遗嘱将个人财产指定由法定继承人中的一人或者数人继承。

自然人可以立遗嘱将个人财产赠与国家、集体或者法定继承人以外的组织、个人。

自然人可以依法设立遗嘱信托。

律师提示

对于高净值人士财富传承规划，笔者有以下几点建议：

1. 若传承对象是房子或商铺之类的不动产，为了避免下一代不当处置以及培养下一代财富掌管能力，笔者建议可由父母和子女按份持有不动产。

2. 若传承对象为现金存款类资产，为避免子女挥霍或防范子女债务风险，建议采用大额保单的方式传承。

3. 若传承对象是股权类资产，为了避免子女传承风险，建议采取将股权设立家族信托的方式进行传承。若不愿采取家族信托的方案，还可以通过分期传承股权的方案，分步骤传承。

115

如何防范因子女婚姻风险，导致父母传承的财富受损？

案例

周先生年轻时辛辛苦苦做生意，一步一步苦心经营，曾经的小生意最后做成了一家颇具规模的上市公司。

周先生为人洁身自好，数十年来一心都在工作上。周先生和妻子有一个独生女儿，两年前，女儿从国外念完书回来，已经参加工作，周先生夫妻的财产陆续转至女儿名下。周先生女儿谈了个男朋友，现在准备结婚了。未来女婿在证券公司上班，一表人才，只是家境跟周先生家没法比。周先生两口子也想女儿找个门当户对的人家，可女儿死活不同意。为了女儿的终身幸福，周先生和太太也只能遂了女儿的心愿。

周先生膝下只有一个宝贝女儿，心里想着女儿、女婿白头到老，幸福美满，一辈子衣食无忧那就好了，可万一小两口婚姻不如意，要离婚，家产会不会被分走一半呢？周先生带着疑问找到专业的律师进行付费咨询。

请问：如何防范因子女婚姻风险，导致父母传承的财富受损？

律师解答

要理解子女婚姻关系变动导致财富传承风险，更要了解我国的夫妻财产制度，根据《民法典》第1062条第1款第4项的规定，在婚姻关系存续期间，继承或者受赠的财产为夫妻共同财产，遗嘱或者赠与合同中确定只归一方的财产除外。根据法律规定可知,一般情形下,如果父母没有明确的书面赠与协议,父母赠送给已婚子女的资产,按照法律规定应当属于夫妻共同财产。若父母未在遗嘱中明确表示遗产由子女个人继承,那么已婚子女继承到的父母遗产在法律上也会被认为是夫妻共同财产。

律师评析

子女婚嫁,成家立业,既是子女人生成长的里程碑,也是父母的幸福时刻。那么,如何避免因子女婚姻破裂对家族财富造成冲击呢?笔者建议根据实际情况,可以采取以下方式:

1. 在结婚登记之前,子女和未来的配偶签订婚前财产协议,提前清晰地约定婚后取得的各类财产权益归属。婚前财产协议,仅仅是指协议签订的时间在婚姻登记之前,并不是说协议涉及的财产必须得是婚前获得的财产。婚前财产协议可以规定如何分配婚后获得的财产,约定婚后一方父母赠与子女的财产属于一方个人财产,婚后获得的财产如股权、房屋产权属于一方个人财产,一方婚前财产在婚后的增值属于一方个人财产等。

2. 父母应当避免在子女婚姻关系存续期间,在没有书面约定的情况下直接赠与财产给子女,妥当的做法是:应当先与子女签订赠与合同,约定财产赠与子女个人,再办理财产转移手续。如此一来,赠与的财产也就不会成为夫妻共同财产了,在离婚时自然也就无须进行分割了,从而有效地为婚姻关系中一方的财产权益筑起了一道婚姻风险的“防火墙”,使其在遭受婚姻创伤的同时免于遭受财产损失。

3. 父母通过设立有效的遗嘱,明确表示父母遗产由自己子女个人继承,子女继承的遗产不作为其婚姻共同财产。如此安排,可以防止当子女出现婚姻变故时,父母的遗产作为子女夫妻共同财产被分割的风险。

4. 父母可以用房产、现金、股权等资产设立家族信托,将子女设为信托受益人,以期实现财富传承的目的。装入家族信托中的财产是独立于子女的财产,子女仅作为受益人,按照父母作为委托人设定的条件和方式,取得信托财产利益。即使子女发生婚姻变故,家族信托财产也能保持独立,而不被子女的配偶分割。

法律规定

《中华人民共和国民法典》

第一千零六十二条　夫妻在婚姻关系存续期间所得的下列财产，为夫妻的共同财产，归夫妻共同所有：

（一）工资、奖金、劳务报酬；

（二）生产、经营、投资的收益；

（三）知识产权的收益；

（四）继承或者受赠的财产，但是本法第一千零六十三条第三项规定的除外；

（五）其他应当归共同所有的财产。

夫妻对共同财产，有平等的处理权。

第一千零六十三条　下列财产为夫妻一方的个人财产：

（一）一方的婚前财产；

（二）一方因受到人身损害获得的赔偿或者补偿；

（三）遗嘱或者赠与合同中确定只归一方的财产；

（四）一方专用的生活用品；

（五）其他应当归一方的财产。

律师提示

如何避免因子女婚姻风险对家族财富造成冲击？笔者有以下几点建议：

1. 在子女结婚登记之前，便与未来的配偶签订婚前财产协议，提前清晰地约定子女婚前及婚后取得的各类财产权益归属。

2. 父母应当避免在子女婚姻期间，在没有书面约定的情况下直接赠与财产给子女，妥当的做法是：应当先与子女签订赠与合同，约定财产赠与子女个人所有，再办理财产转移手续。

3. 父母通过设立有效的遗嘱，明确表示父母遗产由自己子女个人继承，子女继承的遗产不作为其婚姻共同财产。

4. 父母还可以利用家族信托，将房产、现金、股权等资产装入家族信托中，并将子女设为信托受益人。

116

如何防止未成年子女的生活教育受到继承纠纷影响？

案例

何先生一共有两段婚姻，与第一任妻子郑女士育有一子小何；与第二任妻子杨女士结婚仅一年，就因重病去世，未生育子女。

何先生去世时，小何才8岁，在国内读国际学校，学费和生活费约每年40万元。第一任妻子没有工作，收入有限，所以小何的学费和生活费一直以来都依靠何先生支付。

何先生生前自书了一份遗嘱，把公司股权、房屋、银行存款和车辆均留给小何继承，没有给妻子杨女士。

杨女士心生不满，拒不提供何先生死亡证明，拒不承认遗嘱，藏匿所有银行卡、霸占车辆和住房拒不移交，并认为公司股权等收益属于夫妻共同财产，其有相应份额，无奈之下小何向人民法院提起诉讼。

由于何先生遗产种类多、资产大、分歧大，继承纠纷诉讼持续两年都未能了结。

诉讼期间，何先生的遗产和账户均处于冻结状态，小何的学费和生活费无着落，监护人只能依靠借债支付高额的学习生活费用，就连诉讼费和律师费同样是举债支付。

请问：要如何防止因为继承纠纷，导致未成年子女的生活教育受到影响呢？

律师解答

发生继承纠纷,如果各方当事人能协商处理倒还好,如果无法协商,进入诉讼中,法院只有查明被继承人遗留的遗产,查明遗嘱是否有效,确定继承人范围以及遗产分割方式等后,才能依法作出判决。一审法院作出判决后,不服判决的继承人往往还会提起上诉,案件还要进入二审诉讼程序。因此,通过诉讼解决继承纠纷往往需要比较长的时间,特别是复杂的继承纠纷,诉讼持续的时间会更长。为了缓解继承人中未成年人的经济困难,他们的诉讼代理人向人民法院申请了先予执行部分存款,由于被继承人银行账户中存款也只能支持小何的部分学习生活费用,所以他们的经济困难未能得到根本解决。

律师评析

从上述案例可以清晰看出,发生继承纠纷时,未成年子女面临的风险更多,他们很可能会因为一场旷日持久的"争遗产大战",而影响正常的学习和生活。失去亲人对年幼的他们来说本就是一场巨大的打击,而因为继承纠纷导致经济困境,无法像往常一样学习生活,对他们更是一种伤害。因此,在做财富传承规划时,对于未成年子女,笔者建议多做一些特殊安排,来保护他们的利益,可以采取以下方案:

1. 在做财富传承安排如订立遗嘱、设立遗嘱执行人时,尽量将容易办理继承手续和变现的财产如房产和存款留给生存能力较弱的继承人,这样便于他们快速获得财产及获得财产后可以尽快变现,保证基本的生活;同时将股权等财产留给工作能力更强的继承人,让他们可以继续将公司发扬光大。

2. 做好保险的安排,可以以投保人为被保险人,未成年子女为受益人,购买大额保单。当发生保险事故时,根据法律规定,保险金并不属于投保人的遗产,保险公司会直接将保险金赔付给未成年子女一方。如此安排,即便日后发生继承纠纷,未成年子女也有足够的资金用于学习和生活,支付诉讼相关费用,避免出现上述案例中的窘境。

3. 通过设立家族信托或保险金信托,保障未成年子女长远利益。家族信托前述已经讲到,此处不再赘述。什么是保险金信托呢?其实就是保单和信托相结合的一个金融产品,它一般是这样操作的,父母作为委托人自行投保并将其持有的人寿保险或年金保险的保单受益权或保险金作为信托财产委托给信托公司设立信托,经过被保险人同意，再将信托公司变更为保单受益人。当保单约定的赔付条件达到后，保险公司将保险金赔付给信托公司。信托公司作为受托人，按照信托合同中的约定，管理和运用信托财产，将信托财产及收益，按照委托人的意愿逐步交付给委托人的子女。保险金信托中的财产不属于委托人的遗产，信托公司按照委托人的约定管理和分配信托财产，可以很好地保护未成年子女的利益。

法律规定

《中华人民共和国民法典》

第二十九条　被监护人的父母担任监护人的，可以通过遗嘱指定监护人。

《中华人民共和国民事诉讼法》

第一百零九条　人民法院对下列案件，根据当事人的申请，可以裁定先予执行：

（一）追索赡养费、扶养费、抚养费、抚恤金、医疗费用的；

（二）追索劳动报酬的；

（三）因情况紧急需要先予执行的。

《最高人民法院关于适用〈中华人民共和国民事诉讼法〉的解释》

第一百六十九条　民事诉讼法规定的先予执行，人民法院应当在受理案件后终审判决作出前采取。先予执行应当限于当事人诉讼请求的范围，并以当事人的生活、生产经营的急需为限。

第一百七十条　民事诉讼法第一百零九条第三项规定的情况紧急，包括：

（一）需要立即停止侵害、排除妨碍的；

（二）需要立即制止某项行为的；

（三）追索恢复生产、经营急需的保险理赔费的；

（四）需要立即返还社会保险金、社会救助资金的；

（五）不立即返还款项，将严重影响权利人生活和生产经营的。

律师提示

在做财富传承规划时，对于未成年子女，笔者建议做一些特殊安排，来保护他们的权益，可以采取以下方案：

1. 订立遗嘱，建议设立有能力的遗嘱执行人，并将容易办理继承手续和变现的财产，如房产、存款留给生存能力较弱的继承人。

2. 提前做好保险的安排，可以投保人为被保险人，未成年子女为受益人，购买大额保单。

3. 通过设立家族信托或保险金信托，保障未成年子女长远利益。

117

如何防止因未成年子女未来监护人的过错而致财富传承受损？

案 例

接前一个案例。在打继承官司过程中，小何的母亲郑女士因车祸去世。小何的爷爷奶奶早于何先生去世，因此小何的外公外婆和杨女士（以继母身份）因小何的监护权发生纠纷并诉诸法院，经过审理，法院指定小何的外公外婆作为小何的监护人。

小何与外公外婆和舅舅一家共同生活。外公外婆只有舅舅一个儿子，他没有正式工作，平时喜欢赌点小钱。外公外婆成了监护人之后，他们作为小何的代理人参加继承诉讼，加入“争遗产大战”。在分割遗产之后，外公外婆作为小何监护人代小何管理继承的房屋、车辆和银行存款。

外公外婆年迈，唯一的儿子又没有独立的经济能力，他们是否会侵吞小何的财产，是否会将部分财产偷偷转至自己的儿子名下，或在儿子欠赌债时挪用财产还债呢，均是未知数！

请问：想将资产传承给未成年子女，要如何设置保障措施，让未成年子女成年后有效传承？

律师解答

上述案例，何先生生前除了一份自书遗嘱，没有做任何财富保障和传承安排，也没有给未成年子女提前做任何财富保护安排。小何外公外婆取得了小何的监护权。由于小何才8岁，不具备完全民事行为能力，他继承的遗产实际上最后都会由他的外公外婆掌管。等过若干年，小何成年后，该份遗产还能剩多少，真是未知数。何先生肯定是希望，如果自己有意外，他的财富留给自己的血亲后代，让子女一生衣食无忧。但是，无论何先生给孩子留多少财富，他一旦离世，孩子的所有财产必然由另一位监护人全部代管，这无疑隐藏着巨大的风险。

律师评析

上述案例中，何先生在健康时把全部的心思都用在经营企业和创造财富上，等到患病了，又忙于医院治疗，没有足够的精力和时间做财富传承规划，只能在仓促中自书遗嘱一份，而该份遗嘱存在漏洞，即便小何继承到遗产，也很可能会因为监护人的失职而致遗产灭失，这肯定不是何先生愿意看到的。那么针对这样的情况，高净值人士家庭成员中若有尚未成年的子女，应该如何为他们设置保障措施，以便父母的财富在他们成年后得到有效传承呢？为此，笔者为您提供以下工具，请结合实际情况灵活参考使用。

1.父母通过设立有效的遗嘱，为未成年子女指定合适的监护人。根据法律规定，父母作为监护人的，可以通过遗嘱指定监护人，父母在精力充沛的时候精心挑选最为信赖的人作为子女的监护人，以期最大限度保护子女利益。如果父母没有遗留有效的遗嘱，为未成年子女指定信赖的人做监护人，那么将按照法律规定的顺序确定未成年子女的监护人。像本案例中小何的情况，在父母、爷爷奶奶去世后，根据《民法典》第27条的规定，有监护权的人为他的外公外婆，虽然这个结果可能不利于保护小何的财产利益，但因为何先生生前没有通过遗嘱为小何指定监护人，所以也只能如此了。另外，需要注意的是，必须是合法有效的遗嘱才能指定监护人，遗嘱必须按照法律的规定制作，才能发生法律效力，因此建议在设立遗嘱之前咨询专业的家事律师，协助完成遗嘱设立的工作。

2. 通过购买大额保险及设立家族信托或保险金信托的方式来规避监护人损害未成年人财产利益的情况，将打算传承给未成年子女的财富交到专业的信托机构管理。

目前我国拥有金融牌照的信托机构有60多家，他们都受国家金融监督管理总局(原中国银行保险监督管理委员会)的严格监管。

(1)根据法律规定，家族信托业务设立的标准为1000万元以上，以家庭财富的保护、传承和管理为主要目的，提供财产规划、风险隔离、资产配置、子女教育、家族治理、公益慈善事业等定制化事务管理和金融服务。值得一提的是，我国的家族信托，兼具信托隔离风险、财富传承及保值增值的作用，信托机构可以按照委托人的约定，一般可将信托财产投资于银行同业存款、标准化债权类资产、上市交易股票为最终投资标的的信托计划、银行理财产品以及其他公募资产管理产品。当然，具体投资对象由委托人通过信托协议设定。

父母通过与信托机构签订家族信托协议，指定未成年子女为信托受益人，设定领取信托利益的条件、时间、金额，以及设定子女成年、条件成熟后终止信托，支付全部信托利益的条款。

(2)保险金信托可以这样操作，以何先生为例，何先生生前可以自己作为投保人、自己作为被保险人投保一份终身寿险，这份终身寿险的身故受益人为信托公司；同时，何先生作为信托委托人，与信托公司签订信托协议，何先生一旦身故，身故受益金作为信托财产进入信托公司，由信托公司打理这笔资产，并按照何先生和信托公司签订的信托协议的约定，将信托财产分期、分批交给受益人，而且可以结合何先生情况设置个性化条件，比如，在子女成年之前，按期领取的数额少一些；待子女成年后，领取的金额逐步增加，这样可以很好地防范子女的财产被监护人侵害，达到财富有效传承的目的。

法律规定

《中华人民共和国民法典》

第二十七条　父母是未成年子女的监护人。

未成年人的父母已经死亡或者没有监护能力的，由下列有监护能力的人按顺序担任监护人：

（一）祖父母、外祖父母；

（二）兄、姐；

（三）其他愿意担任监护人的个人或者组织，但是须经未成年人住所地的居民委员会、村民委员会或者民政部门同意。

第二十九条　被监护人的父母担任监护人的，可以通过遗嘱指定监护人。

律师提示

为防止因未成年子女未来的监护人过错，而致传承财富损失，笔者有如下方案，请结合实际情况灵活参考使用。

1. 父母通过设立有效的遗嘱，为未成年子女指定合适的监护人，排除其他不适合承担监护职责的人。设立遗嘱之前，建议务必咨询专业的家事律师，协助妥善完成相关工作。

2. 通过购买大额保险及设立家族信托或保险金信托的方式来规避监护人损害未成年人财产利益的情况。

第十一章

跨境婚姻家事

118

如何认定涉外婚姻家事案件中的“涉外因素”?

案例

原告汤某与被告陈某经人介绍相识恋爱,2003 年 7 月 9 日在湖南办理结婚登记。婚后不久,陈某即赴美国定居。2008 年 10 月,汤某赴美国团聚,在此期间因生活琐事等产生矛盾,2014 年 7 月汤某回国。汤某以双方感情已彻底破裂,无法继续共同生活为由,诉至法院请求离婚,依法分割夫妻共同财产。法院于 2016 年作出判决。

请问:离婚双方均为中国公民,所涉财产均位于中国,一方常居国外,是否为涉外离婚案件?

律师解答

一方经常居住地在国外的,属于涉外案件。

法院裁判

本案被告陈某的经常居住地在美国,故本案民事关系应属涉外民事关系,根据《涉外民事关系法律适用法》的规定,确定法律适用。

律师评析

1. 虽然本案当事人双方都属于中国人,但是根据《最高人民法院关于适用〈中华人民共和国涉外民事关系法律适用法〉若干问题的解释(一)》第1条的规定,一方经常居住地在国外的,也认定为涉外案件。

2. 婚姻家事案件是否具有涉外因素,主要看以下几个方面:当事人身份是否涉外(外国人、无国籍人或者中国港澳台居民,或常居境外)、财产是否在境外(如涉及在美国的存款、信托、房产等)、法律行为等法律事实是否发生在境外(如在国外登记结婚或办教堂婚礼)或者可以认定为涉外民事关系的其他情形。

3. 随着人口国际流动、资产的全球配置、民商事交流增多,婚姻家事案件的"新型涉外因素"会不断涌现,假设两位中国人,孩子在国外出生并获得外国籍,涉及抚养权纠纷的离婚案件应当属于涉外案件。

4. 涉香港特别行政区、澳门特别行政区和我国台湾地区的婚姻家事案件,参照涉外民事诉讼程序的特别规定办理。

5. 我国部分城市对涉外婚姻家事案件实行集中管辖,比如广东省深圳市,经最高人民法院批复同意,指定深圳市龙华区人民法院集中管辖深圳市第一审涉外涉港澳台家事案件,该院专门设立"深圳涉外涉港澳台家事审判中心"。

法律规定

《最高人民法院关于适用〈中华人民共和国民事诉讼法〉的解释》

第五百二十条　有下列情形之一,人民法院可以认定为涉外民事案件:

(一)当事人一方或者双方是外国人、无国籍人、外国企业或者组织的;

(二)当事人一方或者双方的经常居所地在中华人民共和国领域外的;

(三)标的物在中华人民共和国领域外的;

(四)产生、变更或者消灭民事关系的法律事实发生在中华人民共和国领域外的;

(五)可以认定为涉外民事案件的其他情形。

第五百四十九条　人民法院审理涉及香港、澳门特别行政区和台湾地区的民事诉讼案件,可以参照适用涉外民事诉讼程序的特别规定。

《最高人民法院关于适用〈中华人民共和国涉外民事关系法律适用法〉若干问题的解释(一)》

第十七条　涉及香港特别行政区、澳门特别行政区的民事关系的法律适用问题,参照适用本规定。

律师提示

1. 判断某个案件是否涉外非常重要，关系到准据法是否为中国法律、婚后财产是否属于夫妻共同财产等关键问题。所以应当首先识别该案件是否为涉外案件，再对实体问题进行分析。

2. 总结来说，主体涉外、法律事实涉外、标的物（财产）涉外的，均属于涉外案件。

119

一方常居国外，如何办理离婚？

案例

张先生与李女士于2006年在上海结婚，婚后两人商量移民加拿大，李女士先去了加拿大，与女儿常居加拿大。张先生还在上海，因两地分居感情变淡，张先生向上海市宝山区人民法院提起离婚诉讼。要求解除婚姻关系、处理抚养权和分割共同财产。

诉争的财产有：（1）登记在双方名下的上海房产（张先生父母支付的首付款，夫妻婚后共同还贷，离婚时尚有贷款）；（2）共同购买的加拿大房产（离婚时尚有贷款）；（3）登记在李女士名下的上海的汽车；（4）登记在李女士名下的加拿大的汽车；（5）为了投资移民在加拿大设立的公司的股权；（6）为了投资移民成立的加拿大银行的押金账户内余款；（7）李女士在加拿大开销的债务。

请问：一方常居国外，如何办理离婚？

律师解答

一方常居国外,有可能是外国籍,或在外国工作学习生活但还没有入外籍。如果需要离婚,根据不同的实际情况,有双方协议离婚、在国内诉讼离婚、在国外离婚等几种方式。

1. 协议离婚,在我国驻所在国使领馆办理离婚证。如果双方均是中国公民,且之前结婚是在使领馆办理的,那么如能协商离婚,可以去使领馆办理离婚证。

协议离婚前提是男女双方协商一致,关于离婚本身、财产分割、子女抚养等问题都达成了一致意见,形成了离婚协议书。

向使领馆申请离婚后,也需要经过我国法律规定的 30 天的离婚冷静期,冷静期满之后双方当事人再前往使领馆办理离婚证。

在使领馆办理离婚的前提条件是:驻在国承认外国驻该国使领馆办理的离婚登记(有的国家规定,离婚必须经过法院、家事法庭,并非行政机构办理)。本案不属于此种情形。

2. 如果双方之前是在国内民政局办理结婚证,则可以在民政局办理离婚。本案不属于此种情形。

3. 在国内诉讼离婚。因张先生与李女士对财产分割有争议,故应采用在国内诉讼离婚的方式。

法院裁判

解除婚姻关系;孩子因前期跟着李女士在加拿大生活,则由李女士抚养;关于财产的处理:(1)上海房产归张先生,由张先生给李女士补偿款;(2)加拿大房产归李女士,由李女士给张先生补偿款;(3)上海的汽车归张先生,张先生给李女士该车价值一半的补偿款;(4)加拿大的汽车归李女士,李女士给张先生该车价值一半的补偿款;(5)加拿大公司股权,“因公司注册地为加拿大,注册、经营等相关情况无法查核,本案暂不处理”;(6)加拿大银行账户内保证金余款,“该款系原被告投资移民的押金,已非原被告所能自由支配的财产权,本案不宜处理”;(7)李女士主张的在加拿大的债务,张先生不予认可,法院认为涉及案外人权某,本案不予处理。

律师评析

在国外诉讼离婚，首先，须查明该外国法律是否规定这类案件可以由其法院管辖；其次，在该外国，其实行夫妻共同财产制，还是分别财产制，抑或婚前婚后财产混合等，需要查明其婚姻法律；此外，在国外诉讼，必定先衡量各种成本大小。

但如果全部或者大部分的夫妻财产在国外，且需要国外的相关机构配合办理分割过户手续，而如果我国法院的离婚判决中关于财产分割的部分，在该外国得不到承认和执行，那么须考虑在该外国进行离婚诉讼。

另外，值得注意的是，有的地区如美国的部分州，认可将离婚和财产分割纳入仲裁程序，仲裁与诉讼同样被法律认可。

法律规定

《最高人民法院关于适用〈中华人民共和国民事诉讼法〉的解释》

第十五条　中国公民一方居住在国外，一方居住在国内，不论哪一方向人民法院提起离婚诉讼，国内一方住所地人民法院都有权管辖。国外一方在居住国法院起诉，国内一方向人民法院起诉的，受诉人民法院有权管辖。

律师提示

1. 一方在国外，如何离婚，需要结合实际情形，以及法律规定进行办理，建议读者就自己的情况进行咨询、确定。

2. 由上述案例可见，如果一方在国内，另一方常居国外，则可以在国内起诉离婚。管辖法院为国内一方住所地的基层法院，如果住所地与经常居住地不一致，则由经常居住地的基层法院管辖。

3. 如果按照上述几种方式之一办理了离婚，但在国内还疑似有共同财产未进行分割，则可以在国内提起“离婚后财产纠纷”的诉讼，按照《涉外民事关系法律适用法》的冲突规范指引，判断是适用中国法律还是外国法律，进而判断财产属于个人财产还是夫妻共同财产。

120

跨境离婚诉讼,应适用哪个地区法律?

案例

谭先生和吴女士均是香港特别行政区居民,结婚已40多年,育有两个儿子,谭先生怀疑其中一个儿子不是其亲生的,欲离婚,后被劝说未离。近来谭先生有自己的私生子,夫妻两人有了矛盾,谭先生欲早日离婚解决,遂起诉至广东省开平市人民法院。吴女士不同意离婚,称夫妻感情没有破裂,并提交了谭先生早前所称的其中那个儿子与谭先生具有亲子关系的鉴定报告。

请问:本案双方均为香港特别行政区居民,其离婚诉讼应当适用内地法律,还是香港特区法律?

律师解答

根据2011年实施的《涉外民事关系法律适用法》的规定,离婚诉讼适用法院地法,即内地法律审理。

法院裁判

适用法院地法,即内地法律审理。

律师评析

1. 本案因当事人为香港特别行政区居民,根据《最高人民法院关于适用〈中华人民共和国涉外民事关系法律适用法〉若干问题的解释(一)》第17条的规定,本案可参照涉外案件处理。《涉外民事关系法律适用法》第27条规定:"诉讼离婚,适用法院地法律。"本案法院为广东省开平市人民法院,因此适用内地法律。

2. 本案离婚纠纷,首先要处理是否能够达到判决离婚的标准,作出判断的法律依据为当时的《婚姻法》第32条(现《民法典》第1079条),即根据内地相关婚姻法律的规定来判断夫妻感情是否已经破裂。

3. 本案一审和二审法院均认为双方自愿登记结婚,至今婚姻关系已存续了40多年,共同养育儿子,共同尽力维系家庭正常运转,虽然双方近年来曾有争吵及不睦,但上述冲突尚未达到感情破裂的程度,只要双方本着互谅互让、相互关心、相互包容的态度,审视各自的不足并积极改正,是能有效消除上述事由及使双方的夫妻关系得到改善的。因此,法院未准予离婚。既然不准予离婚,就不涉及后续夫妻财产分割事宜。

法律规定

《中华人民共和国涉外民事关系法律适用法》

第二十七条　诉讼离婚,适用法院地法律。

《最高人民法院关于适用〈中华人民共和国涉外民事关系法律适用法〉若干问题的解释(一)》

第十七条　涉及香港特别行政区、澳门特别行政区的民事关系的法律适用问题,参照适用本规定。

律师提示

关于离婚的条件、夫妻财产分配原则、婚姻过错方损害赔偿、子女抚养权以及抚养费标准,离婚后原配偶是否有扶养义务等,不同国家和地区的法律可能有所不同,因此如果诉讼离婚,在两个或多个国家(地区)的法院均有管辖权的情况下,需要对不同的法律进行比较分析,再选择在更为有利的国家(地区)诉讼。

121

跨境离婚，婚内产生的财产（债务）一定属于夫妻共同财产（债务）吗？

案例

胡女士和江先生均为香港人，原告胡女士常居香港，被告江先生在上海居住。原告胡女士向上海市徐汇区人民法院起诉江先生离婚后财产纠纷，要求分割江先生名下位于上海的房产和车位以及银行存款。房产和车位等均为结婚后购置，但是内地和香港特区关于夫妻财产制度的规定有差别，对于是否属于共同财产双方有争议。原告胡女士主张应当适用内地法律，被告江先生主张应当适用香港特区法律认定是否属于夫妻共同财产。

请问：对于婚后购买的位于内地的房产和车位等，是否属于夫妻共同财产的问题，应当适用内地法律，还是香港特区法律规定？

律师解答

根据《涉外民事关系法律适用法》的规定，夫妻财产关系，首先看夫妻双方是否有约定适用的法律；如果没有约定，则适用夫妻双方共同经常居住地法，本案妻子常居香港，丈夫住上海，因此没有共同经常居住地，则适用共同国籍国[1]法，因此本案

[1] 香港、澳门、台湾均属于中国的一部分，但是根据《涉外民事关系法律适用法》《民事诉讼法》《最高人民法院关于适用〈中华人民共和国涉外民事关系法律适用法〉若干问题的解释（一）》《最高人民法院关于适用〈中华人民共和国民事诉讼法〉的解释》等精神，涉港案件参照涉外案件办理，国籍国法在本案中指当事人所在区域法即香港法。审判实践中，如2020年北京市第一中级人民法院（2020）京01民申298号再审审查与审判监督民事裁定等案例中，也认定香港居民的国籍国法为香港特区法律。

夫妻财产关系适用香港特区有关规定。

法院裁判

本案适用《涉外民事关系法律适用法》第 24 条、《最高人民法院关于适用〈中华人民共和国涉外民事关系法律适用法〉若干问题的解释(一)》第 17 条、《最高人民法院关于适用〈中华人民共和国民事诉讼法〉的解释》第 549 条等的规定,即适用香港特区法律规定。根据香港特区法律,婚后购买的房产和车位属于江先生的个人财产,并不属于夫妻共同财产。

律师评析

1. 财产范围:对于哪些财产属于夫妻共同财产,哪些财产属于夫妻共同债务,不同国家和地区规定可能不同,比如依照中国法律,某笔债务属于夫妻共同债务,但依照美国某州法律,该债务可能属于丈夫或妻子的个人债务。

2. 法律规定:涉外婚姻案件中,判定夫妻财产关系,系根据《涉外民事关系法律适用法》第 24 条规定:“夫妻财产关系,当事人可以协议选择适用一方当事人经常居所地法律、国籍国法律或者主要财产所在地法律。当事人没有选择的,适用共同经常居所地法律;没有共同经常居所地的,适用共同国籍国法律。”上述案例中,当事人双方均未协议选择适用的法律,且没有共同经常居住地,最后适用各自“国籍国法”,即适用香港特区法律。

3. 审判实践极其矛盾:经查,离婚后财产纠纷中的夫妻财产分割,以及对外的夫妻债务责任,法院普遍适用《涉外民事关系法律适用法》第 24 条来选择夫妻财产关系适用的法律;但是对于离婚案件中的夫妻财产分割,法院(包括笔者亲自办理的涉外离婚案件)仍根据《涉外民事关系法律适用法》第 27 条“诉讼离婚,适用法院地法律”来确定夫妻财产分割的准据法,即适用法院地法律。这会导致一个重大矛盾:同一对境外居民(相同国籍)在内地法院进行夫妻财产分割,如果放在离婚案件中对财产进行处理,将适用法院地法即内地法律;但如果放在离婚后财产纠纷案件中处理,将可能适用其国籍国法律处理。但是不同国家(地区)的夫妻财产制度也许完全不同,因此裁判结果可能大相径庭。

4. 主流观点认为:《涉外民事关系法律适用法》第 27 条规定:诉讼离婚,适用法院地法律。根据该条规定的立法精神,其主要是指导在诉讼离婚的情形下,决定是否判决离婚这一问题,应适用法院地法。离婚诉讼中,关于财产分割如果当事人根据《涉外民事关系法律适用法》第24条有约定适用的法律,则可以不适用法院法。

5. 我国夫妻财产关系采取单一制而非分割制,关于涉外夫妻财产分割中涉及不动产的争议时,应当适用《涉外民事关系法律适用法》第24条确定夫妻财产关系的准据法,而不是根据《涉外民事关系法律适用法》第36条不动产物权适用不动产所在地法。这也是我国大部分法院处理类似案件时会作出的选择。

法律规定

《中华人民共和国涉外民事关系法律适用法》

第二条　涉外民事关系适用的法律,依照本法确定。其他法律对涉外民事关系法律适用另有特别规定的,依照其规定。

本法和其他法律对涉外民事关系法律适用没有规定的,适用与该涉外民事关系有最密切联系的法律。

第八条　涉外民事关系的定性,适用法院地法律。

第二十四条　夫妻财产关系,当事人可以协议选择适用一方当事人经常居所地法律、国籍国法律或者主要财产所在地法律。当事人没有选择的,适用共同经常居所地法律;没有共同经常居所地的,适用共同国籍国法律。

第二十七条　诉讼离婚,适用法院地法律。

第三十六条　不动产物权,适用不动产所在地法律。

《最高人民法院关于适用〈中华人民共和国涉外民事关系法律适用法〉若干问题的解释(一)》

第十七条　涉及香港特别行政区、澳门特别行政区的民事关系的法律适用问题,参照适用本规定。

《最高人民法院关于适用〈中华人民共和国民事诉讼法〉的解释》

第五百四十九条　人民法院审理涉及香港、澳门特别行政区和台湾地区的民事诉讼案件,可以参照适用涉外民事诉讼程序的特别规定。

律师提示

1. 离婚案件中,选择哪里诉讼,很有可能影响争议的财产和债务是否属于夫妻共同财产(共同债务),所以选择哪里诉讼和适用哪个国家(地区)法律的审理,对案件非常关键。

2. 涉外夫妻财产关系准据法问题,对于普通民众,甚至法律专业人士来说,还是一个陌生的领域,但是现实生活、生产、交易中,又是会经常遇到(不管当事人是否有意识)。很多跨境夫妻,理所当然地将中国的婚姻法律适用于自己的婚姻关系,结果就像本案中的胡女士,因为没有提前做好婚姻财产规划,最后落得人财两空。需要注意的是,法律不保护躺在权利上睡觉的人。

122

离婚诉讼分割境外房产,法院如何处理?

案例 1

林某和钟某原系夫妻,均住江西省赣州市章贡区,林某以离婚后财产纠纷为由起诉钟某,经法院释明后仍要求对离婚时未分割的国内财产和位于加拿大的房产一并处理,赣州市章贡区人民法院认为双方未协议选择适用法律以及法院没有管辖权,裁定驳回林某的全部诉讼请求。

案例 2

爱新觉罗某与邹某均为中国籍,爱新觉罗某向辽宁省沈阳市皇姑区人民法院起诉离婚，要求分割的财产中包括国内财产和位于日本的房产，法院经审理后认为讼争的位于日本的房产因在日本国境内，法院无法核实财产的具体情况和价值，故在本案中法院不予一并审理。法院遂对解除婚姻关系、孩子抚养和国内的财产予以处理，驳回了对境外房产的分割诉求。

案例 3

王某与佟某为中国籍夫妻，王某常住美国，佟某常住北京。王某以离婚纠纷为由起诉佟某，就当事人主张分割位于北京和位于美国的房产，王某以美国财产在美国，应适用美国的法律进行处理，经法院释明后，仍拒绝向法院提供上述财产的具体情况。法院认为，王某与佟某在北京登记结婚，佟某在北京居住，双方有共同财产在北京，王某虽长期在美国生活，但其在我国法院提起离婚诉讼，故因离婚案件而引起的法律纠纷，适用我国法律。遂判决北京房产归佟某，美国房产归王某。

律师解答

案例 1 和案例 2 为法院不予处理的案例，而案例 3 则为法院予以处理的案例。

从上述案例情况可见，对于境外房产的处理，不同法院可能会有不同的观点和判决结果。有的法院对于境外房产予以分割处理，有的法院不予以处理，所以目前司法实践中的标准也并不统一。值得注意的是，双方当事人可以尝试对境外房产自愿达成调解，如果与法律不悖，法院一般会予以认可。

律师评析

从法律层面讲，法院应该处理境外房产。首先，在分割夫妻共同财产问题上，我国法律并未对夫妻共同财产作出境内、境外的区分，且未禁止法院分割境外的夫妻共同财产，私法层面，法无禁止即自由；其次，离婚财产分割问题中采取的是单一制，即并未区分动产和不动产；再次，《涉外民事关系法律适用法》第 36 条规定在第五章“物权”项下，并非在第三章“婚姻家庭”项下，不应该适用于婚姻家庭案件；最后，当财产关系依附于夫妻人身关系存在时，将夫妻之间的不动产权属纠纷归于夫妻财产关系更具有针对性，便于更好地解决夫妻财产纠纷。因此，笔者认为，国内法院应该受理并根据我国法律来分割境外置业，所以理论上法院是依法可以分割夫妻间境外房产的。

那么，为什么目前法院处理态度和标准不一，笔者认为主要障碍和努力的方向在这四个方面：管辖权问题、法律适用问题、有关分割境外房产的离婚判决在境外的承认与执行问题、境外房产权属和价值情况核实问题。

1. 对于夫妻的境外房产，我国法院是否有管辖权，大部分法院认为有管辖权，少部分法院认为没有管辖权；

2. 对国际私法冲突规范、法律适用规则不熟悉，导致有些法院在处理境外房产时会出现错误，出于谨慎考虑不愿处理；

3. 我国房产分割的离婚判决是否能够得到其他国家或地区的承认和执行具有不确定性，因此分割的话，一般判归房产原来登记的所有权人居多；

4. 无法查明境外房产的权属情况、房产价值等，确实给我国法院带来难题，因此建议当事人：(1)保留好相关的凭证，如购房合同、所有权证书、支付凭证等；(2)为避免所有权不明确，建议夫妻之间对于境外财产签署协议并办理相关的手续；(3)为避免法律适用问题，建议双方可以约定因境外财产产生争议时适用的法律；(4)委托专业律师，对资产配置进行筹划，降低婚变风险。

法律规定

《中华人民共和国涉外民事关系法律适用法》

第二十四条　夫妻财产关系，当事人可以协议选择适用一方当事人经常居所地法律、国籍国法律或者主要财产所在地法律。当事人没有选择的，适用共同经常居所地法律；没有共同经常居所地的，适用共同国籍国法律。

第二十七条　诉讼离婚，适用法院地法律。

第三十六条　不动产物权，适用不动产所在地法律。

律师提示

1. 在中国法院离婚,要求分割境外房产,理论上法院应当处理。但现实中,会遇到上述四种障碍。主张处理的一方,可以尽可能多举证,把障碍化小,促进法院进行处理分割。

2. 对于境外房产以及其他财产,还有一种处理思路是双方达成协议,法院也会考虑采纳当事人的调解方案。

123

涉外抚养权纠纷,应当适用中国法还是外国法?

案例 1

(离婚后处理抚养权)

原告张女士,美国国籍,常居美国;被告楚先生,中国国籍,常住北京市朝阳区。张女士与楚先生已离婚,但离婚时未就孩子抚养问题进行处理。二人婚生女美国国籍,常居美国。张女士向北京市朝阳区人民法院起诉要求将孩子判归张女士抚养,楚先生每月支付2400元抚养费。

请问:法院应当依据中国法律还是美国法律判决抚养权归属以及抚养费标准?

律师解答

《涉外民事关系法律适用法》第25条规定:“父母子女人身、财产关系,适用共同经常居所地法律;没有共同经常居所地的,适用一方当事人经常居所地法律或者国籍国法律中有利于保护弱者权益的法律。”本案当事人没有共同经常居住地,因此可以适用一方经常居住地(中国或美国),或者国籍国法律中有利于保护弱者权益的法律。所以本案既可以适用中国法律,也可以适用美国法律。

法院裁判

张女士系外国人,本案可认定为涉外民事案件。根据《涉外民事关系法律适用法》第25条、第27条的规定以及庭审双方陈述,本案适用中华人民共和国法律审理。

案例 2

(离婚时处理抚养权)

原告曾先生以离婚纠纷为由起诉被告L女士,同时要求法院判决婚生子由原告曾先生抚养,被告L女士每月支付抚养费1800元。原告为中国国籍,被告为美国国籍。

律师解答

《涉外民事关系法律适用法》第27条规定,“诉讼离婚,适用法院地法律”,本案孩子抚养权也适用法院地法即中国法律。

法院裁判

根据《涉外民事关系法律适用法》第27条的规定,离婚案件(含其中的抚养权纠纷)应适用中华人民共和国法律作为解决纠纷的准据法,遂判决原被告离婚;而孩子出生后一直由被告L女士抚养,遂判决孩子归被告L女士抚养,原告每月支付抚养费。

律师评析

1. 抚养权纠纷,一般在离婚诉讼中一并提出,或者离婚后单独提出,中国法院按照相关规定确定是否受理,但中国法院受理以后,并不代表一定适用中国法律来审理。

2. 案例 1 中,张女士美国籍,住美国;楚先生中国籍,住中国,因此若根据"一方当事人经常居住地法律",那么案例 1 适用美国法或适用中国法均可,均无不当。

3. 根据我国《涉外民事关系法律适用法》,案例 1 抚养权纠纷,也允许适用"一方当事人国籍国法律中有利于保护弱者权益的法律",即案例 1 也可以在美国法律和中国法律中,选择更有利于保护弱者(如保护未成年子女)权益的法律。如果原告张女士主张案件应当适用美国法,并举证证明美国法律更有利于保护孩子权益,则北京朝阳区人民法院在审理中亦有适用美国法律的可能性。只是或许原告并未意识到涉外案件准据法的问题。

4. 案例 2 中,当事人是在离婚诉讼中提出抚养权问题,故法院根据《涉外民事关系法律适用法》第 27 条"诉讼离婚,适用法院地法律"的规定,适用法院地法即我国法律审理。即关于抚养权归属和抚养费标准均适用我国法律。从案例 1 和案例 2 的对比中,可见一个矛盾,相同情形的抚养权纠纷,在离婚中一并处理和离婚后单独处理,法院可能适用不同的准据法,从而得出不同的判决结果。这一矛盾,也体现出了我国目前涉外抚养权争议的审判现状。

5. 关于离婚诉讼中父母子女之间的人身、财产关系的问题,最高人民法院民事审判第一庭主编的《民事审判实务问答》意见是,应当根据《涉外民事关系法律适用法》第 25 条"父母子女人身、财产关系,适用共同经常居所地法律;没有共同经常居所地的,适用一方当事人经常居所地法律或者国籍国法律中有利于保护弱者权益的法律"的规定处理。可见最高人民法院意识到这个矛盾冲突,因此提出抚养权争议应当统一适用第 25 条,但是该意见仅是指引,并非司法解释,许多法院并未按照该意见进行裁判。

法律规定

《中华人民共和国涉外民事关系法律适用法》

第二十五条　父母子女人身、财产关系,适用共同经常居所地法律;没有共同经常居所地的,适用一方当事人经常居所地法律或者国籍国法律中有利于保护弱者权益的法律。

第二十七条 诉讼离婚,适用法院地法律。

第三十条 监护,适用一方当事人经常居所地法律或者国籍国法律中有利于保护被监护人权益的法律。

律师提示

如果适用国外法律对于保护弱者(如保护未成年人权益)更有利,则可积极查明外国法,举证证明案件应适用外国法。

124

中美跨国离婚管辖法院、离婚方式、财产分割、子女抚养、配偶扶养等,两国法律规定有何不同?

案例

陈女士和郭先生均为中国公民,陈女士常居美国,郭先生近几年往返中美,但常居杭州市西湖区。二人原均在浙江某大学研究所工作,1992 年恋爱,1995 年在杭州下城区登记结婚,1998 年开始陈女士与郭先生作为访问学者以进修等原因前往美国居住,1999 年在美国生育儿子小郭。中间举家回中国后,又再次到美国,陈女士已在美国定居。2013 年陈女士向杭州市西湖区人民法院起诉离婚，以郭先生对婚姻不忠、家暴为由，要求解除婚姻关系、儿子小郭由原告即陈女士抚养，并要求分割财产、赔偿因有家暴和第三者的损害。案涉的财产和债务有：婚内购买的杭州房产、婚内购买的美国房产、郭先生持有的中国公司的股权、郭先生主张的夫妻共同债务210万元等。

请问：杭州市西湖区人民法院是否有管辖权，以及本案应当适用中国法律还是美国法律审理？如何处理？

律师解答

根据我国《民事诉讼法》第22条第1款的规定，对公民提起的民事诉讼，由被告住所地人民法院管辖，被告郭先生常居杭州市西湖区，故杭州市西湖区人民法院具有本离婚案件的管辖权；根据《涉外民事关系法律适用法》第27条的规定，诉讼离婚，适用法院地法律，故本案适用法院地法即中国法律；关于财产分割，如无夫妻财产协议，则婚内获得财产均属于夫妻共同财产；根据原《婚姻法》（现《民法典》婚姻家庭编）的规定，一方实施家暴的，另一方有权请求损害赔偿；而关于孩子抚养权，则根据“最有利于孩子成长”的原则进行处理。

法院裁判

杭州市西湖区人民法院行使了案件管辖权，并适用我国法律。根据我国原《婚姻法》（现《民法典》）等法律法规，于2014年12月作出判决：判决双方离婚；儿子小郭在美国出生，拥有美国护照，一直跟随原告即陈女士生活，因此判决归陈女士抚养，被告每月支付人民币3500元抚养费；并根据中国婚姻法律关于夫妻共同财产的规定，认定登记在被告名下的杭州房产为夫妻共同财产，予以分割，判决房产归被告，被告向原告支付房屋折价款；对于被告的家暴行为（已经美国法院裁判确认构成家暴），法院酌情判被告支付2000元精神抚慰金；对于原告主张被告婚内出轨行为，法院认为证据不足以证明婚内不忠，因此未支持其主张；对于中国公司的股权，被告已经在离婚诉讼期间进行股权转让，原告主张将另案起诉；对于美国房产，因有两笔贷款，且双方一致同意另行处理；被告主张的210万元共同债务，双方

一致同意另行处理。(关于另行处理的,法院在本案中均未予处理)

问题延伸

本案原告陈女士是否可以不在中国,而向美国当地法院起诉离婚?美国法律关于离婚的管辖法院、离婚方式、财产分割、子女抚养、配偶扶养等,与中国法律规定有何不同?

律师解析

1. 关于管辖法院

原告陈女士已经在美国定居,其可以向所在州当地法院提起离婚诉讼。在美国,离婚诉讼向夫妻一方所在地法院提起。而美国绝大多数州都规定,当事人必须在本州居住满一定期限后,才具备在该州提起离婚的诉权。不过各州对提起离婚诉讼必须在本州居住时限的长短规定不一,最长的为期一年,如华盛顿州、新泽西州、纽约州;最短的没有期限,如南达科他州。而一般的州规定在 6 个月左右,如密西西比州、夏威夷州;较短的规定从 6 周到 90 天,如爱达荷州规定为 6 周、伊利诺伊州为 90 天等。

2. 关于离婚方式

(1)在中国,离婚分为协议离婚和诉讼离婚。协议离婚,即双方签署离婚协议,到民政部门(行政机关)办理离婚登记(须经过离婚冷静期),即可以离婚。诉讼离婚,是通过法院判决或者调解离婚。

(2)在美国,离婚必须经过法院(或仲裁机构),而行政机关不办理离婚手续。离婚的方式主要包括简易离婚和普通离婚,普通离婚包括无争议普通离婚和争议性普通离婚。美国部分州的离婚处理可以选择仲裁程序。

3. 关于财产分割

(1)根据《民法典》的规定,中国以法定共同财产制为主,约定财产制为辅。《民法典》第 1062 条规定了夫妻在婚姻关系存续期间所得的"工资、奖金、劳务报酬;生产、经营、投资的收益;知识产权的收益;继承或者受赠的财产,但是《民法典》第 1063 条第 3 项规定的除外;其他应当归共同所有的财产"均属于夫妻共同财产,同时《民法典》第 1065 条规定男女双方可以通过书面形式约定婚姻关系存续期间所得的财产以及婚前财产归各自所有、共同所有或者部分各自所有、部分共同所有。

(2)在美国,联邦通过《统一婚姻财产法》对夫妻财产关系作了相关规定,但每个州均有自己的立法管辖权,目前美国大部分州实行分别财产制(离婚公平分配财产),少部分州实行夫妻共同财产制。

公平分配财产,指夫妻双方或一方在婚姻关系存续期间获得之财产和收入,于夫妻双方离婚时应进行公平分配,而不论财产登记所有人为何。一般,财产分配过程中应当考虑的一些具体因素:①双方各自的收入和财产情况;②夫妻双方各自对所获取财产作出的贡献;③一方配偶为操持家务或抚育儿女所为的贡献;④双方的年龄和身体状况;⑤双方的教育水平和将来可能的经济情况;⑥动产或不动产将来可能增值情况;⑦离婚后继承权和退休金权利的丧失情况等。

4. 关于子女抚养

(1)根据《民法典》第 1058 条的规定,夫妻双方平等享有对未成年子女抚养、教育和保护的权利,共同承担对未成年子女抚养、教育和保护的义务。

(2)在美国,是由父母双方根据各自享有和承担抚育未成年子女的权利义务之书面协议,子女抚养协议无特定格式,但其至少应该规定父母双方将如何满足未成年子女的需求及如何承担对子女的抚养责任,故子女抚养协议的内容应包括子女居所、在医疗、牙科、眼科方面的保健治疗、抚育子女的继续性、子女的假期安排、教育安排、为子女购买保险方面之计划安排、对子女监护计划之安排等。

由父母双方协商抚养协议可说是利大于弊,因为父母往往是最了解如何安排是对子女有利的人,当父母双方协商计划子女的未来时,其通常会站在子女的立场。因此现今美国各州法庭都越来越希望父母能于庭外解决子女监护和探视问题,因为法律规定往往无法依个别具体情况保证能保护子女的最大利益。但要注意的一点是,法庭仍会保留审查子女抚养协议之权利。

5. 关于配偶扶养

(1)《民法典》第 1059 条规定,夫妻之间具有相互扶养的义务;需要扶养的一方,在另一方不履行扶养义务时,有要求其给付扶养费的权利。但是离婚之后,原配偶没有继续扶养对方的法定义务。

(2)在美国,离婚后,如果原配偶一方达到某些特定条件,可以要求对方支付扶养费。根据《美国统一结婚离婚法》第 308 条的规定:只要法庭发现要求被扶养的一方符合下列条件,就可以判决另一方给予该方扶养费:①其财产不能满足其合理的生活需要;②不能通过从事适当的工作满足其生活需要,或者是子女的监护人,而子女的状况和环境又不允许监护人离家去工作等。配偶扶养费,是指夫妻一方支付给另一方用于保证其正常物质生活所需的费用,美国各州关于扶养费之规定各有不同,但都在相关法律中对扶养费制度作出规定,同时授予法庭判令支付扶养费之权利,当然,在当事人双方达成协议的情况下,也可根据自己意愿对抚养费作出相应约定,而非由法庭判决。

法律规定

《中华人民共和国民法典》

第一千零五十八条　夫妻双方平等享有对未成年子女抚养、教育和保护的权利,共同承担对未成年子女抚养、教育和保护的义务。

第一千零五十九条　夫妻有相互扶养的义务。

需要扶养的一方,在另一方不履行扶养义务时,有要求其给付扶养费的权利。

第一千零六十三条　下列财产为夫妻一方的个人财产:

(一)一方的婚前财产;

(二)一方因受到人身损害获得的赔偿或者补偿;

(三)遗嘱或者赠与合同中确定只归一方的财产;

(四)一方专用的生活用品;

(五)其他应当归一方的财产。

律师提示

1. 在夫妻财产分配、财产执行、子女抚养费标准、配偶扶养制度等,中美两国婚姻法律制度差异比较大,如果涉及这两国的离婚诉讼,需要先对两国法律进行比较研究,选择有利的一国法院进行诉讼。

2. 美国是联邦制国家,联邦和州均有各自的立法机构,美国的婚姻法在联邦层面有《统一结婚离婚法》《统一婚姻财产法》等,各州会根据各自情况制定适用于本州的婚姻法律,因此各州之间的婚姻法不尽相同。处理时需要结合各州自己的规定。[1]

[1] 美国联邦及各州婚姻法律体系庞大,而笔者并非美国执业律师,故以上意见仅供参考。

125

已经在国外离婚，国内要“再离一次”吗？

案例

黄女士与王先生原系夫妻，黄女士是中国山东人，王先生是台湾地区居民，双方于2003年在山东省威海市登记结婚。婚后双方至韩国居住生活并育有一女。因双方感情破裂，黄女士向韩国水原家庭法院骊州支院起诉离婚，2020年9月20日，韩国水原家庭法院骊州支院作出2019DEDAN1×××3判决，判决事项包括黄女士和王先生离婚等。该判决于2020年10月13日发生法律效力。

请问：韩国水原家庭法院骊州支院作出的离婚判决（包括解除婚姻关系、子女抚养、财产分割），在我国是否有效？

律师解答

离婚判决中关于解除婚姻关系的部分，可以申请我国法院承认，已经过我国法院认可的部分，在我国有效。关于财产分割、子女抚养的部分，我国目前还没有认可的相关程序。

中国法院裁判

承认韩国水原家庭法院骊州支院2019DEDAN1×××3判决关于黄女士和王先生离婚的法律效力。

律师解析

1. 当事人获得外国的离婚判决,虽然在外国已经生效,但仍需要及时在我国境内申请承认,否则在我国不发生法律效力。如果不申请承认,当事人仍可以在我国法院再次提起离婚诉讼。

2. 具有以下情况之一,我国法院不予承认外国法院的判决:(1)判决尚未发生法律效力;(2)作出判决的外国法院对案件没有管辖权;(3)判决是在被告缺席且未得到合法传唤情况下作出的;(4)该当事人之间的离婚案件,我国法院正在审理或已作出判决,或者第三国法院对该当事人之间作出的离婚案件判决已为我国法院所承认;(5)判决违反我国法律的基本原则或者危害我国国家主权、安全和社会公共利益。[1]

3. 目前我国法院承认外国法院判决,一般仅承认解除婚姻关系的内容,对于离婚判决中的子女抚养、财产分割等内容不予承认和执行。当事人可以另行在我国法院起诉。假设外国离婚判决有关于境内房产的分割和过户,我国法院不予以承认,需要当事人另行就财产部分进行起诉。

4. 申请承认外国法院的离婚判决,申请人应向人民法院交纳案件受理费人民币100元。

5. 外国法院作出的离婚调解书(协议),符合条件的,也对其"解除婚姻关系"的事项予以承认。

法律规定

《最高人民法院关于中国公民申请承认外国法院离婚判决程序问题的规定》

第二条 外国法院离婚判决中的夫妻财产分割、生活费负担、子女抚养方面判决的承认执行,不适用本规定。

第十二条 经审查,外国法院的离婚判决具有下列情形之一的,不予承认:

(一)判决尚未发生法律效力;

(二)作出判决的外国法院对案件没有管辖权;

(三)判决是在被告缺席且未得到合法传唤情况下作出的;

[1] 《最高人民法院关于中国公民申请承认外国法院离婚判决程序问题的规定》第12条。

（四）该当事人之间的离婚案件，我国法院正在审理或已作出判决，或者第三国法院对该当事人之间作出的离婚案件判决已为我国法院所承认；

（五）判决违反我国法律的基本原则或者危害我国国家主权、安全和社会公共利益。

第十六条　申请承认外国法院的离婚判决，申请人应向人民法院交纳案件受理费人民币 100 元。

《最高人民法院关于人民法院受理申请承认外国法院离婚判决案件有关问题的规定》

二、外国公民向人民法院申请承认外国法院离婚判决，如果其离婚的原配偶是中国公民的，人民法院应予受理；如果其离婚的原配偶是外国公民的，人民法院不予受理，但可告知其直接向婚姻登记机关申请结婚登记。

律师提示

1. 外国法院的离婚判决，需要及时在我国法院申请承认，如果一方在国内提出离婚诉讼，则之后任何一方提出承认前述外国判决的申请，法院均不予受理。

2. 外国法院的离婚调解书，关于解除婚姻关系的部分，亦可申请我国法院予以承认。

3. 外国法院离婚判决中至少有一方当事人是中国公民。

4. 需要关注前述不予承认的情况。

126

香港特区与内地的离婚判决（含财产分割）加速承认，还有哪些案件可互认？

案　例

香港居民林先生与案外人周女士于1989年结婚，婚后生育两名子女（均为香港居民）。2002年，周女士将两个孩子由香港带到重庆，将孩子交给周某1（周女士的父亲）、周某2（周女士的妹妹）抚养。2004年，香港特区法院判令林先生与周女士解除婚姻关系，并判令林先生取得两个孩子的管养权。随后，林先生以周女士的父亲周某1为被告，向重庆市九龙坡区人民法院申请认可和执行香港特区法院作出的管养权命令。本案经一审、二审，法院裁判认为，在内地与香港特区就相互认可民商事判决事宜未达成协议前，人民法院对于林先生申请认可香港特区法院命令效力的申请不予受理，但林先生就子女抚养问题，可以另行向内地人民法院提请民事诉讼确认被告周某1侵犯了原告林先生的监护权。

请问：香港特区和内地的离婚判决（包括解除婚姻关系、财产分割、子女抚养），什么时候开始可以两地互相认可？

律师解答

2022年2月15日开始，均可以承认；在这之前，仅有解除婚姻关系的部分可以被认可。

律师评析

近年来,内地与香港特区联系紧密,跨境婚姻保持着相当规模。香港特别行政区政府统计处 2022 年 1 月 17 日发布的数据显示,2017 年至 2020 年,在香港特区登记的涉及内地与香港特区的跨境婚姻共有 65,726 件。同时,很多跨境婚姻家庭在内地以及香港特区均购置过房产或持有其他资产,由于法域的不同,给婚姻案件的审判和执行带来了新的问题和挑战。

2022 年 2 月 14 日,最高人民法院公布了《最高人民法院关于内地与香港特别行政区法院相互认可和执行婚姻家庭民事案件判决的安排》(以下简称《婚姻家事安排》),并规定《婚姻家事安排》自 2022 年 2 月 15 日开始施行并生效。同日,香港特区政府制定的《内地婚姻家庭案件判决(相互承认及强制执行)条例》也开始生效。大部分婚姻家事案件只需要在内地或者在香港特区诉讼,即可被互相承认和执行。但是过去,内地与香港特区之间的婚姻家事判决,只认可对人身关系即婚姻关系解除的判项,对于财产分配以及子女抚养,不能互认,只能另行起诉。无疑,《婚姻家事安排》,给内地与香港特区跨境婚姻当事人带来极大的便利。

除了离婚案件的判决可以被互认,其他符合规定的婚姻家事判决也可以得到互认和执行,可以被互认和执行的婚姻家事案件,根据《婚姻家事安排》第 3 条的规定,在内地包括 14 类案件,在香港特区包括 12 类案件,具体案件类型如下:

1. 在内地是指:

(1)婚内夫妻财产分割纠纷案件;

(2)离婚纠纷案件;

(3)离婚后财产纠纷案件;

(4)婚姻无效纠纷案件;

(5)撤销婚姻纠纷案件;

(6)夫妻财产约定纠纷案件;

(7)同居关系子女抚养纠纷案件;

(8)亲子关系确认纠纷案件;

(9)抚养纠纷案件;

(10)扶养纠纷案件(限于夫妻之间扶养纠纷);

(11)确认收养关系纠纷案件;

（12）监护权纠纷案件（限于未成年子女监护权纠纷）；

（13）探望权纠纷案件；

（14）申请人身安全保护令案件。

2. 在香港特别行政区是指：

（1）依据香港法例第 179 章《婚姻诉讼条例》第Ⅲ部作出的离婚绝对判令；

（2）依据香港法例第 179 章《婚姻诉讼条例》第Ⅳ部作出的婚姻无效绝对判令；

（3）依据香港法例第 192 章《婚姻法律程序与财产条例》作出的在讼案待决期间提供赡养费令；

（4）依据香港法例第 13 章《未成年人监护条例》、第 16 章《分居令及赡养令条例》、第 192 章《婚姻法律程序与财产条例》第Ⅱ部、第ⅡA 部作出的赡养令；

（5）依据香港法例第 13 章《未成年人监护条例》、第 192 章《婚姻法律程序与财产条例》第Ⅱ部、第ⅡA 部作出的财产转让及出售财产令；

（6）依据香港法例第 182 章《已婚者地位条例》作出的有关财产的命令；

（7）依据香港法例第 192 章《婚姻法律程序与财产条例》在双方在生时作出的修改赡养协议的命令；

（8）依据香港法例第 290 章《领养条例》作出的领养令；

（9）依据香港法例第 179 章《婚姻诉讼条例》、第 429 章《父母与子女条例》作出的父母身份、婚生地位或者确立婚生地位的宣告；

（10）依据香港法例第 13 章《未成年人监护条例》、第 16 章《分居令及赡养令条例》、第 192 章《婚姻法律程序与财产条例》作出的管养令；

（11）就受香港法院监护的未成年子女作出的管养令；

（12）依据香港法例第 189 章《家庭及同居关系暴力条例》作出的禁制骚扰令、驱逐令、重返令或者更改、暂停执行对未成年子女的管养令、探视令。

法律规定

《最高人民法院关于内地与香港特别行政区法院相互认可和执行婚姻家庭民事案件判决的安排》全文

律师提示

1. 熟知内地与香港特区判决可互认的范围，避免重复诉讼。

2. 如果案件在内地法院与香港特区法院均有管辖权，则可以着重考虑何地诉讼更有利，尽早选择管辖法院。

127

港澳台居民如何通过遗嘱继承内地（大陆）的房产？

案例

香港居民李女士，常居香港，在2019年9月于香港在两位好友的见证下立了一个遗嘱，将香港特区和内地的所有财产留给丈夫王先生一人，其中包括位于惠州的一套住宅商品房。立遗嘱后不久，李女士就去世了，去世时她还在世的家人有丈夫王先生、父亲、弟弟三人（三人均为香港居民），她与丈夫没有孩子。现在因惠州这套房产的归属问题，亲人之间没有协商好，王先生准备通过诉讼程序，来获得这套房产100%的份额。

请问：(1)本案，内地法院是否有管辖权，应该由哪个法院管辖？(2)应当适用香港特区法律还是内地法律来审理？

律师解答

1. 不动产继承案件，由不动产所在地基层法院管辖。因此惠州的法院可以受理。

2. 本案不一定只适用一个地区法律。案件的不同方面（遗嘱能力、遗嘱形式、遗嘱效力、夫妻财产关系、遗嘱无效后法定继承），对应不同的冲突规范，可能指引不同的准据法。

律师解析

1. 涉香港案件的法律适用

本案是涉香港继承的案件，《最高人民法院关于适用〈中华人民共和国涉外民事关系法律适用法〉若干问题的解释（一）》第 17 条规定，涉及香港特别行政区、澳门特别行政区的民事关系的法律适用问题，参照适用本规定。

2. 不动产继承，由香港的法院，还是内地的法院管辖？内地哪个法院管辖

根据《最高人民法院关于印发〈全国沿海地区涉外、涉港澳经济审判工作座谈会纪要〉的通知》（法[经]发〔1989〕12 号）、《民事诉讼法》，以及《最高人民法院关于调整高级人民法院和中级人民法院管辖第一审民商事案件标准的通知》（法发〔2015〕7 号）、《广东省高级人民法院关于调整第一审民商事纠纷案件级别管辖标准的通知》（粤高法〔2008〕111 号）的规定，本案不动产继承案件由房屋所在地的基层人民法院管辖。

3. 关于法律适用，同一个案件不同的方面，可能适用不同的法律

内地的法院管辖本案，并不当然适用内地法律；同一个案件，有可能某个方面适用内地法律，某个方面适用香港特区法律。

本案中，法律定性、立遗嘱人遗嘱能力、遗嘱的方式、遗嘱的效力、案涉房产是夫妻共同财产还是个人财产等，需要分别适用不同法域的法律。根据《涉外民事关系法律适用法》第 8 条、第 12 条、第 24 条、第 31 条、第 32 条、第 33 条等规定，笔者对本案几个争议问题的冲突规范所指向的准据法整理如表 1 所示：

表 1　冲突规范指向的准据法

<table>
<tr><th>法律关系</th><th>法院地法</th><th>经常居住地法</th><th>遗嘱行为地法</th><th>立遗嘱时经常居住地法</th><th>死亡时经常居住地法</th><th>国籍国法</th><th>共同经常居住地法</th><th>一方当事人经常居住地法</th><th>主要财产所在地法</th><th>不动产所在地法</th></tr>
<tr><td>民事法律关系的定性</td><td>√</td><td></td><td></td><td></td><td></td><td></td><td></td><td></td><td></td><td></td></tr>
<tr><td>遗嘱能力</td><td></td><td>√</td><td></td><td></td><td></td><td></td><td></td><td></td><td></td><td></td></tr>
<tr><td rowspan="2">遗嘱方式（成立）</td><td rowspan="2"></td><td rowspan="2"></td><td>√</td><td>√</td><td>√</td><td>√</td><td rowspan="2"></td><td rowspan="2"></td><td rowspan="2"></td><td rowspan="2"></td></tr>
<tr><td colspan="4">无条件选择适用的冲突规范。符合四者之一，则遗嘱成立</td></tr>
<tr><td rowspan="2">遗嘱效力</td><td rowspan="2"></td><td rowspan="2"></td><td rowspan="2"></td><td>√</td><td>√</td><td>√</td><td rowspan="2"></td><td rowspan="2"></td><td rowspan="2"></td><td rowspan="2"></td></tr>
<tr><td colspan="3">无条件选择适用的冲突规范。符合三者之一，则遗嘱生效</td></tr>
<tr><td rowspan="2">夫妻财产关系</td><td rowspan="2"></td><td rowspan="2"></td><td rowspan="2"></td><td rowspan="2"></td><td rowspan="2"></td><td>√1[1]
√3</td><td>√2</td><td>√1</td><td>√1</td><td rowspan="2"></td></tr>
<tr><td colspan="4">有条件选择适用的冲突规范，有先后顺序。具体见下文“（2）关于本案房产是李女士个人财产还是夫妻共同财产”</td></tr>
<tr><td>不动产的法定继承</td><td></td><td></td><td></td><td></td><td></td><td></td><td></td><td></td><td></td><td>√</td></tr>
</table>

注：香港特区属于中国，但是根据《涉外民事关系法律适用法》《民事诉讼法》《最高人民法院关于适用〈中华人民共和国涉外民事关系法律适用法〉若干问题的解释（一）》《最高人民法院关于适用〈中华人民共和国民事诉讼法〉的解释》等精神，涉港案件可参照涉外案件办理，“国籍国法”在本案中指当事人所在区域法即香港特区法律。审判实践中，如 2020 年北京市第一中级人民法院（2020）京 01 民申 298 号再审审查与审判监督民事裁定等案例中，也认定香港居民的国籍国法为香港特区法律。

---

〔1〕 数字是表示顺序，1 表示首先适用的准据法；2 表示如果 1 的条件不满足，则适用 2 所代表的准据法；3 表示如果前面两种条件都不满足，则适用 3 所代表的准据法。

(1)关于遗嘱能力、遗嘱形式要件和遗嘱效力

关于遗嘱能力,即立遗嘱的人是否具有完全民事行为能力,根据《涉外民事关系法律适用法》,应当适用立遗嘱人经常居住地法,在本案即为香港特区法律。

关于遗嘱需要具备什么要件,本案遗嘱是否具备了法律规定的形式要件,则根据遗嘱行为地(立遗嘱地)法、立遗嘱时经常居住地法、死亡时经常居住地法、国籍国法中任何一个法律认为遗嘱形式完备,则遗嘱符合形式要件。

关于遗嘱是否有效,则根据立遗嘱时经常居住地法、死亡时经常居住地法或国籍国法来判断,任何一法律认为遗嘱有效,则可以判定遗嘱有效。

根据本案具体案情,关于李女士是否具有订立遗嘱的能力,以及遗嘱的形式要件和遗嘱是否生效,都适用香港特区法律,故律师需要查明香港特区法律的相关规定。值得注意的是,香港高等法院的遗嘱认证是内地处理相关遗嘱继承案件的必经程序还是参考程序,亦是需要考虑的问题。

(2)关于本案房产是李女士个人财产还是夫妻共同财产

内地有部分已结案件,对于境外居民婚姻内的财产,如果夫妻没有约定,即简单直接地按内地法律规定的夫妻共同共有来处理。实际上,就夫妻财产关系问题,内地法律有冲突规范指引。《涉外民事关系法律适用法》第 24 条规定:“夫妻财产关系,当事人可以协议选择适用一方当事人经常居所地法律、国籍国法律或者主要财产所在地法律。当事人没有选择的,适用共同经常居所地法律;没有共同经常居所地的,适用共同国籍国法律。”结合本案,因王先生与李女士双方事先没有协议约定,因此适用双方共同经常居住地法即香港特区法律。

(3)若遗嘱无效,遗产如何继承

本案若遗嘱有效,则按照遗嘱进行遗产的分配,即案涉房产份额全部由丈夫王先生继承。

若遗嘱无效或者遗嘱部分无效,则对于遗嘱未能处分到的遗产如何分配,首先还是涉及民事关系的法律定性问题,根据上文阐述的“涉外民事关系的定性,适用法院地法律”,根据法院地法即内地法律,遗嘱无效的,按照法定继承来分配。法定继承,适用被继承人死亡时经常居所地法律,但不动产法定继承,适用不动产所在地法律,本案涉及位于内地的不动产的法定继承,因此应适用内地法律。

法律规定

《中华人民共和国民事诉讼法》

第三十四条　下列案件，由本条规定的人民法院专属管辖：

（一）因不动产纠纷提起的诉讼，由不动产所在地人民法院管辖；

（二）因港口作业中发生纠纷提起的诉讼，由港口所在地人民法院管辖；

（三）因继承遗产纠纷提起的诉讼，由被继承人死亡时住所地或者主要遗产所在地人民法院管辖。

《最高人民法院关于调整高级人民法院和中级人民法院管辖第一审民商事案件标准的通知》

婚姻、继承、家庭、物业服务、人身损害赔偿、名誉权、交通事故、劳动争议等案件，以及群体性纠纷案件，一般由基层人民法院管辖。

《中华人民共和国涉外民事关系法律适用法》

第八条　涉外民事关系的定性，适用法院地法律。

第十二条　自然人的民事行为能力，适用经常居所地法律。

自然人从事民事活动，依照经常居所地法律为无民事行为能力，依照行为地法律为有民事行为能力的，适用行为地法律，但涉及婚姻家庭、继承的除外。

第二十四条　夫妻财产关系，当事人可以协议选择适用一方当事人经常居所地法律、国籍国法律或者主要财产所在地法律。当事人没有选择的，适用共同经常居所地法律；没有共同经常居所地的，适用共同国籍国法律。

第三十一条　法定继承，适用被继承人死亡时经常居所地法律，但不动产法定继承，适用不动产所在地法律。

第三十二条　遗嘱方式，符合遗嘱人立遗嘱时或者死亡时经常居所地法律、国籍国法律或者遗嘱行为地法律的，遗嘱均为成立。

第三十三条　遗嘱效力，适用遗嘱人立遗嘱时或者死亡时经常居所地法律或者国籍国法律。

《最高人民法院关于适用〈中华人民共和国涉外民事关系法律适用法〉若干问题的解释（一）》

第十七条　涉及香港特别行政区、澳门特别行政区的民事关系的法律适用问题，参照适用本规定。

律师提示

1. 如果争议财产在内地，则内地法院具有管辖权；且争议财产为不动产的，内地法院具有排他的专属管辖权。根据现行法律，不论是否涉外，不论金额大小，继承纠纷均在基层法院处理。

2. 跨境遗嘱继承的法律适用，涉及不同的方面，可能需要分别适用不同的法律。

3. 准据法适用需要找准连接点，如果有合适的连接点引导，存在适用内地法律的空间，则可争取避免适用港澳台地区法律而增加案件难度。本案中，如果一方希望适用内地法律，则应积极求证“经常居住地”这个连接点是否有可能在惠州，如果有证据证明惠州为经常居住地，则遗嘱能力、遗嘱方式、遗嘱效力均可以适用内地法律。

4. 本案中李女士的遗嘱，属于“普通遗嘱”，并非“特别遗嘱”（香港的“特别遗嘱”如海员在特殊情况下订立遗嘱，其效力认定规则有所不同）。

5. 跨境继承案件，当需要适用域外法律时，域外法律的查明非常重要。不仅需要查明成文法，也需要查明英美法系的判例法，使案件结果更接近实质正义。

128

香港居民订立遗嘱处分内地遗产，如何预设准据法保护合法财产不流失？

案例

广州的李女士与香港的王先生于1985年结婚，两人均为再婚，常居广州。李女士与前夫生育儿子白某；王先生与前妻生育女儿王某，王某婚后生育儿子陈小某。王先生2014年去世，去世时财产包括：婚内购买的两套房产，即广州的A房产（登记夫妻双方的名字）、B房产（登记妻子李女士一人名字），以及香港的银行存款。李女士与白某（主张与王先生形成继父子关系）起诉王某与王某女儿陈小某（王先生曾立遗嘱将部分房屋产权遗赠给外孙）关于上述三项财产的继承纠纷。

法院查明事实：王先生去世前先后订立多个遗嘱，但被法院认定为有效的有且仅有在香港立的一份遗嘱，内容为：将其在香港的所有动产与所有不动产及遗赠其本人的土地财产及个人财产不论任何种类及在任何地方全部授予其女儿王某，并委托其作为此遗嘱之唯一执行人与信托人。王先生在遗嘱中声明：本人声明香港为本人常居地并希望本人之遗嘱据香港法例解释。

该遗嘱已获得香港高等法院原讼法庭出具遗嘱认证。白某与王先生未形成具有继承关系的继父子关系；王先生将部分物业遗赠给外孙陈小某的那份遗嘱无效。王先生父母已先于其过世。

请问：本案中，广州的两套房产、香港的银行存款，应当如何继承？

律师解答

广州两套房产按法定继承，剔除属于李女士的夫妻共同财产份额后，由李女士与王某平均分配；香港的存款，按照遗嘱，全部由王某继承。

法院裁判

根据内地法律，广州两套房产为夫妻共同财产，由李女士和王某二人按法定继承规则进行继承；就香港的存款，内地法院认可香港高等法院出具的遗嘱认证，并认为遗嘱效力应适用香港法律，存款为王先生个人遗产，全部由王某继承。

律师评析

1. 香港的银行存款，根据香港的这份遗嘱，王先生的存款类遗产全部由女儿王某继承。但是关键在于界定王先生遗产的范围，是账户上的全部存款，还是一半？该遗嘱声明香港为王先生经常居住地，希望根据香港法律解释，香港没有夫妻共同财产概念，因此根据遗嘱全部由女儿王某继承。

2. 香港高等法院原讼法庭对香港这份遗嘱进行的认证，一般来说，经过香港高等法院认证过的遗嘱，内地法院将认可其真实性和效力。

3. 因为王先生被法院认定为有效的那份遗嘱只限定于香港的财产，因此广州的两套房产不适用遗嘱继承，而适用法定继承，根据《涉外民事关系法律适用法》第 31 条"法定继承，适用被继承人死亡时经常居所地法律，但不动产法定继承，适用不动产所在地法律"的规定，法定继承适用内地法律，即继承人范围界定、继承份额的确定等均以内地法律为准据法。属于王先生的遗产由各继承人即李女士和王某二人平均分配。

4. 至于这两套广州的房产，如何界定遗产的范围，是否如香港存款一样，登记在王先生名下的即为其遗产？这涉及夫妻财产关系问题，根据《涉外民事关系法律适用法》第 24 条"夫妻财产关系，当事人可以协议选择适用一方当事人经常居所地法律、国籍国[1]法律或者主要财产所在地法律。当事人没有选择的，适用共同经常居

---

[1] 香港属于中国，但是根据《涉外民事关系法律适用法》《民事诉讼法》《最高人民法院关于适用〈中华人民共和国涉外民事关系法律适用法〉若干问题的解释(一)》《最高人民法院关于适用〈中华人民共和国民事诉讼法〉的解释》等精神，涉港案件可参照涉外案件办理，"国籍国法律"在本案中指当事人所在区域法即香港特区法律。

所地法律；没有共同经常居所地的，适用共同国籍国法律”的规定，本案双方没有选择适用的法律，但共同经常居住地为广州，因此适用内地法律。

5. 本案不同的遗产的继承，适用了不同的准据法，且根据不同准据法，对遗产的范围界定不同，在香港属于遗产的部分，用内地法律就可能属于夫妻共同财产。王先生在香港的银行存款，如果适用内地法律，则一半属于妻子李女士，无法被王某继承。

法律规定

《中华人民共和国涉外民事关系法律适用法》

第二十四条　夫妻财产关系，当事人可以协议选择适用一方当事人经常居所地法律、国籍国法律或者主要财产所在地法律。当事人没有选择的，适用共同经常居所地法律；没有共同经常居所地的，适用共同国籍国法律。

《中华人民共和国民法典》

第一千零六十二条　夫妻在婚姻关系存续期间所得的下列财产，为夫妻的共同财产，归夫妻共同所有：

（一）工资、奖金、劳务报酬；

（二）生产、经营、投资的收益；

（三）知识产权的收益；

（四）继承或者受赠的财产，但是本法第一千零六十三条第三项规定的除外；

（五）其他应当归共同所有的财产。

夫妻对共同财产，有平等的处理权。

第一千一百二十三条　继承开始后，按照法定继承办理；有遗嘱的，按照遗嘱继承或者遗赠办理；有遗赠扶养协议的，按照协议办理。

《最高人民法院关于适用〈中华人民共和国涉外民事关系法律适用法〉若干问题的解释（一）》

第十七条　涉及香港特别行政区、澳门特别行政区的民事关系的法律适用问题，参照适用本规定。

律师提示

1. 不同国家和地区,继承人的范围有所不同,要想使财富流到希望获得人手中,预设准据法很有必要。

2. 涉外婚姻和继承领域,同一个案件中有可能需要适用多个国家(地区)的法律。

不同国家(地区)法律对于夫妻财产关系可能有不同的设计,有的实行夫妻共同财产制,婚内财产原则上属于夫妻共同财产,遗产继承时需要分出配偶的另一半之后,再进行继承;但世界上还有一些国家和地区原则上实行夫妻分别财产制,如中国香港特区和美国部分州。

因此,立遗嘱的时候,需要明确哪些财产属于遗产,但“遗产的范围”不是一个事实概念,而是一个法律概念,所以“选择法律”显得尤为重要。比如,一位香港居民与内地居民结婚,在内地的存款100万元人民币,其去世时,该遗产有多少?如果根据香港特区法律,则100万元都属于遗产,如果根据内地法律判断夫妻财产关系,则其中50万元为妻子的财产,另外50万元才能由妻子、孩子等各继承人继承。如果想财产更多地分配给妻子,则建议这两个方法同时并用:(1)在遗嘱中声明,本遗嘱适用财产所在地法律即内地法律;(2)夫妻双方签署一份夫妻财产关系准据法的书面协议,约定适用财产所在地法律。如果想将财产更多分配给其他继承人,思路相反。

129

婚姻家事案件、财富管理项目中，移民及双重国籍需要注意哪些问题？

案例 1

温女士与刘先生婚后在沈阳全款购买了一套170多平方米的住房，房屋登记为两人所有。后2017年两人协议离婚。温女士前往爱尔兰居住，并加入爱尔兰国籍。2021年，温女士以中国身份按离婚后财产纠纷起诉要求分割该沈阳的房产。

请问：法院能否支持温女士的诉求？

律师解答

中华人民共和国不承认双重国籍。温女士已加入爱尔兰籍并定居爱尔兰，其自动丧失中国籍，因此不能再以中国公民身份进行诉讼，法院应驳回其起诉。

法院裁判

中华人民共和国不承认中国公民具有双重国籍。定居外国的中国公民，自愿加入或取得外国国籍的，即自动丧失中国国籍。法院驳回温女士的起诉。

案例 2

赖先生与黄女士原系夫妻,婚姻关系存续期间,赖先生父亲去世,留下房产一套价值约 60 万元。后赖先生与黄女士离婚,离婚时未对该房产进行分割。现黄女士以离婚后财产纠纷为由起诉要求获得房产折价款 30 万元。赖先生答辩称黄女士已经获得澳大利亚国籍,其不具有中国公民身份,不是适格的原告,请法院驳回其诉请。诉讼时,黄女士居住于清远市清城区,其称自己拥有中华人民共和国户籍,是否具有澳大利亚国籍对本案没有影响。

请问:黄女士可以以中国公民身份起诉要求分割夫妻共同财产吗?

律师解答

主要看黄女士是否已经定居国外且已获得外国籍。《国籍法》第 9 条规定:"定居外国的中国公民,自愿加入或取得外国国籍的,即自动丧失中国国籍。"目前没有证据证明黄女士具有外国籍且定居在国外(证据显示黄女士居住于国内),因此不能推断其已丧失中国籍,因此黄女士原告主体适格。实体方面,婚内继承所得,属于夫妻共同财产,依法可以分割。

法院裁判

黄女士提交的 2018 年 11 月 22 日广东公安人口信息查询资料显示,其户籍资料仍未注销,居民身份证号码及户籍地住址等均登记在册。根据《国籍法》第 3 条有关"中华人民共和国不承认中国公民具有双重国籍"的规定,黄女士不能同时具有澳大利亚及中国国籍,其仍属于中华人民共和国公民。原告主体适格,可以要求分割婚内继承所得的夫妻共同财产。

案例 3

张先生原为中国国籍,10 年前开始申请移民,几年前取得了 A 国国籍,新护照上的名字为"David Zhang"。移民前张先生在中国境内的资产包括多处房产和几家公司的股权，都登记为其中文名字“张三”。移民后，张先生使用新护照在A国购置了房产。

2015年1月，张先生在A国意外去世，当地开具了他的死亡证明，记载的是David zhang的名字及A国的护照号码。随后，张先生的妻子及唯一的儿子回中国继承张先生的遗产，因无法证明“David zhang”即为“张三”而阻碍了继承的办理。[1]

律师评析

1. 中华人民共和国不承认中国公民具有双重国籍，如果获得外国籍且定居国外，那么中国身份将自动丧失。

2. 若一方质疑对方双重国籍应当提供有关国籍的证据，并最好可以证明已定居该外国，或者已经办理退出国籍的申请。

3. 本案案例3是身份同一性认定困难导致财产继承障碍的典型案例。移民入籍前以中国身份登记的信息，如房产、银行账户、股票证券、学历学位等，要在移民入籍后确认权属，即需要证明之前中国身份和入外籍后的护照上面的人是同一人，办理同一人声明书公证认证，把之前中国身份证信息和之后的外国护照信息予以明确，并办理公证及认证。

4. 管辖权方面的难题：在涉外婚姻领域，如最后未取得双重国籍，但已经获得国外永久居留权，也可能排除中国法院的管辖权，或者中国法院只能在符合条件的情况下处理。

5. 法律适用方面的难题：许多双重国籍人士是高净值人士，财产可能分布在定居国或国籍国之外，这些财产是否属于夫妻共同财产值得讨论。不论是哪国法院裁判，都涉及财产相关法律的适用以及域外执行。财产是否属于夫妻共同财产，在不同国家和地区有不同的规定，这也涉及外国法的查明。根据《涉外民事关系法律适用法》第24条的规定，夫妻财产关系，可以按事先协议约定确定准据法，如果没有约

〔1〕参见陈汉：《移民风险早知晓：更换国籍背后的三大隐患》，载微信公众号“ChPBCLUB”2015年5月15日。

定的适用共同经常居住地法,如果没有共同经常居住地的,适用共同国籍国法。实际情况中,许多家庭是家庭成员国籍不同,且夫妻长期两国分居,既没有共同经常居住地也没有共同国籍。所以,为使财产分配达到最为理想的预期,当事人应及早就财产分布、财产归属及相关法律适用作出协议约定。对于与公司股权有关的财产,则还可以通过股权架构、离岸信托等方式,尽量避免婚姻关系和身份关系的变动对公司造成影响。

法律规定

《中华人民共和国国籍法》

第九条　定居外国的中国公民,自愿加入或取得外国国籍的,即自动丧失中国国籍。

《中华人民共和国民法典》

第一千零六十二条　夫妻在婚姻关系存续期间所得的下列财产,为夫妻的共同财产,归夫妻共同所有:

(一)工资、奖金、劳务报酬;

(二)生产、经营、投资的收益;

(三)知识产权的收益;

(四)继承或者受赠的财产,但是本法第一千零六十三条第三项规定的除外;

(五)其他应当归共同所有的财产。

夫妻对共同财产,有平等的处理权。

律师提示

1. 中华人民共和国不承认中国公民具有双重国籍,因此对双重国籍问题,应当予以重视。

2. 国籍身份变动之后,在婚姻、继承领域,可能带来如管辖权问题、法律适用问题的困难,建议当事人提前做好规划。

130

M 女士境外家族信托被法院“击穿”，如何设立合法有效的家族信托？

案例

2013 年 12 月至 2014 年 6 月，L 公司分次共以 1.5 亿美元收购 M 女士持有的某公司的股权，并做了业绩对赌。2014 年 6 月，M 女士通过股权架构等，在某群岛设立一个家族信托，将前述股权收购款大部分转入信托架构中，将信托受益人设为其女儿 Z 小姐。但是信托成立后，M 女士并未按照信托受益人的需要支配该家族信托，而是从 2014 年下半年开始，即多次为 M 女士自身的目的从信托项下的银行账户转出资金，用于购买奢侈品和汽车等。2016 年 12 月，香港特区法院和新加坡高等法院先后作出冻结家族信托项下两个银行账户的命令。2022 年 11 月，新加坡高等法院判决认定，M 女士家族信托项下的两个银行账户的所有权人是 M 女士自己，因此法院同意原告 L 公司（债权人）提出的接管两个银行账户的申请。

请问：为什么说 M 女士境外家族信托被法院“击穿”？

律师解答

家族信托的本质特征是委托人转让信托财产的所有权，而获得“安排收益权”，即 M 女士设立家族信托之后，根据法律规定，其不能再对信托财产进行操控，不能为自身目的取出使用；只能根据信托文件的规定（约定），将收益权分配给其指定的受益人女儿 Z 小姐。但是 M 女士违背了信托的法律初衷，仍然将信托财产据为己用，信托财产不独立，其实际属于一个虚假信托。因此，新加坡高等法院同意该信托项下的银行账户交由债权人接管。

法院裁判

香港特区法院、新加坡高等法院的裁判如上。

律师评析

1. 设立家族信托的目的如果是避债，则得不到法律保护。本案中，法官推断，M 女士的动机是希望她的资金不受原告索赔（前述公司无法按期上市，按照对赌协议，M 女士应当支付股权回购款），同时又不放弃她对资金的实际控制，这是违背《信托法》的。

2. 如何避免信托被认定为非法避债，确保家族信托合法有效呢？有以下七个法律要点：

（1）信托财产来源合法。信托财产必须是委托人合法所有的财产（含财产权利），信托人以非法财产设立的信托无效。如果财产来源不合法，如不当得利、侵犯第三人合法权益，将可能导致信托无效，同时对委托人自身、受托人、受益人等造成不利影响和损失。

（2）在债务危机或者其他风险发生之前设立信托。如果生意失败迹象明显、债权人已来追讨才想到资产保护信托，信托可能因设立人“初心不纯”而被法院否定，当然如果不动用须用于还债的资产，则另当别论。因此，建议早一步在境内或者境外搭建信托架构，在信托中逐步置入财产，起到资产保护作用和税收筹划功能。

（3）避免为委托人自身保留过多权利，合同条款中信托当事人权利义务须平衡。如果委托人或受益人等权利过大，则可能影响信托财产独立性，本案中 M 女士就是高度控制其信托财产，与信托财产的独立性相违背，被法院“击穿”。

（4）探讨在信托合同中设置保护人/监察人。信托委托人如直接控制信托运行，将可能导致如 M 女士过分控制权以致信托被架空。而设立信托保护人/监察人，可以平衡委托人与受托人之间的权利分配。委托人可将直接制约、控制信托运行的权利授予具有独立身份的信托保护人/监察人，使后者有计划地影响信托财产的管理、投资、分配。因此，建议制定信托架构时，借鉴境外家族信托理念，在家族信托合同中设置信托保护人/监察人的条款，增强信托财产独立性，从而降低未来被法院击穿的风险。

(5)尽量设立不可撤销信托、无固定期限信托。虽然我国《信托法》对于信托是否可撤销没有规定，但若信托合同中规定设立人有权撤销信托，则可能引发信托财产并未与设立人真正分离的重大嫌疑。在信托设立人破产情况下，若信托是可撤销的，破产管理人可以代设立人撤销信托，使信托财产能够重新归设立人进而纳入破产财产，用于清偿债权人。上述情况，不区分该信托是国内信托，还是离岸信托。若信托有固定期限，期限届满后，信托公司按照信托协议约定分配或处理财产，信托财产归属属于受益人的等，也不再具有独立性。

(6)设定任意分配条款，避免出现"保护性条款"。对于有债务风险的受益人，可以选择任意分配信托，避免分配固定收益后纳入个人财产用于偿债。但是对于没有债务风险、设立家族信托目的是实现家族治理和后代传承功能等的当事人，则可以不采用任意分配信托。

(7)离岸家族信托在某些情况下具有保护优势。中国公民可以在境内通过境内受托人如信托公司设立境内家族信托，也可以在离岸地设立离岸信托。国内信托的法律保障机制已相对完善，如果考虑到不熟悉离岸地法律、资金合法出境难度大，或者受益人基本在国内居住生活，则设立国内家族信托不失为一个良好选择。离岸家族信托具有资产保护优势是在一定情况下的，比如，离岸地法律更有利于债务人(信托设立人)，如开曼群岛对于债权人行使欺诈转让的撤销权的时效为6个月，比我国境内的一年更短，时间越短越有利于债务人。此外，离岸地的隐私保护机制和天然物理隔离效果，使债权人获取、了解、核实信托资产，以及司法机关执行离岸信托资产难度加大。如果选择设立离岸信托，要注意法律适用和管辖法院的选择。如果没有选择适用的法律，适用信托财产所在地法律或者信托关系发生地法律，这意味着，由中国法院审理的离岸信托纠纷，有可能适用外国法律。[1]

风险隔离并不等于非法避债。随着中国经济崛起，越来越多的人开始使用离岸信托工具，大部分人会注意离岸信托并不能成为非法避债的保护伞，信托设立人也应当时时守住法律底线。虽说到目前为止，类似M女士境外信托被击穿案件极少，但如发现非法避债，中国法律的态度是明确的。

---

[1] 关于如何设立合法有效家族信托的观点，部分参考了田小皖先生在中国财政经济出版社2022年出版的《资产保护与风险隔离操作实务》的观点。

律师提示

1. 我国家族信托呈“井喷式”发展之时，对于家族信托，既应理解其财产独立性的要义，也应明晰其法律边界；既应充分认识其功能和价值，也应谨慎搭建其架构。

2. 本问题分析了M女士信托资产保护失败的原因，总结了设立家族信托、确保信托安全有效提供法律参考，建议读者重点关注七个法律要点，设立安全有效的信托进行资产保护和风险隔离。